♂mujer verdadera 101

diseño divino

☿mujer verdadera 101

diseño divino

un estudio de ocho semanas
sobre la feminidad bíblica

mary a. kassian
nancy leigh demoss

EDITORIAL
PORTAVOZ

La misión de *Editorial Portavoz* consiste en proporcionar productos de calidad —con integridad y excelencia—, desde una perspectiva bíblica y confiable, que animen a las personas a conocer y servir a Jesucristo.

Título del original: *True Woman 101: Divine Design*, © 2012 por Mary A. Kassian y Nancy Leigh DeMoss y publicado por Moody Publishers, 820 N. LaSalle Boulevard, Chicado, IL 60610. Traducido con permiso.

Edición en castellano: *Mujer Verdadera 101: Diseño Divino* © 2014 por Editorial Portavoz, filial de Kregel Publications, Grand Rapids, Michigan 49505. Todos los derechos reservados.

Adornos: Shutterstock/Danussa

EDITORIAL PORTAVOZ
2450 Oak Industrial Drive NE
Grand Rapids, Michigan 49505 USA
Visítenos en: www.portavoz.com

ISBN 978-0-8254-5642-8

1 2 3 4 5 / 18 17 16 15 14

Impreso en los Estados Unidos de América
Printed in the United States of America

Con sincera gratitud

A nuestra querida "banda de hermanas de oración":
Carolyn, Dannah, Holly, Jennifer, Kim y Mary Ann.

Ustedes son mujeres verdaderas de Dios.
Sus oraciones, aliento, percepción, valentía
y amistad nos han infundido aliento.
Gracias por colaborar en el nacimiento y la promoción
del movimiento Mujer Verdadera.
Creemos en Dios, junto a ustedes,
por un poderoso derramamiento de Su Espíritu
en y a través del corazón de las mujeres de nuestros días.

"*Mujer Verdadera 101: Diseño Divino* presenta un hermoso y detallado fundamento bíblico sobre el tema de la feminidad bíblica. Lo recomiendo ampliamente para cualquier mujer que realmente desee manifestar la gloria de Dios en su rol distintivo como mujer".

Mary Delk
Ministerio de mujeres, *Bethlehem Baptist Church* (Minneapolis, MN)

"Este es un recurso que debe usarse en toda congregación de América del Norte. En una cultura donde se celebra la diversidad, se ha desfigurado y desacreditado la hermosa diversidad de la masculinidad y la feminidad bíblicas. Mis queridas amigas Mary y Nancy reivindican la verdadera imagen de Dios y su amor por la humanidad, conforme a Su diseño para nuestra feminidad".

Dannah Gresh
Autora de "éxitos de librería" y fundadora de *Pure Freedom*

"Uno de los mayores elogios que una mujer puede recibir es "se siente segura de sí misma". Yo quiero ser esa mujer. ¿Y tú? Si es así, ¡*Mujer Verdadera 101* te ayudará a ser ese tipo de mujer! A medida que aprendas y aceptes el diseño de Dios, experimentarás un drástico cambio de fondo en tu vida, que transformará tu feminidad en algo que te llevará no solo a sentirte "segura de ti misma", ¡sino también en algo digno de celebrar!

Jennifer Rothschild
Autora, fundadora de WomensMinistry.net y *Fresh Grounded Faith Events*

"El Señor les ha dado a Mary y a Nancy un mensaje para las mujeres que define claramente la feminidad, cómo debe vivir y cuál es el propósito que Dios ha diseñado para que ella cumpla. Si eres una mujer entre 18 y 108 años, este libro tiene un mensaje específico y personal para ti".

Debbie Stuart
Directora del ministerio de mujeres, *Prestonwood Baptist Church* (Plano, TX)

"La definición de identidad y el diseño —el diseño de Dios— cada vez se minimizan más, si no es que se ignoran. Estamos forjando un legado de competencia de géneros y confusión. Pero Dios nos ha llamado a aceptar y celebrar aquello para lo que Él nos creó. Es por eso que este recurso es un regalo tan oportuno y maravilloso. Este estudio de ocho partes confortará y alentará tu corazón. ¡Es un material liberador!".

Dr. Crawford y Karen Loritts
Autores y conferencistas; (Crawford) pastor principal, *Fellowship Bible Church* (Roswell, GA)

"Conocer cómo Dios ha creado a la mujer de una manera única es la clave para las decisiones que tomo en casi todas las áreas de mi vida diaria. Estoy muy agradecida de que Dios haya dotado a Nancy y a Mary para dar vida a las verdades eternas de la Escritura para un tiempo como este. Si estás desesperada por conocer qué papel juega el diseño de Dios en tus decisiones, ¡no desperdicies este tesoro!".

Dra. Juli Slattery
Autora, psicóloga familiar, co-anfitriona de *Focus on the Family*

"*Mujer Verdadera 101* es un recurso de discipulado, que combina principios bíblicos de la feminidad con aplicaciones prácticas. Las lecturas diarias te hacen sentir como si estuvieras sentada en la cocina de tu casa tomando un café con Mary y Nancy. Estas mujeres de Tito 2 nos llevan a la gracia del evangelio. Nos muestran a Jesús, Aquél que nos transforma en mujeres verdaderas".

Susan Hunt
Autora, conferencista, asesora del ministerio de mujeres de *PCA Christian Education Publications*

"*Mujer Verdadera 101* brinda a las mujeres lo que más necesitan: ¡una extrema trans-formación interna, no externa! Aprecio el minucioso contenido que nos conduce a los orígenes de la verdadera feminidad, que manifiesta la belleza y la gracia de Jesucristo para la gloria de Dios. Cuando una unión de mujeres humildes y decidi-das comience a resplandecer desde lo profundo de su ser, el mundo se sorprenderá y se dará cuenta de que el evangelio no es un engaño, sino una gran verdad".

Leslie Bennett
Directora del ministerio de mujeres de *Northeast Presbyterian Church*, PCA (Columbia, SC)

"El estudio de *Mujer Verdadera* ofrece algo que toda mujer moderna necesita: un llamado de atención y una ayuda práctica para vivir como una mujer de Dios, en lugar de (sin darse cuenta) vivir como una mujer de la cultura".

Shaunti Feldhahn
Autora, conferencista, columnista

contenido

sinopsis de las lecciones

El pecado dañó severamente la masculinidad y la feminidad. El "movimiento feminista" es simplemente otro capítulo más en la batalla principal que ha existido a lo largo de la historia.

Nuestra cultura promueve un modelo de feminidad que difiere sustancialmente del diseño de Dios. La verdadera feminidad conlleva la decisión intencional de hacer las cosas a Su manera.

Cuando tú aceptes el diseño divino de Dios, Él hará una drástica transformación en tu interior y transformará tu feminidad en algo hermoso.

feminidad de diseñador

Carteras de diseñador, moda de diseñador, armazones de diseñador, decoración de diseñador… muchas mujeres se inclinan hacia las marcas de diseñador, porque son de mejor calidad. A menudo son especialmente distinguidas y auténticas. Fieles a las especificaciones precisas del diseñador.

¿Sabías que Dios tiene un diseño divino para la feminidad? Y Su plan es espectacular, ¡mucho más atractivo que las imitaciones baratas y falsas que el mundo promueve!

> "Es tiempo para que las mujeres de fe bíblica reclamemos nuestro territorio. Nosotras conocemos al Diseñador. Tenemos Su manual de instrucciones. Si no manifestamos Su diseño divino en la creación de la mujer, nadie lo hará. Pero si lo hacemos, será un gran testimonio para un mundo necesitado que nos observa".[1]
>
> **Susan Hunt**

El movimiento feminista rechazaba la idea de que Dios tiene un diseño divino para la feminidad. Proponía que la mujer debía decidir qué significa la feminidad. Nos enseñaba a creer que nuestra vida —y las decisiones que tomamos— tienen que ver con nosotras mismas. Nos llevaba a pensar que las diferencias entre el hombre y la mujer no son tan importantes, que podíamos escoger arbitrariamente nuestro rol y determinar la acepción de género. Nos alentaba a adoptar un nuevo diseño inspirado en el feminismo.

La idea cultural prevalente sobre la feminidad alienta a las mujeres a ser llamativas, sexuales, egocéntricas, independientes y, sobre todo, enérgicas y dominantes. Pero tristemente, este modelo de la feminidad no ha proporcionado la felicidad y la satisfacción que prometía.

Ambas hemos estado ministrando activamente a mujeres por más de treinta años y hemos visto esta tristeza y desilusión por doquier. Una y otra vez, hemos sido testigos del estrago emocional y relacional en corazones y hogares que se han dejado llevar por la corriente de nuestra cultura y han aceptado su perspectiva de lo que significa ser mujer. Hemos recibido infinidad de cartas y correos electrónicos de mujeres que sienten un profundo dolor por expectativas no cumplidas y hemos visto en los ojos de miles de mujeres este mismo sentimiento. En muchos casos, esta disfunción es la consecuencia inevitable de vivir en un mundo caído. Pero muy a menudo es evidente que estamos viendo los efectos secundarios de una confusión generalizada y creencias falsas con respecto al diseño de la mujer y su misión.

Como podrás ver, la Biblia enseña que no nos toca a nosotras decidir qué significa la feminidad. Dice que Dios creó al hombre y a la mujer para un propósito vital y específico. Su diseño no es arbitrario o prescindible ni carece de importancia.

Tu feminidad no es un accidente biológico. No es una cuestión del azar. Dios fue intencional cuando te hizo mujer. Y quiere que descubras, aceptes y te deleites en la belleza de Su diseño espectacular. Él quiere que disfrutes algo mucho más precioso que las imitaciones baratas y los plagios del mundo. ¡Él quiere que seas una Mujer Verdadera!

¿Qué es exactamente una Mujer Verdadera? Es simplemente una mujer que está siendo moldeada y formada de acuerdo al diseño de Dios. Es una mujer que ama a Jesús y cuya vida está cimentada en Cristo, arraigada a Él y capacitada por Cristo y Su evangelio. Por consiguiente, es una mujer que toma en serio el conformar sus pensamientos y acciones con lo que dice la Biblia acerca de cómo es ella y cómo debe vivir. Es una mujer que rechaza el patrón del mundo para la feminidad y que, en cambio, se deleita en usar la marca del diseñador, de Dios.

el movimiento Mujer Verdadera

Hace años, el Señor comenzó a poner en cada uno de nuestros corazones la carga de un nuevo movimiento de mujeres; una revolución contracultural, en la cual las mujeres rechazaran el modelo de la feminidad del mundo, y gozosamente siguieran a Cristo y aceptaran Su diseño.[2] Cuando finalmente nuestros caminos se cruzaron y descubrimos la carga que teníamos en común, comenzamos a buscar al Señor juntas para poder compartir esa visón con otras mujeres.

En síntesis, en octubre de 2008, más de seis mil mujeres de cuarenta y ocho estados y siete países se reunieron en Chicago para la primera conferencia de Mujer Verdadera, auspiciada por *Revive Our Hearts* (Aviva Nuestros Corazones) junto a otras compañeras en el ministerio. El objetivo de esa conferencia era ayudar a las mujeres a…

- Descubrir y aceptar el diseño y la misión de Dios para sus vidas.
- *Reflejar la belleza* y el corazón de Jesucristo al mundo.
- *Pasar expresamente* el bastón de la Verdad a la siguiente generación.
- *Orar fervientemente* por un derramamiento del Espíritu de Dios en sus familias, iglesias, nación y el mundo.

Desde ese lanzamiento inicial, miles de mujeres han asistido a las Conferencias de Mujer Verdadera subsiguientes. Miles de mujeres más de veintenas de países del mundo han firmado el Manifiesto de Mujer Verdadera, están siguiendo el blog de Mujer Verdadera y están interactuando con otras mujeres a través de las diversas comunidades de Mujer Verdadera en los medios sociales. Conferencias de Mujer Verdadera, grupos pequeños y de estudio han surgido espontáneamente por todo el país.

¡Es un gran gozo ver que Mujer Verdadera se está convirtiendo en un movimiento popular —no solo en los Estados Unidos, sino en otros países alrededor del mundo— a través del cual Cristo se está manifestando en mayor medida en la vida de las mujeres!

> "Hemos sido llamadas a ser mujeres. El hecho de ser mujer no me hace una cristiana diferente, pero el hecho de ser cristiana me hace una mujer diferente. Porque he aceptado la idea que Dios tiene de mí, y toda mi vida es una ofrenda para Él de todo lo que soy y todo lo que Él quiere que sea".[3]
>
> **Elisabeth Elliot**

Este estudio bíblico de Mujer Verdadera es una respuesta a muchos pedidos que hemos recibido de promocionar enseñanza bíblica y recursos prácticos. Contiene enseñanzas esenciales y fundamentales sobre lo que dice la Biblia con respecto a la feminidad. Es por eso que lo hemos llamado *Mujer Verdadera 101*.

Cada una de las ocho semanas de este estudio están divididas en cinco lecciones; te debería tomar aproximadamente veinte minutos completar cada lección. Para obtener el máximo provecho de este estudio, te sugerimos que lo realices con un grupo de amigas. Al final de cada semana hemos provisto algunas preguntas para debatir acerca de lo que han leído y además analizar la aplicación práctica de las enseñanzas bíblicas sobre la feminidad. Cuando hayan terminado, anima a tus amigas a iniciar sus propios grupos. Encontrarás varios recursos adicionales y videos para líderes de grupo en http://dotsub.com/view/user/hleah101.com y en www.avivanuestroscorazones.com.

Hace algunas décadas, el movimiento feminista se propuso difundir su mensaje y su visión radical a través de grupos pequeños, que se reunieron y multiplicaron hasta que finalmente encendieron una revolución. Nuestro deseo es que se origine una nueva revolución en nuestros días, que se propague cuando las mujeres cristianas se reúnan y pregunten: "¿Cómo podemos reflejar completamente la belleza de Cristo y su evangelio al mundo a través de la expresión de nuestro verdadero diseño bíblico?".

más allá de estereotipos y patrones impersonalizados

La Biblia presenta el diseño de la verdadera feminidad, que se aplica a *todas* las mujeres, de cualquiera edad y en cualquier etapa de la vida, ya sean ancianas, jóvenes, solteras, casadas, divorciadas, viudas, con o sin hijos, como sean. Su diseño aplica a mujeres de cualquier personalidad, nivel educativo, carrera, estado socio-económico y cultura. El diseño de Dios trasciende costumbres sociales, tiempo y circunstancias.

En este estudio, nos hemos tratado de enfocar en los principios bíblicos atemporales, y no en la aplicación específica de esos principios. Queríamos proveer un recurso con enseñanzas fundamentales, que pudiera aplicarse a las diferentes etapas y circunstancias de la vida y que fuera relevante para las bisnietas de nuestra generación como para nosotras mismas.

En lo que respecta a la feminidad, la mayoría de nosotras hemos estado expuestas a consejos sin fundamento, estereotipos superficiales y soluciones impersonalizadas. Esperamos que este recurso cambie el debate hacia un mejor enfoque. Oramos para que:

- Te permita explorar el eterno diseño de Dios para la feminidad directamente de Su Palabra.
- Te ayude a saber cómo aplicar el diseño de Dios a la etapa de tu vida.
- Te anime a tener gracia con las mujeres que difieren en las circunstancias de su vida y en su aplicación.
- Te faculte para transmitir el mensaje de la verdadera feminidad a la generación siguiente.

Los estereotipos y los patrones impersonalizados no lo harán. El diseño de Dios para la feminidad es mucho más amplio y glorioso que todo eso.

> "Creo que es tiempo de un movimiento nuevo: un temblor sísmico santo de hombres y mujeres contraculturales que tomen en serio lo que Dios dice en Su Palabra, hombres y mujeres con el corazón quebrantado por la confusión de géneros y la masacre relacional, espiritual y emocional de nuestros días y que tengan el valor de creer y deleitarse en el plan de Dios para el varón y la mujer".
>
> **Mary A. Kassian**

Descubrir y vivir el significado de la verdadera feminidad será un proceso para ti, como lo ha sido (y lo es) para nosotras. En ocasiones, podrías estar en desacuerdo con lo que estás leyendo, o luchando con algunas implicaciones de esta enseñanza. ¡Nosotras también hemos tenido esas mismas reacciones! Te animamos simplemente a recurrir a la Palabra de Dios con un corazón abierto y dispuesto. Pídele a Su Espíritu que te enseñe, te dé entendimiento e incline tu corazón a decirle "¡Sí, Señor!" a Su Palabra y a Sus caminos.

¡un diseño divino!

¿Por qué no puede la mujer parecerse más al hombre? Esta es la famosa pregunta que planteaba el profesor Henry Higgins en el clásico musical *Mi bella dama*. Es una buena pregunta. ¿Por qué *no puede* la mujer parecerse más al hombre? ¿Por qué no puede el hombre parecerse más a la mujer? ¿Qué significa ser hombre? ¿Cuál es la diferencia? Y ¿realmente importa?

La respuesta de la Biblia a la pregunta del profesor es que Dios no quiere que sus hijas se parezcan a los varones. Ni tampoco quiere que sus hijos se parezcan a las mujeres. Dios los creó varón y mujer. Él no está interesado en confundir o eliminar el género; sino en redimirlo. Su diseño divino refleja verdades profundas acerca del carácter de Dios y Su evangelio. Él quiere que descubramos la hermosura de Su plan para la masculinidad y la feminidad, y que experimentemos el gozo y la plenitud de ser exactamente quien Él nos creó.

Esta es la razón de este estudio. Y es nuestro deseo y oración para ti. Cualquiera que sea la etapa de tu vida, cualesquiera que sean tus retos o circunstancias, que puedas glorificar a Dios y hacer el evangelio creíble para aquellos que te rodean ¡al reflejar Su diseño divino y convertirte en Su Mujer Verdadera!

Mary   Nancy

el género es importante

*L*a mayoría de nosotras hemos aprendido (¡¿de la manera más difícil?!) que debemos seguir el manual del fabricante, si queremos colocar las piezas correctamente. Hace poco (Mary) compré y ensamblé una mampara para la oficina de mi esposo. Venía empacada en casi una docena de cajas que contenían cientos de accesorios.

Seguí las instrucciones paso a paso. Cada pieza tenía un propósito específico que se hacía evidente a medida que iba armando la unidad. El proceso fue complicado y me tomó varias horas. Cometí algunos errores y tuve que volver a leer detenidamente las instrucciones varias veces pero, al final, logré armarla correctamente. ¡Y se ve preciosa!

Estoy muy feliz de que el fabricante de esa mampara incluyera las instrucciones. El diseñador de un producto es quien mejor conoce el producto. El diseñador es quien sabe cómo y por qué fue hecho, cómo armarlo y cómo funciona.

Los mismos principios se aplican a nuestra vida. Nuestro Creador es quien mejor nos conoce. Él es quien sabe cómo y por qué nos creó varón y mujer. Como el Diseñador, Él sabe la manera correcta de ordenar e integrar nuestras vidas y relaciones: conforme al diseño que ha proyectado.

Jesús fue confrontado en una ocasión con una pregunta acerca de la relación entre el hombre y la mujer. Los fariseos querían debatir sobre las costumbres y prácticas culturales del divorcio y que Jesús aprobara uno de los dos puntos de vista (Mt. 19:3-9). Pero Jesús llevó el debate a un nivel completamente diferente.

Jesús les dijo que, para poder tener un concepto claro, necesitaban ver más allá de sus costumbres culturales y prácticas sociales, así como de las distorsiones provocadas por el pecado. No podían esperar tener un concepto claro mediante argumentos y opiniones personales o una lista de normas de conducta humanas.

Con el fin de pensar y actuar correctamente, necesitaban entender la intención original y sublime de Dios para con el varón y la mujer. Y para eso, debían volver a ver la creación —el patrón de Dios— para entender la intención de Su diseño original.

No es posible comprender la enseñanza bíblica con respecto al varón y la mujer sin primero comprender el propósito de Dios al crearlos. Por eso, vamos a comenzar por esto. Volveremos a los primeros capítulos de Génesis para poner el fundamento de la verdadera feminidad. Echaremos un vistazo a lo que Dios tenía en mente y cómo eran las cosas entre el varón y la mujer en el paraíso del Edén antes que el pecado afectara nuestras relaciones.

Mientras avanzamos en estas lecciones semanales, trata de hacer lo que Jesús retó a los fariseos a hacer. En primer lugar, ver más allá de las costumbres y prácticas sociales y las distorsiones en cuanto al papel del varón y la mujer, de las cuales seguramente tienes plena consciencia. En segundo lugar, recuerda que el diseño original de Dios para el varón y la mujer es bueno. De hecho, la valoración de Dios es que era más que bueno… ¡era bueno *en gran manera* (Gn. 1:31)!

A pesar de lo que te haya dicho nuestra cultura, a pesar del dolor que hayas experimentado debido a la transgresión y la distorsión del pecado, el plan de Dios para la feminidad — y Su plan para ti— ¡es maravilloso y bueno!

A medida que estudiemos juntas el manual del Diseñador, creemos que vas a ver lo importante que es tu feminidad, ¡y lo mucho que importa el género!

Por muy obvio que parezca la importancia de seguir las instrucciones del diseñador cuando tenemos que armar alguna estantería, es un punto que muchas mujeres (y varones) ignoran a la hora de "ordenar" sus vidas y sus relaciones. El hecho es que, cada vez que ignoremos la necesidad de consultar al Diseñador y de seguir las instrucciones que Él nos ha provisto, ¡terminaremos en un desorden total!

Probablemente te identifiques: has tratado de desarrollar tu vida y tus relaciones a tu manera, sin la guía de tu Diseñador, y el resultado ha sido un caos. Tal vez sea tiempo de que vuelvas atrás y estudies detenidamente el patrón para descubrir de qué se trata tu feminidad.

La buena noticia es que Jesús puede cambiarte, reordenar las piezas de tu vida y colocarlas según Su designio, de modo que tu vida se convierta en un objeto de belleza y utilidad. →

¿Alguna vez hiciste una pausa cuando estabas a punto de hacer algo realmente importante? El verano pasado, me hice (Mary) un vestido para la boda de mi hijo.

Ya había revisado todas las medidas, había hecho los ajustes necesarios y había prendido con alfileres el patrón del vestido a la tela con mucho cuidado. Tomé mi tijera y la coloqué con el filo listo para cortar la primera línea. Pero en ese momento, antes de cortar la costosa tela, respiré hondo y, por un momento, hice una pausa.

No era que no estuviera segura. Sabía que había preparado todo correctamente. Solo que el siguiente paso era muy importante para poder alcanzar mi meta, y esa impresión capturó mi atención. Me imagino que se parece un poco al momento en que un cirujano hace la primera incisión, o un artista da el primer golpe con cincel y martillo a su delicada pieza de mármol o un gemólogo corta la primera cara de un diamante precioso.

"Entonces dijo Dios: Hagamos al hombre a nuestra imagen, conforme a nuestra semejanza; y señoree en los peces del mar, en las aves de los cielos, en las bestias, en toda la tierra, y en todo animal que se arrastra sobre la tierra. Y creó Dios al hombre a su imagen, a imagen de Dios lo creó; varón y hembra los creó".

Génesis 1:26-27

En este primer capítulo de Génesis, vemos al Creador que hace una pausa reflexiva antes de la última obra de su creación y la más importante; las palabras que pronuncia al realizar esta obra ("Hagamos al hombre a nuestra imagen") indican una próxima acción deliberada y premeditada. No había ningún cuestionamiento en la mente de Dios por lo que estaba a punto de hacer. No, Él había establecido Su plan desde antes de la fundación del mundo. Y ahora estaba en marcha. Con Su palabra, había creado y alineado las galaxias y los planetas, el sol y la luna. La tierra había producido vida: el suelo había dado vegetación; el cielo, el mar y ahora la tierra estaban llenos de todo tipo de criaturas vivientes.

Todo estaba en orden. Todo estaba listo. Todo estaba preparado para este momento; y como veremos, este momento apuntaba a otro muy lejano en el tiempo, pero presente en la mente de Dios desde la eternidad. *El* momento. La importancia de lo que Dios estaba a punto de hacer era mucho más grande de lo que los ángeles pudieran imaginar. Estaba a punto de hacer al hombre…y de hacerlos varón y mujer.

Génesis 1:26-27 describe "el momento reflexivo" de Dios.
Lee los versículos y contesta en las líneas de abajo.

DIOS	HOMBRE

A nuestra _____   **→**   ♂ ♀

Conforme a nuestra_____   varón mujer

¿Entre quienes crees que era el diálogo de Génesis 1:26?
¿A quiénes se refiere cuando dice a "nuestra"?

_____

_____

_____

El diálogo sobre la creación del varón y la mujer tuvo lugar entre los miembros de la Deidad. Pudo haber sido entre los tres: Padre, Hijo y Espíritu Santo. Pero al menos implicó al Padre y al Hijo, según el paralelo que menciona la Escritura sobre esa relación y la relación entre el varón y la mujer (ver 1 Co. 11:3). Hablaremos de eso más tarde; pero por ahora solo piensa en esto: *Cuando Dios creó al varón y a la mujer, tenía en mente la dinámica de su propia relación.*

El Señor creó los dos sexos para reflejar algo de Dios. Creó la relación varón-mujer ("los") basándose en la relación ("nuestra") que existe entre el Padre y el Hijo. Diseñó los dos sexos para manifestar a Dios.

¿Por qué crees que Dios creó dos sexos diferentes, y no solo uno?

_____

_____

_____

_____

reflejar Su imagen

Tengo (Nancy) una serie de fotos de amigos y familiares sobre una pared fuera de mi oficina. En una ocasión, invité a Mary y a varias mujeres más a mi casa para cenar. Mientras les mostraba la casa a mis invitadas, Mary señaló una foto y preguntó: "¿Este es tu papá?". Yo le dije que sí; pero ambas sabíamos que lo que realmente estábamos viendo era una imagen de mi papá, y no a mi papá en sí.

Así como la foto de mi papá muestra la imagen de cómo era él, del mismo modo, la humanidad muestra una imagen de cómo es Dios. Los seres humanos fueron las únicas criaturas que Dios creó "a Su imagen" y "a Su semejanza".

"¿Qué es el hombre, para que tengas de él memoria? Le has hecho poco menor que los ángeles, y lo coronaste de gloria y de honra. Le hiciste señorear sobre las obras de tus manos; todo lo pusiste debajo de sus pies".

Salmos 8:4-6

La siguiente "nube" contiene palabras asociadas con el concepto de "imagen" y "semejanza". Tacha tres palabras que no pertenezcan al grupo:

¿De qué manera crees que los seres humanos manifiestan/reflejan la imagen de Dios?

_____

_____

_____

"Revestido del nuevo, el cual conforme a la imagen del que lo creó se va renovando hasta el conocimiento pleno".

Colosenses 3:10

"Vestíos del nuevo hombre, creado según Dios en la justicia y santidad de la verdad".

Efesios 4:24

Haber sido creados a la imagen de Dios incluye la capacidad de pensar y hacer elecciones morales. Quiere decir que compartimos la naturaleza de Dios. Los seres humanos tienen personalidad; tienen capacidad para la creatividad, la verdad, la sabiduría, el amor, la santidad y la justicia.

La Escritura también nos indica que al haber sido creado a la imagen de Dios, el hombre tiene la capacidad de tener comunión espiritual con Él. Lo que es más, le permite tener dominio sobre la creación de Dios: gobernar la creación como representante de Dios.

¿Cómo influye en los sentimientos crónicos de inferioridad y falta de importancia, que experimentan muchas mujeres, la realidad de que la humanidad fue creada a la imagen de Dios?

La fotografía de mi padre que está en el pasillo de mi casa manifiesta la imagen de mi padre a todo aquel que entra a mi casa. Así quiere Dios que lo manifestemos, para que todo aquel que nos mire pueda ver la belleza de su imagen. Es un profundo honor y responsabilidad mostrar la imagen de Dios.

Lee Isaías 43:6-7 en tu Biblia. ¿Con qué propósito dice Dios que Él creó "hijos" e "hijas"?

> "La verdadera feminidad es un llamado de Dios distintivo a reflejar la gloria de su Hijo de una manera que no sería reflejada si no existiera la feminidad".
>
> **John Piper**

La Escritura enseña que la feminidad no tiene que ver con embellecernos o mostrar nuestra propia belleza. Nuestro propósito en la vida es manifestar a Dios; reflejar Su gloria de manera que solo como mujeres fuimos creadas para hacerlo.

¿Sientes que tu feminidad manifiesta la gloria de Dios? Explica por qué sí o por qué no.

→ **Termina la lección de hoy orando y pidiéndole** al Señor que profundice tu entendimiento de lo que significa manifestar Su gloria como mujer.

yer aprendimos que el varón y la mujer fueron creados a la imagen de Dios para reflejar Su gloria. Cada uno de nosotros fuimos creados para ser "portadores de Su imagen"; para manifestar la semejanza de nuestro Creador.

Sin embargo, no recibimos la responsabilidad de reflejar la imagen de Dios como individuos. La humanidad fue creada como varón y hembra —en relación— para mostrar algo de la relación divina que existe entre el Dios trino. Nuestra relación fue creada para contar la historia increíble de Dios.

Describe de qué manera piensas que la relación varón-mujer podría reflejar a Dios.

_____

_____

_____

¿Podrías decir que hoy día la mayoría de las relaciones varón-mujer están haciendo un buen trabajo en manifestar la gloria de Dios? ¿Por qué sí o por qué no?

_____

_____

_____

No podemos comprender totalmente cómo es la imagen de Dios, pero hay dos cosas muy claras. Primero, haber sido creados a Su imagen nos confiere una dignidad, un privilegio y una responsabilidad enormes. Dios nos ha coronado de gloria y de honra y nos ha dado autoridad sobre la tierra.

Es una carga subyugante emprender las actividades de la vida diaria y reflejar todo el tiempo la ima-

"Porque el marido es cabeza de la mujer, así como Cristo es cabeza de la iglesia, la cual es su cuerpo, y él es su Salvador".

Efesios 5:23

"Cristo es la cabeza de todo varón, y el varón es la cabeza de la mujer, y Dios la cabeza de Cristo".

I Corintios 11:3

"Somos miembros de su [Cristo] cuerpo, de su carne y de sus huesos. Por esto dejará el hombre a su padre y a su madre, y se unirá a su mujer, y los dos serán una sola carne. Grande es este misterio; mas yo digo esto respecto de Cristo y de la iglesia".

Efesios 5:30-32

gen del Todopoderoso. Y esto nos conduce al segundo punto: ¡Qué desastre hemos hecho con esta asombrosa dignidad!, especialmente en la relación varón-mujer.

La imagen de Dios en el ser humano ha sido dañada terriblemente, a veces incluso más allá de su reconocimiento. Necesita una redención, una transformación, un tipo de re-creación. Y sorprendentemente, antes que el pecado entrara al mundo, Dios nos dio un retrato de Su plan redentor, en la creación del ser humano como varón y mujer.

Dios sabía desde el principio que el pecado distorsionaría y destruiría la relación varón-mujer. Asombrosamente, Él pautó la relación de la primera pareja de modo que correspondiera a la asombrosa relación que un día contrarrestaría todas las horribles y trágicas consecuencias del pecado.

El gráfico siguiente identifica la correspondencia de algunas relaciones. Las flechas representan la estructura de autoridad establecida por Dios en Su Palabra. Lee los versículos de la página 28 para completar los cuadros debajo de las flechas.

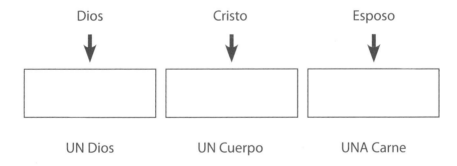

¿Escribiste "Cristo" en el primer cuadro? Dios es la cabeza de Cristo. Cristo es la cabeza de la Iglesia y el esposo es cabeza de su mujer.

Hay un patrón claro y evidente en la correspondencia de las tres relaciones. Por el momento, no te distraigas pensando qué significa todo esto, cómo funciona en el matrimonio o su implicación para la relación varón-mujer en general. Analizaremos algunas de estas preguntas más adelante. Por ahora, solo queremos que veas el patrón y notes el paralelo bíblico entre estas tres relaciones.

Queremos que comprendas que Dios creó al varón y la mujer e instituyó el matrimonio por una razón específica. Esa razón fue revelada y solo puede entenderse en y a través de Jesucristo. Dios creó al varón y la mujer para contar la historia increíble de Cristo.

Vuelve a leer Efesios 5:30-32 en el margen de la página 28. Haz un círculo alrededor de las palabras "misterio" y "grande." ¿Cuál es el gran misterio?

el misterio revelado

Mi hijo menor (de Mary), Jonathan, está estudiando historia y literatura inglesa en la Universidad de Canadá. Jonathan podría decirte que las buenas historias a menudo usan un recurso literario llamado anticipación. La anticipación es una técnica en la cual se alude a un hecho antes que suceda.

Piensa en la última película que viste. ¿Cómo anticipaba el curso de la historia lo que iba a suceder? Si se trataba de una buena historia, seguramente daba muchos indicios sutiles de cómo terminaría. Aunque te haya sorprendido el final, podrías volver a ver la película e identificar claramente las pistas que indicaban el desenlace final.

Antes de la fundación del mundo, antes que el hombre y la mujer fueran creados, Dios tenía un plan espléndido que guardó como un misterio. A lo largo de todo el Antiguo Testamento, ese plan fue anticipado, pero se mantuvo oculto (1 Co. 2:7; Col. 1:26). No fue hasta que Cristo murió, que el misterio del plan eterno de Dios —y el grandioso propósito de la masculinidad, la feminidad y el matrimonio— se revelara.

"Mas hablamos sabiduría de Dios en misterio, la sabiduría oculta, la cual Dios predestinó antes de los siglos…".

I Corintios 2:7

"Según nos escogió en él antes de la fundación del mundo… según el puro afecto de su voluntad, para alabanza de la gloria de su gracia, con la cual nos hizo aceptos en el Amado".

Efesios 1:4-6

Pablo une las piezas y nos revela la belleza maravillosa de este misterio en el libro de Efesios. En el capítulo 3 nos explica que el misterioso plan eterno de Dios, finalmente, se reveló por medio de la obra de Jesucristo (vv. 9-10). Después, en el capítulo 5, vincula el misterio del amor de Cristo por la Iglesia con la figura terrenal de la sexualidad varón-mujer y el matrimonio.

De acuerdo con las Escrituras, la relación esposo-esposa está fuertemente vinculada a la historia de Cristo y su Iglesia-novia (ver Ef. 5:25-33). Dios creó al varón y a la mujer para anticipar y dar testimonio de *esa* maravillosa relación y ese fenómeno. Esta es una de las principales razones por las que Dios nos hizo varón y mujer y creó el matrimonio.

En el primer capítulo de la carta a los Romanos, Pablo se refiere a las relaciones sexuales y la conducta. En ese contexto, explica lo que Dios quería "dejar en claro" a través de la creación; incluida la cumbre de su creación: el varón y la mujer.

Lee el pasaje de Romanos 1:19-20 al margen. ¿Cuáles son las dos cosas invisibles que Dios quería manifestar a través de Su creación?

1. _____

2. _____

El poder eterno de Dios y su naturaleza divina encuentran su máxima expresión en Cristo. Juntos, varón y mujer (género) dan testimonio del carácter de Dios y representan la realidad superior de Cristo y la Iglesia. Esta verdad espiritual es tan magnifica que Dios decidió manifestarla claramente al mundo entero. Dios escribió el guión de Su historia en cada ser humano de la tierra.

Los hombres fueron creados para reflejar la fuerza, el amor y la abnegación de Cristo. Las mujeres fueron creadas para reflejar la sensibilidad, la gracia y la belleza de la novia que Él redimió. Y el matrimonio fue creado para reflejar la unión de pacto entre Cristo y Su novia.

La Escritura enfatiza que el desarrollo de la historia del varón y la mujer (y la relación varón-mujer) tiene poco que ver con nosotros y mucho que ver con Dios. En el fondo, tu feminidad no tiene que ver contigo; sino con manifestar la gloria de Dios y su poderoso plan de redención.

> *"Porque lo que de Dios se conoce les es manifiesto, pues Dios se lo manifestó. Porque las cosas invisibles de él, su eterno poder y deidad, se hacen claramente visibles desde la creación del mundo, siendo entendidas por medio de las cosas hechas, de modo que no tienen excusa".*
>
> **Romanos 1:19-20**

Si el género fue creado para contarnos la historia de Dios, ¿qué tan importante es que entendamos la perspectiva bíblica de la feminidad? Pon una "X" en la línea para indicar qué tan importante es:

No es
importante   Extremadamente
                                                importante

→ **¿Puedes pensar algunos ejemplos** de cómo tu vida y tus relaciones como mujer han manifestado —o no— la imagen de Dios y su historia de redención?

*N*icole es una mujer joven que asistió a una conferencia de Mujer Verdadera (True Woman). Ella vino por curiosidad y con un poco de escepticismo. No podía entender por qué era tan importante tener una conferencia sobre feminidad. Detestaba pensar que el "rol de la mujer" fuera diferente al "rol del varón"; como si ella no pudiera hacer todo lo que un hombre podía haber (¡y mejor!).

Nicole dijo que lo entendió cuando se dio cuenta de que la masculinidad y la feminidad existen para manifestar las profundas verdades espirituales de Dios.

Cuando abordaron el tema de roles de género desde una perspectiva humana, todo el debate parecía absurdo. ¡Pero después "caí en la cuenta" de que Dios quiere mi feminidad para contar Su historia! Entonces, todo comenzó a tener sentido. Estaba tan enfrascada en el pensamiento de que mi feminidad tenía que ver conmigo, con mis relaciones y con lo que yo esperaba de la vida, que estaba perdiendo de vista el panorama general. A fin de cuentas, mi feminidad no tiene que ver conmigo; sino con contar la historia de Jesús.

Antes de asistir a la conferencia de Mujer Verdadera, Nicole "no podía ver el bosque a causa de los árboles". Esta es una expresión que usan las personas que se concentran tanto en los detalles, que no pueden ver el panorama general. Y, lamentablemente, esto sucede con frecuencia en los debates sobre masculinidad y feminidad. Las personas se enfocan en los aspectos específicos de los roles de género y las relaciones, pero pierden de vista las realidades más importantes que les incumben.

> "Y creó Dios al hombre a su imagen, a imagen de Dios lo creó; varón y hembra los creó".
>
> **Génesis 1:27**

La expresión "no poder ver el bosque a causa de los árboles" me trae a la mente el denso bosque de coníferas, que cubre las pendientes de las montañas rocosas y otras cordilleras del noroeste del Pacífico. Hace un par de años, fuimos de vacaciones a Colorado con un grupo de amigos, y tuvimos la emoción de subirnos a un antiguo tren de vapor a través de un espectacular bosque de coníferas. La mayor parte de esos bosques de hojas perennes se caracteriza por dos tipos de árboles: los pinos ponderosa y los abetos de Douglas.

El pino ponderosa tiene la corteza de color naranja con surcos marrones, largas hojas delgadas en forma de aguja y un ligero olor a vainilla. La corteza de los abetos de Douglas es profundamente acanalada y de color marrón oscuro. Sus ramas tienen hojas lisas y puntiagudas en disposición de espiral. Su olor es distintivamente fuerte y penetrante. Cada tipo de árbol es precioso en sí mismo. Pero cuando se contemplan en su conjunto —en un bosque rodeado de picos y valles, ríos espumantes y una vasta expansión de acianos azules— , ¡ese gran manto verde de árboles es absolutamente maravilloso!

> *"Varón y hembra los creó; y los bendijo, y llamó el nombre de ellos Adán, el día en que fueron creados".*
>
> **Génesis 5:2**

Esperamos que hayas podido tener una vislumbre del "panorama general" en la lección de ayer. Es como si estuviéramos parados en un punto alto estratégico y viéramos cómo los varones y las mujeres, al igual que los pinos y los abetos, son parte del mismo bosque, y cómo este bosque encaja en el paisaje general de los planes y propósitos de Dios.

El día de hoy, vamos a acercar un poco la imagen, a fin de ver solo el bosque. Vamos a ver al varón y la mujer como miembros de la raza humana, y que ambos tienen la misma importancia, el mismo valor y la misma dignidad como portadores de la imagen de Dios. El varón y la mujer son partes iguales de la creación, a los cuales Dios llamó "hombre".

Lee Génesis 1:26-31 en tu Biblia. En el versículo 27, ¿a quién dice que Dios creó a Su imagen?   ☐ hombre   ☐ lo [el hombre]   ☐ varón y hembra

En un esfuerzo por ser inclusivas (y supuestamente menos ofensivas), algunas versiones modernas de la Biblia han confundido el significado del género con metáforas del texto original hebreo. Han sustituido la palabra "hombre" por "seres humanos" o "humanidad" y el pronombre "lo" por "los". Pero en el hebreo, este versículo dice claramente que *"hombre"* equivale a *"lo"* que equivale a *"varón y hembra"*. (Asegúrate de marcar todos los cuadros de la pregunta anterior).

Tal vez te preguntes: ¿No es sexista, discriminatorio y obsoleto usar la palabra genérica "hombre" para todos los seres humanos (varón y mujer)? ¿Por qué la Biblia se refiere a la humanidad como "lo"? ¿Deberíamos actualizar las palabras de la Biblia de modo que no use pronombres masculinos cuando hable de varones y mujeres como grupo?

¿Cómo te sientes cuando la Biblia usa palabras del género masculino como "hombre" o "hermanos" para referirse a varones y mujeres como grupo? ¿Por qué?

_____

_____

Hay una razón importante por la que Dios usa la palabra "hombre" para referirse a la raza humana como un todo. El debate de hoy va a ser un tanto técnico pero, por favor, ten paciencia. Entender este concepto te ayudará a comprender la enseñanza general de la Biblia sobre el género, y también por qué a menudo Dios usa pronombres masculinos cuando se incluye a las mujeres. ¡Ten paciencia y verás que realmente el género importa!

Génesis 1:27 proclama la sorprendente verdad de que todos los seres humanos son portadores de la imagen divina de Dios, varones y mujeres por igual. Pero también declara y afirma el hecho de que Dios se refiere a nosotros colectivamente con un pronombre masculino singular.

Haz un círculo a la frase "llamó el nombre de ellos Adán" del versículo de Génesis 5:2 que está en el margen ¿Por qué crees que Dios escogió este nombre común para referirse al varón y la mujer?

_____

_____

Nos han enseñado que usar la palabra "hombre" para referirnos a la raza humana degrada a la mujer. Pero una observación más detallada revela exactamente lo opuesto. Al elegir la palabra "hombre" como un nombre común para varón y mujer, Dios indicó que el varón y la mujer compartirían una condición para la cual Él ofrecería una solución común.

Cuando Dios llamó al varón y a la mujer "hombre", en realidad estaba resaltando la profunda unidad e igualdad que existe entre nosotros. Este nombre común muestra que la mujer proviene del hombre y no es independiente de él. Muestra que ambos sexos existen para contar la historia de Dios, y que esta historia la cuentan juntos, con el varón y la mujer como partes de un todo unido. El nombre común "hombre" demuestra que, a final de cuentas, el desarrollo de la historia del género no tiene que ver con el varón o la mujer —no tiene que ver con nosotros—; tiene que ver con el "Hombre", Jesucristo, cuya obra redentora está dirigida a ambos sexos por igual.

Como verás, la palabra hebrea para "hombre" es 'adam. Esta palabra está estrechamente relacionada con la palabra adamah, que se usa para tierra. Es el término genérico que se refiere a los seres humanos, ya sea varón o mujer. Después de la caída, Adán (con mayúscula) es el nombre propio para el primer varón. Y mucho después, Jesucristo viene a ser como "el postrer Adán", para redimir a la 'adam (humanidad) y traer muchos hijos e hijas de Dios a la gloria. La relación entre estas palabras se podría ilustrar de la siguiente manera:

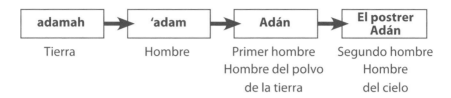

adamah	'adam	Adán	El postrer Adán
Tierra	Hombre	Primer hombre Hombre del polvo de la tierra	Segundo hombre Hombre del cielo

Haz un círculo a la parte del diagrama anterior que se refiere a Jesucristo. Encierra en un cuadro la parte que se refiere al varón y la mujer.

A los ojos de Dios, la mujer es tanto una parte como una expresión de 'adam al igual que el varón. Si te tomas un momento para pensar en esto, las implicaciones son sorprendentes. Esto quiere decir que ambos, varón y mujer, pueden rastrear sus orígenes al polvo de la tierra. Significa que ambos son portadores de la imagen de Dios total e individualmente. Significa que Dios los valora a ambos por igual.

Porque ambos son 'adam y ambos son igualmente representados por el primer hombre, Adán. Ambos son seres caídos y necesitan un Salvador. La buena noticia del evangelio es que ambos están igualmente representados por el segundo Hombre —el postrer Adán—, Jesucristo. Juntos, varón y mujer redimidos forman la Iglesia que Él ama, la novia por la que Él sacrificó su vida a fin de redimirla. El varón y la mujer están relacionados de una manera indivisible. Juntos —como un todo— cuentan la historia del evangelio.

Usando la analogía del bosque de coníferas, podemos decir que aunque el varón y la mujer —como los pinos y los abetos— sean diferentes, somos parte del bosque, árboles de hojas perennes e importantes por igual para el ecosistema del bosque.

Cuando Dios llamó al varón y a la mujer 'adam, tenía en mente al postrer Adán. De modo que cuando, con el propósito de calmar susceptibilidades modernas, cambiamos la palabra "hombre" por una

> *"Varón y hembra los creó; y los bendijo, y llamó el nombre de ellos Adán, el día en que fueron creados".*
>
> **Génesis 5:2**
>
> *"Fue hecho el primer hombre Adán alma viviente; el postrer Adán, espíritu vivificante".*
>
> **1 Corintios 15:45**
>
> *"Porque así como en Adán todos mueren, también en Cristo todos serán vivificados".*
>
> **1 Corintios 15:22**

que creemos más "inclusiva", rebajamos el verdadero significado de la palabra. Si la mujer no es parte del "hombre", ¿cómo puede ser representada por el primer hombre, Adán? Y lo que es más, ¿cómo puede ser representada por el postrer Adán, Jesucristo?

Todo esto puede ser un poco difícil de comprender, pero aquí está el concepto que queremos que entiendas: Es ridículo pensar que podemos mejorar en las enseñanzas de la Biblia sobre género o el lenguaje de género que utiliza. El panorama general nos dice que, desde el principio, el plan de Dios para el género humano tenía poco que ver con nosotros y todo que ver con Jesús. Y nosotros tenemos que entender que, aunque no comprendamos totalmente las palabras, las imágenes y los recursos que Él ha escogido para manifestar Su gloria, no solo son correctos sino buenos. ¡Muy buenos!

Lee en tu Biblia 1 Corintios 15:45-49. Resume por qué Dios agrupa a varones y mujeres y los llama "hombre".

_____

_____

→ **¿Estás de acuerdo** en que identificar a la mujer como parte del "hombre" no solo es correcto sino bueno? ¡Agradece a Dios por Su sabiduría y la grandeza de Su plan!

Esperamos que estés comenzando a entender que Dios tenía en mente una razón importante y específica para crear al varón y la mujer, y que esa razón tenía poco que ver con varones o mujeres, y mucho que ver con Dios. Él creó los sexos para poner de manifiesto las verdades importantes del Evangelio. Él quería que varones y mujeres contaran la misma historia de diferente manera.

Los varones manifiestan la gloria de Dios de una manera masculina única. Las mujeres manifiestan la gloria de Dios de una manera femenina única. Cada sexo refleja la imagen de Dios; pero juntos ponen de manifiesto las profundas e importantes verdades de Dios en relación: Dios el Padre en Su relación con Su Hijo, y el Hijo de Dios en Su relación con Su novia.

¿Recuerdas el pino y el abeto? Cada especie es verde y una conífera por sí misma. Pero la presencia de dos especies de árboles diferentes le aporta más profundidad de color y textura al bosque. Un bosque con una mezcla de pinos y abetos se ve diferente a aquel que solo tiene pinos o solo tiene abetos. Cuando ambas especies están presentes, el esplendor de todo el bosque se realza.

¿No sería ridículo que los pinos ponderosa y los abetos Douglas entren en un debate sobre cuál de las dos especies es más importante para el bosque? ¿No sería ridículo que el pino insistiera en que el abeto debería despedir un agradable olor a vainilla y no un olor fuerte y penetrante? ¿O que el abeto argumentara que sus hojas lisas y puntiagudas son mejores que las largas hojas delgadas en forma de aguja del pino?

¡Un debate como este sería absolutamente ridículo! Es obvio que aunque cada árbol es diferente, ambos son hermosos. Ambos son importantes para el ecosistema del bosque. Son diferentes e iguales a la vez. Ninguno es mejor que el otro. Sería absurdo que jugaran a las comparaciones, que se criticaran el uno al otro o se rebajaran el uno al otro a causa de sus diferencias. Pero, lamentablemente, esto es lo que a menudo sucede entre varones y mujeres.

Cuando Dios selló Su imagen en nosotros, nos coronó con Su incomparable dignidad y valor. Por eso, el varón y la mujer deberían tratarse con profundo respeto. Como dice el teólogo Wayne Grudem:

> *Cada vez que nos vemos o nos hablamos como hombre y mujer, deberíamos recordar que la persona con la que estamos hablando es una criatura de Dios, más semejante a Dios que cualquier otra cosa del universo, y que hombres y mujeres comparten esa condición por igual.*[1]

Sin embargo, lamentablemente, desde que el pecado entró en escena, hombres y mujeres no siempre se tratan con el respeto que debería predominar como iguales portadores de la imagen de Dios.

Nos rompe el corazón ver cuando los varones tratan a mujeres, o viceversa, como seres inferiores. También le rompe el corazón a Dios. La rivalidad, la manipulación, palabras que rebajan o degradan y un comportamiento abusivo constituyen un ataque a la misma imagen de Dios. El libro de Santiago menciona el asunto de que "maldecimos a los hombres que están hechos a la semejanza de Dios" y concluye diciendo que "esto no debe ser así" (Stg. 3:9-10).

de gran importancia y valor

El primer capítulo de Génesis contiene doce indicadores, que confirman la gran importancia y valor por igual de los hombres y las mujeres. Nos recuerdan que Dios no favoreció o valoró a un sexo por sobre el otro. Él ama y valora a los hombres y las mujeres por igual.

Lee Génesis 1:26-31 en tu Biblia y observa los doce "indicadores de igualdad" siguientes:

Doce indicadores de igualdad

1. Ambos fueron creados para la **gloria** de Dios (1:26; Is. 43:7).
2. Ambos fueron **llamados** *'adam* (1:26-27; 5:2).
3. Ambos fueron **creados** por la mano de Dios (1:27).
4. Ambos fueron creados a la **imagen** de Dios (1:26-27).
5. Ambos fueron hechos a **semejanza** de Dios (1:26).
6. Ambos son **bendecidos** por Dios (1:28).
7. A ambos se les encomendó que **fructificaran** y se multiplicaran (1:28).
8. A ambos se les dio **dominio** sobre la tierra (1:26, 28).
9. Ambos son receptores de la **provisión** de Dios (1:29).
10. Ambos tienen una **relación** personal con Dios (1:28; 3:8-13).

11. Ambos son **responsables** ante Dios (1:28; 3:11-13).
12. Ambos son **coherederos** de la gracia de la vida (1:27; 3:15; 1 P. 3:7).

Con base en los indicadores de igualdad de Génesis, ¿crees que el Señor aprobaría que uno de los sexos afirme su superioridad o rebaje al otro? ¿Por qué sí o por qué no?

_____

_____

¿Has sido culpable alguna vez de rebajar a alguien por su sexo o lo has tratado con menos respeto del que merece como una creación de Dios y un portador de Su imagen?

_____

_____

Creados a la imagen del Dios infinito, la importancia de ambos, varón y mujer, es inmensa.

Esperamos que no solo aceptes esta verdad de manera intelectual, sino que la sientas profunda y personalmente. ¡Es una maravilla fascinante que el Creador haya grabado Su imagen por igual en cada ser humano, incluida tú! ¡Esto le confiere una gran importancia a tu vida!

Lee el Salmo 8:4-6 al margen. ¿Cómo te sientes con el hecho de que has sido creada a la imagen de Dios, que Él "tiene memoria de ti" y te ha coronado de gloria y de honra?

> _"¿Qué es el hombre, para que tengas de él memoria…? Le has hecho poco menor que los ángeles, y lo coronaste de gloria y de honra. Le hiciste señorear sobre las obras de tus manos; todo lo pusiste debajo de sus pies"._
>
> **Salmos 8:4-6**

_____

Por eso muchas mujeres luchan con su sentido de valor. El mundo trata de convencernos de que necesitamos elevar nuestra autoestima. Anima a las mujeres a valorarse por su apariencia, su educación, su profesión, sus posesiones, sus relaciones y su personalidad o sus habilidades individuales.

La perspectiva bíblica sobre lo que nos hace valiosas es muy diferente al de la cultura popular. Nos enseña que no necesitamos una elevada *auto*estima… lo que necesitamos desesperadamente es un mayor sentido de "*Su* mérito".

Cuando veamos a Dios como Él es —en su admirable grandeza, majestad, bondad y amor—, tendremos una perspectiva correcta de nosotras mismas. Nos maravillaremos de lo que significa haber sido creadas a Su imagen y ser amadas por Él. Y seremos motivadas a tratar a otros con respeto y gracia, al reconocer que aún el peor de los pecadores es un portador de Su imagen, por muy distorsionada que pueda estar.

¿En dónde buscas tu sentido de importancia y valor?

_____

_____

Explica cómo crees que tu vida cambiaría si comprendieras mejor la realidad de que Dios te creó a Su semejanza —para manifestar Su gloria— y que *eso* es lo que te confiere importancia y valor.

_____

_____

¿Cómo influye la realidad de que cada persona ha sido creada a la imagen de Dios en tu actitud o comportamiento hacia una persona difícil en tu vida?

_____

_____

*N*osotras dos hemos asistido a una gran cantidad de actividades de mujeres a través de los años. En muchas de estas, las asistentes recibían bolsas de mano con regalos como libros, crema para manos, pañuelos desechables, chucherías, chocolates, artículos de promoción… (ya conoces la rutina; ¡te encantan esas bolsas!). Calculamos que hemos visto casi todo lo que hay que ver en lo que respecta al contenido de esas bolsas. Pero las bolsas de mano en las conferencias de Mujer Verdadera incluyen un artículo que nunca hemos recibido en ninguna otra conferencia: un pañuelo blanco de tela.

Ahora bien, yo (Mary) no soy de usar pañuelos de mujeres. Recuerdo que mi abuela me regaló muchos pañuelos de encaje bordados, porque pensaba que apreciaría lo femenino y delicado que eran. Pero yo era una muchacha poco femenina y los detestaba. Los usaba cuando necesitaba lustrar mi colección de piedra. En mi mente, era para lo único que servían.

Mis cinco hermanos se hubieran burlado de mí despiadadamente si hubiera sacado mi pañuelo de encaje de mis pantalones de jean. Entonces, como te podrás imaginar, al principio no estaba realmente impresionada por este tesoro en las bolsas de mano. Aunque no era de encaje, era blanco… y estaba bordado con el logo de Mujer Verdadera y el lema "¡Sí, Señor!".

En la primera conferencia de Mujer Verdadera, cuando Nancy nos animó a ondear nuestros pañuelos blancos en el aire ante el Señor como símbolo de rendición, debo confesar que "¡Viva!" no fue el primer pensamiento que me vino a la mente. Para ser sincera, la idea me pareció un poco ridícula. Pero después me empecé a dar cuenta por qué me resistía emocionalmente a este simple acto simbólico.

Y concluí que una cosa era decir "Sí, Señor" con mi boca, y otra cosa era decir "Sí, Señor" con mis acciones. Participar en un acto simbólico tan visible era muy… visible. Las demás mujeres lo verían. Y ahí estaba el problema. ¿Estaba dispuesta a ponerme de pie y decir "Sí, Señor" cuando hacerlo significaba incomodar o retar mi orgullo? ¿Acaso

era como David y pensaba "me rebajaré más todavía" para adorar al Dios que amo (2 S. 6:22 NVI)?

El pañuelo bordado con las palabras "Sí, Señor" simboliza el mensaje central del movimiento Mujer Verdadera. Ser una Mujer Verdadera significa decirle sí a Jesús: sí a las cosas que Dios dice acerca de la feminidad y a la manera como deberíamos vivir nuestra vida. Y eso significa decirle que no a otras voces que llaman nuestra atención —las voces de la televisión, la Internet, las revistas, la publicidad y miles de otros medios que nos dicen cómo debería ser la mujer— y nos dicen cómo debemos pensar, vestir y actuar, a qué debemos aspirar y cómo debemos comportarnos en nuestra relación con los hombres.

Tener un corazón y una vida que diga "Sí, Señor" es el sello de lo que significa ser cristiano. Jesús dijo que aquellos que lo aman guardarían Sus mandamientos (Jn. 14:15). La obediencia es una evidencia de que somos verdaderamente hijos de Dios (1 P. 1:14; ver también He. 5:9; 11:8). De hecho, de acuerdo a las Escrituras, aquellos que constantemente desobedecen Su Palabra, que no tienen intensión de obedecerle, no tienen bases para asegurar que le pertenecen a Él.

Lee 1 Juan 2:3-5 en tu Biblia. ¿Cuáles son las implicaciones de este pasaje considerando lo que dice la Palabra de Dios acerca de la feminidad?

_____

_____

_____

_____

Pon una marca en la escala para indicar cómo te sientes de decir sí a lo que la Biblia dice acerca de la feminidad:

No me siento   Estoy entusiasmada
segura o estoy renuente   y dispuesta

Explica por qué te sientes así:

_____

_____

Si le dices sí al Señor, a menudo estarás nadando contra corriente de la cultura popular; y en muchos casos, aún contra la cultura de la feminidad que prevalece entre los cristianos.

Sin embargo, descubrir y aceptar el diseño de Dios para tu vida traerá gran bendición y gozo. Descubrirás tu verdadera identidad y tu verdadero propósito. Serás más "tú", serás más quien Dios te creó. Además, tus relaciones crecerán y se fortalecerán, y tu vida hablará a otros de Cristo y los animará a decir "Sí, Señor" también.

Esta fue la experiencia de un grupo de más de cien mujeres que viajaron desde la República Dominicana para asistir a la primera conferencia de Mujer Verdadera en Chicago. Estas mujeres, fuera de lo común, estaban hambrientas de conocer más de Dios, deseosas de recibir y responder a la Verdad de Dios. Junto a miles de participantes, ondearon sus pañuelos blancos durante la conferencia como una forma simbólica de decir "¡Sí, Señor!".

Para ver el video-clip que muestra la repercusión del movimiento de Mujer Verdadera en la República Dominicana, visita la página web www.avivanuestroscorazones.com/resource-library/videos/movimiento-de-la-mujer-verdadera/

Regresaron a su tierra con el compromiso de vivir las implicaciones de su rendición al Señor. Comenzaron a buscar el "diseño divino" para cada área de su vida —sus valores, prioridades, relaciones, familias, profesiones—, ¡para todo! Muchas experimentaron una renovada gratitud por su llamado como mujeres; aceptaron el reto de pasar el bastón de la Verdad a la siguiente generación (una mujer expresó que siempre había pensado que discipular a mujeres jóvenes era para *otras*, no para ella).

Para muchas de esas mujeres, decir "Sí, Señor" requirió hacer ajustes que resultaron ser contraculturales y costosos. Una mujer, por ejemplo, sintió que debía disminuir horas de trabajo en su exitosa práctica como dentista para poder atender mejor las necesidades de su esposo e hijos. Dos mujeres, después de descubrir que sus esposos les habían sido infieles en el pasado, recibieron la gracia de Dios para perdonarlos de verdad y restaurar sus matrimonios.

Durante los meses siguientes, la transformación en las vidas de estas mujeres dominicanas tuvo una gran repercusión en la vida de muchos de sus maridos y otras mujeres de sus iglesias, quienes comenzaron a tomar más en serio al Señor y a enfrentar los problemas de sus propias vidas. Hasta el día de hoy, el Espíritu se sigue moviendo en gran manera en y a través de la vida de esas mujeres.

¿Qué clase de repercusión crees que pueda producirse si multitudes de mujeres cristianas le dijeran "¡Sí, Señor!" al diseño bíblico para sus vidas como mujeres?

_____

_____

_____

_____

la feminidad es importante

Estamos muy contentas de que hayas decidido unirte a nosotras en esta travesía que nos llevará a descubrir lo que significa ser una Mujer Verdadera. Estarás deseosa de descubrir más acerca del diseño divino. Pero podrías estar entre aquellas que no están muy seguras de cómo se sienten con respecto a "la feminidad bíblica". Tal vez te ayude saber que nosotras también nos hemos sentido así en otro tiempo.

Les debo confesar (Nancy) que no siempre me ha entusiasmado el hecho de que Dios me hiciera mujer. Cuando era una joven que deseaba fervientemente servir al Señor y tener una vida que tuviera "significado", en el fondo de mi ser sentía algo que me decía que si hubiera sido hombre, hubiera podido ser más útil para Su reino. No tenía una visión clara de la misión distintiva de Dios y de su llamado a las mujeres.

Sin embargo, a finales de mis veintitantos años y a principios de mis treinta, comencé a descubrir qué dice Su Palabra del por qué Dios nos creó varón y mujer, qué significa esa distinción, por qué es importante esa distinción y cómo quiere Dios usar a ambos, varón y mujer en su plan de redención; entonces empecé a tener una genuina sensación de gozo y gratitud por el privilegio de ser mujer.

Puedo hacer (Mary) eco de los sentimientos de Nancy. Ambas crecimos en los albores del movimiento de liberación femenina cuando se cuestionaba la antigua perspectiva tradicional sobre la feminidad. Yo soy la única mujer de una familia con cinco varones, la única de todos mis hermanos en obtener un título universitario y dedicarme a mi carrera profesional. El Señor me ha dado muchas capacidades. Y lo que es más, tengo una fuerte personalidad independiente. La incitación a aceptar las ideas del mundo acerca de la feminidad ha sido muy intensa en ocasiones.

Descubrir el diseño de Dios para la feminidad y cómo vivir esa feminidad como esposa y madre (Mary), y como mujer soltera (Nancy), ha sido un proceso continuo. Y será un proceso para ti también. ¡Pero te podemos asegurar que valdrá la pena cada paso y esfuerzo!

Esperamos que, en esta primera semana, hayas descubierto por qué la feminidad es importante y por qué es vital que estudies y enfrentes lo que significa y lo que implica ser una Mujer Verdadera desde la perspectiva de Dios.

En el siguiente espacio, resume lo que has aprendido esta semana sobre el plan de Dios para la feminidad y por qué la feminidad es importante:

_____

_____

_____

→ **Concluye las lecciones de esta semana** escribiendo una oración para pedirle a Dios que te enseñe más acerca de la feminidad y que te ayude a crecer y ser una Mujer Verdadera para Dios.

de la teoría a la práctica...

el género es importante

para asimilar:

El video de la semana uno te ayudará a asimilar las lecciones de esta semana. Encontrarás este video en inglés con subtítulos en español en http://dotsub.com/view/user/hleah101. También hay otros recursos disponibles en www.avivanuestros corazones.com.

para reflexionar:

Piensa en las siguientes preguntas. Debátelas con tus amigas, tu familia o en un grupo pequeño:

1. ¿Es importante el género o somos libres para calificarlo como queramos?
2. ¿Qué indica el relato bíblico de la creación sobre el diseño de Dios para el varón y la mujer? (ver Gn. 1:26—2:25)
3. ¿Qué esperaba conseguir Dios al diseñar el género?
4. ¿Cómo es posible que los dos sexos sean diferentes e iguales a la vez?
5. ¿De qué manera puede una relación varón-mujer manifestar a Dios?
6. ¿Qué tan importante es que las mujeres comprendan el diseño de Dios sobre la feminidad? ¿Por qué?
7. ¿Sientes que el diseño de Dios para la masculinidad y la feminidad es "muy bueno"? Explícalo.
8. ¿Le has dicho sinceramente sí al diseño de Dios? ¿Hay cierta renuencia en tu corazón o no te atreves?

para personalizar:

Utiliza la siguiente hoja en blanco para escribir tus notas sobre lo que aprendiste esta semana. Escribe tus comentarios, tu versículo favorito o un concepto o cita que haya sido particularmente útil o importante para ti. Compone una oración, una carta o un poema. Apunta notas sobre el video o la sesión de tu grupo pequeño. Expresa la respuesta de tu corazón a lo que has aprendido. Personaliza las lecciones de esta semana de la manera que más te ayude a poner en práctica lo que aprendiste.

personalízalo

de la teoría
a la práctica…

recortes & caracoles

Una antigua rima infantil de Mamá Ganso, que data de principios del siglo diecinueve, habla de la diferencia entre los niños y las niñas:

> ¿De qué están hechos los niños pequeños?
>
> *De recortes y caracoles, y rabos de cachorros.*
> *De eso están hechos los niños pequeños.*
>
> ¿De qué están hechas las niñas pequeñas?
>
> *De azúcar y flores y toda cosa tierna.*
> *De eso están hechas las niñas pequeñas.*

El poema se escribió en una época cuando se les atribuía cualidades delicadas a las niñas y un comportamiento rudo y violento a los niños; una época en la que tenían en claro las diferentes fortalezas, roles y responsabilidades de los varones y las mujeres.

Insatisfecho con esta clase de estereotipos, el movimiento feminista buscó redefinir la feminidad. Trabajó con miras a minimizar las distinciones y superar las diferencias de roles entre ambos sexos. Promovió la idea de que las mujeres eran fuertes, pujantes e invencibles. Las mujeres no necesitaban de los hombres; no querían ser reprimidas por las definiciones tradicionales de la feminidad, especialmente, por los roles de "esposa" y "madre".

Las feministas sugerían que los hombres no poseían ninguna cualidad que fuera diferente o única. De hecho, cuando se los comparaban con las mujeres, en realidad eran inferiores: "¡Todo lo que hacen los varones, lo pueden hacer mejor las mujeres!". Afirmaban que las mujeres no serían iguales a los hombres hasta que pudieran tener el mismo rol y la misma posición que los hombres. Igualdad, insistían, implicaría que los roles fueran intercambiables.

Si los roles de los hombres y las mujeres son diferentes, en realidad no son iguales.

La cultura moderna ha aceptado la idea feminista de que las diferencias entre el hombre y mujer son irrelevantes para los roles que asumimos. A diferencia de la época de Mamá Ganso, ahora consideramos a los roles como *intercambiables*, no importa quién lleva los pantalones. Una mamá puede ser tan buen papá como el padre; un papá puede ser tan buena mamá como la madre. Ahora también consideramos a los roles varón-mujer como *maleables*: tratamos de dar forma y definir los roles. La cultura quiere hacernos creer que todas las definiciones de género, relaciones sexuales, matrimonio, maternidad, paternidad y familia son igualmente válidas.

Hoy día muchas personas consideran irrelevantes y *descartables* las diferencias entre el hombre y la mujer. Como recién casada y madre primeriza, la estrella de TV Bethenny Frankel dijo a la revista *People* en una entrevista personal: "Jason es un padre increíble. Está criando a nuestro bebé y le cambia los pañales el 95% de las veces. No hay mujer/hombre en esta relación; excepto por el hecho de que yo tengo senos y el bebé salió de mí".

En la cosmovisión feminista moderna, se nos permite decidir de qué están hechas las niñas. Podemos decidir por nosotras mismas qué significa la feminidad y qué rol queremos asumir. Basta de Mamá Ganso. Si lo deseamos, podemos tirar el *azúcar* y añadir algunos *recortes* y *caracoles* a nuestras *flores*.

Aunque la fórmula de recortes, caracoles y rabos para los niños, y azúcar y flores para las niñas puede tildarse de infantil, las preguntas planteadas por esta rima para niños son válidas. ¿De qué están hechos los niños pequeños? ¿De qué están hechas las niñas pequeñas? ¿Hay alguna diferencia? Y si la hay, ¿qué implicaciones tiene para nuestras vidas?

Esta semana vamos a ocuparnos de la primera pregunta: "¿De qué están hechos los niños pequeños?". Vamos a examinar más detenidamente el Génesis y ver la creación del hombre. Vamos a ver cómo diseñó Dios a los hombres, y qué los motiva. La próxima semana, y casi todo el resto del estudio, nos enfocaremos en las mujeres. Pero para entender qué tenía en mente Dios para nosotras, las mujeres, es importante que primero entendamos qué tenía en mente para los hombres. Los niños no están hechos de recortes y caracoles y rabos de cachorros; pero como pronto verás, *fueron* creados con un propósito y un diseño específico. $\rightarrow$

Seguramente estás familiarizada con el concepto de la repetición instantánea al ver las competencias deportivas por televisión. Cada vez que sucede algo importante en un partido —un jugador que hace una buena jugada, marca un tanto o comete una falta, por ejemplo—, el equipo de producción rebobina rápidamente la jugada, acerca la imagen y muestra la jugada otra vez.

Yo (Mary) he aprendido a apreciar y esperar la repetición instantánea, especialmente desde que mi hijo Matt se fue de casa para jugar hockey profesional. No puedo estar presente en muchos de sus partidos, pero los veo por televisión o Internet. Cuando Matt hace algo notable, sé que pasarán la jugada otra vez. Así que me acerco a la televisión y presto especial atención.

> *"Entonces Jehová Dios formó al hombre del polvo de la tierra, y sopló en su nariz aliento de vida, y fue el hombre un ser viviente. Y Jehová Dios plantó un huerto en Edén, al oriente; y puso allí al hombre que había formado".*
>
> **Génesis 2:7-8**
>
> *"Ahora pues, Jehová, tú eres nuestro padre; nosotros barro, y tú el que nos formaste; así que obra de tus manos somos todos nosotros".*
>
> **Isaías 64:8**

Volver a ver la jugada de cerca, y quizás desde diferente ángulo, me da una visión más clara de lo que realmente sucedió. Me doy cuenta de cosas que no había visto la primera vez. La repetición me permite analizar todos los detalles. Me permite ver cómo se desarrolló el juego, cómo colaboró Matt a esa jugada y quizás también hasta la expresión de su cara.

La primera "repetición instantánea" está registrada en Génesis, mucho tiempo antes de la época de la televisión (o del hockey). Génesis 1 nos da una visión general de lo que tuvo lugar durante los siete días de la creación. En el capítulo 2, es como si el productor rebobinara la cinta, acercara la imagen y repitiera la mejor jugada del partido de la creación desde un ángulo diferente y en cámara lenta, para que los televidentes puedan ver cada detalle.

¿Por qué crees que las Escrituras "rebobinan la cinta" y "acercan la imagen" para mostrar una repetición detallada de la creación del varón y la mujer?

_____

_____

En el primer capítulo, vimos que el propósito de la creación de cada género es, fundamentalmente, manifestar la gloria de nuestro Creador. Es el ejemplo perfecto —una especie de parábola—, que nos enseña acerca de la relación entre Cristo y Su Iglesia.

La realidad de que Dios quería manifestar Su gloria a través del varón y la mujer era de suprema importancia. Por lo tanto, es lógico que Él haya sido tan premeditado cuando los creó. Cada detalle era importante. Por eso, Génesis 2 nos acerca la imagen y nos brinda una repetición en cámara lenta.

En Génesis 1, vemos que el Señor trajo a existencia la creación mediante el poder de Su Palabra. Pero en el acercamiento de imagen de Génesis 2, vemos que Él interactuó personalmente cuando creó los sexos.

Lee Génesis 2:4-8 en tu Biblia. En los versículos que están al margen, haz un círculo a la frase "Dios formó al hombre del polvo de la tierra". Describe (o dibuja) la imagen que te viene a la mente cuando piensas que Dios "formó" al hombre.

_____

_____

¿Cuáles son las implicaciones de este pasaje? Lee las siguientes declaraciones y marca según creas, si es [V] verdadera o [F] falsa cada declaración.

_____ Dios fue premeditado en la manera de crear al hombre.

_____ Dios moldeó al hombre como un alfarero moldea una pieza de barro.

_____ Dios permite que el hombre determine su propio diseño y propósito.

_____ Dios creó al hombre con un vínculo singular con "la tierra".

_____ El espíritu del hombre proviene directamente del aliento de Dios.

¿Puedes pensar en otras implicaciones?

_____

_____

La palabra hebrea para "formó" es la misma que se usa para referirse a un alfarero que está moldeando la arcilla. Sugiere una actividad artística y de inventiva, que requiere habilidad y planificación, un trabajo hecho con sumo cuidado y precisión.

¿Alguna vez has visto trabajar a un alfarero? Es fascinante ver el proceso mediante el cual un pedazo de arcilla sin atractivo gira, mientras, con mucho cuidado, es moldeado por las manos del alfarero hasta que la transforma en la obra de arte que originalmente había previsto y diseñado.

Apenas podemos imaginar cómo debió haber sido que Dios tomara simple polvo inanimado de la tierra y que con destreza y cuidado lo transformara en un hombre con infinidad de átomos, células, órganos y sistemas intrincados y complejos, ¡que dejan perplejos a los más brillantes científicos! Y después, ¡qué maravilla, que Dios soplara su propio aliento en aquella forma para que el hombre se convirtiera en un ser vivo, un reflejo de su propia imagen!

Y más asombroso aún es que Dios no solo se interesó personalmente en la creación de Adán; sino que supervisa la creación de cada ser humano, cada uno con su propia apariencia distintiva, ADN, personalidad, habilidades naturales, etc.

Lee el Salmo 139:14-16 al margen, donde David habla de su propia creación. ¿Qué implican estos versículos acerca del rol de Dios en la creación y de cada detalle de nuestra vida, incluso de nuestro género?

_____

_____

_____

_____

> *"Te alabaré; porque formidables, maravillosas son tus obras; estoy maravillado, y mi alma lo sabe muy bien. No fue encubierto de ti mi cuerpo, bien que en oculto fui formado, y entretejido en lo más profundo de la tierra. Mi embrión vieron tus ojos, y en tu libro estaban escritas todas aquellas cosas que fueron luego formadas, sin faltar una de ellas".*
>
> **Salmos 139:14-16**

Dios no creó los sexos al azar. Cuando Él creó al varón, lo entretejió conforme al diseño que ya tenía en mente. Antes de la creación del mundo, Él vio la substancia sin forma del hombre. Antes de crear las estrellas, los árboles o los peces, la existencia del hombre estaba escrita en el "libro" de Dios (Sal. 139:16; Ef. 1:4-5).

Cuando todavía no existía el varón ni la mujer, Dios tenía un plan. Él escribió la historia. Conocía el final. Y, cuidadosamente, formó al varón y a la mujer para manifestar la gloria de esta historia espectacular.

¡No es de extrañarse que Dios interactuara personalmente cuando creó al varón y la mujer! Puedes estar segura de que nada acerca de los sexos fue creado arbitrariamente o al azar. Volvamos a Génesis 2 y observemos algunos detalles de la creación de Adán que nos brindan un mayor entendimiento del plan de Dios para el varón.

Lee Génesis 2:7-8. ¿Adán fue creado dentro o fuera del huerto? ¿Por qué crees que Dios lo creó allí?

_____

_____

_____

¿Qué hizo Dios *después* de crear a Adán (v. 8)?

_____

_____

_____

Dios creó al hombre del polvo de la tierra. Después lo colocó en un huerto de la tierra de Edén. La palabra hebrea para "huerto" indica un cercamiento, una parcela de tierra protegida por muros o cercas. Es un área con límites específicos; un lugar protegido del peligro. La parcela estaba en la tierra de "Edén", una palabra que muchos eruditos creen que significa "deleite". Este espacio designado sería el nuevo hogar del hombre, donde se uniría a su mujer y comenzaría una familia. Todos estos detalles son importantes.

Más adelante, en Génesis 2, vemos que cuando el hombre se casa, deja a su familia de origen, con el propósito de iniciar un nuevo grupo familiar ("dejará el hombre a su padre y a su madre y se unirá a su mujer", v. 24). Por lo tanto, cuando Dios puso al primer varón en el huerto, parece que ya tenía este patrón en mente. Dios estableció al varón en su propio lugar para ser cabeza de un nuevo hogar.

La responsabilidad de "dejar", "unirse", y formar un nuevo grupo familiar indica que *tomar la iniciativa es la característica fundamental del hombre*. Dios no quiere que los niños sigan siendo niños. ¡Él quiere que se conviertan en hombres! Quiere que crezcan, que "dejen" a su madre y a su padre, que se abran camino, formen un nuevo hogar y se conviertan en los hombres que Dios creó.

¿Crees que nuestra cultura anima generalmente al hombre a crecer y tomar la iniciativa, como Dios lo diseñó? ¿Puedes pensar en algunos ejemplos que apoyen tu respuesta?

_____

_____

_____

¿En qué sentido la responsabilidad del hombre de tomar la iniciativa refleja lo que Jesús hizo por la Iglesia?

_____

_____

_____

Cada vez que Cynthia Good pasaba junto a un letrero que decía "Hombres trabajando" en la ciudad de Atlanta, se fastidiaba. La señora Good, fundadora y editora de la revista profesional para mujeres, *PINK*, consideraba que esos letreros eran una forma sutil de discriminación. Después de todo, no solo los hombres trabajan, ¡las mujeres también!

Un día, la policía se presentó a la puerta de la señora Good para investigar acerca de una denuncia en su contra por haber estropeado uno de los letreros con pintura en spray y haber escrito en letra grande y llamativa "¿Y qué?" sobre las palabras "Hombres trabajando". Aunque no admitió haber pintado el grafiti, procedió a presentar quejas sobre los letreros sexistas al comisionado de obras públicas, al alcalde de Atlanta y al gobernador de Georgia.

En respuesta a sus quejas, y a pesar del costo, Atlanta pintó por toda la ciudad letreros que decían "Trabajadores" o "Trabajadores adelante". Lo que es más, posteriormente, los funcionarios del estado exigieron a los contratistas privados que quitaran todos los letreros que dieran a entender que el trabajo solo lo realizaban hombres.

No contenta con haber iniciado una campaña por la neutralidad de género solo en Atlanta, la editora y precursora de esa campaña, llevó la causa a toda la nación. Debido a la acción de Cynthia Good, los letreros de "Hombres trabajando" ya son cosas del pasado.

Hoy día, muchos podrían considerar ofensivos los letreros de "Hombres trabajando". Y muchos podrían también considerar ofensiva la Biblia; porque desde el principio, la Biblia ha puesto todo tipo de "letreros" de hombres trabajando. Dios les dio a los hombres una responsabilidad de trabajar, que es exclusiva de lo que significa ser hombre. El trabajo es un aspecto esencial de la masculinidad, mientras no lo es de la feminidad.

No me malinterpretes. No quiero decir que las mujeres no trabajan, o que no pueden trabajar, o que no quieren trabajar o que nunca deberían trabajar fuera de la casa. Eso sería absurdo y no es lo que la Biblia enseña. ¡Voy a ser clara y directa al respecto! Lo que *sí* significa es que el hombre y la mujer son diferentes. Como parte del "diseño" de Dios, los varones están vinculados al "trabajo" mientras que las mujeres están vinculadas al hogar y a las relaciones. Obviamente, eso no significa que la mujer sea incapaz de trabajar o que el hombre sea incapaz de llevar adelante un hogar y de relacionarse o que nunca hacen estas cosas. Solo significa que Dios creó al hombre y a la mujer con diferentes "inclinaciones" naturales y ámbitos de responsabilidad. El hombre fue creado con una responsabilidad única de trabajar para suplir las necesidades de su familia, y la mujer fue creada con una responsabilidad única de abrigar y cultivar las relaciones familiares.

Seguiremos hablando del rol de la mujer más adelante. Pero por ahora vamos a regresar a Génesis para ver cómo Dios creó al varón con la responsabilidad exclusiva de ser el proveedor.

Lee en tu Biblia los versículos siguientes. Traza líneas entre cada versículo de la izquierda con cada una de las declaraciones de la derecha que correspondan.

Génesis 2:5-7	El pecado hizo que el *trabajo* del varón fuera mucho más pesado.
Génesis 2:15	Dios expulsó al varón del huerto para que *trabajara* la tierra.
Génesis 3:17-19	Dios creó al varón del polvo de la tierra que un día iba a *trabajar*.
Génesis 3:23	Dios le asignó al varón *trabajar* en el huerto.

¿Por qué crees que Dios asoció específicamente al varón (y no a la mujer) con el "trabajo"?

_____

_____

¿Cómo te sientes con el hecho de que la Biblia haga esta asociación específica de cada sexo?

_____

_____

¡a trabajar!

La palabra bíblica traducida como "trabajar" (del hebreo *abad*) es la palabra que comúnmente se usa para labrar la tierra o para otra labor (Is. 19:9). Implica servir a otro más que a uno mismo (Gn. 29:15). También describe a menudo el servicio de los sacerdotes en la adoración.

El "trabajo" que Dios le asignó al hombre no era para que el varón ganara dinero y lo gastara egoístamente en el último aparato, dispositivo o video juego de moda. Tampoco era para que el varón adquiriera poder. No era para que obtuviera prestigio ni para su desarrollo personal. No. Dios quería que el varón trabajara abnegadamente a favor de su familia. Dios encargó al varón que usara su fuerza para suplir las necesidades de *su familia*, un rol que las Escrituras afirman en pasajes como 1 Timoteo 5:8. Ser el "proveedor" —física-mente, espiritualmente y de otras maneras— es un aspecto esencial del va-rón. *Trabajar para suplir las necesidades de otros (especialmente las de su familia) es parte integral de lo que significa ser hombre.*

¿Te hace eco la última frase? ¿Has notado que, por lo general, los hombres tienen una mayor "inclinación" natural a ser los proveedores? En las líneas de abajo, escribe el nombre de uno o varios hombres de entre tus amigos y fami-liares que tengan esta característica.

_____

_____

¿De qué manera la responsabilidad del hombre de suplir abnegadamente la necesidad de otros refleja lo que Jesús hizo por la Iglesia?

_____

_____

Los investigadores reportan que los hombres sufren mayores niveles de depresión y estrés que las mujeres, durante los periodos de desempleo. Algu-nos argumentan que solo es cuestión de "superarlo", que se dejen de aferrar a los roles tradicionales y que aprendan a estar contentos en la casa cuidando a los niños. Pero Génesis dice que no es tan simple. Los roles de género no son arbitrarios; sino el eje central de cómo Dios nos creó. Conforme a Su diseño, el concepto de "Hombres trabajando" es correcto y positivo.

proveedor y protector

Lee Génesis 2:15 en la página 58. Completa la oración siguiente con dos verbos que indiquen qué esperaba Dios que el varón hiciera por su nuevo "hogar":

Dios mandó al varón que _____ el huerto y lo _____.

Busca la palabra "guardar" en el diccionario. En el siguiente espacio, escribe las palabras que piensas que se relacionan más con lo que Dios esperaba que hiciera el varón:

_____

_____

Además de trabajar, Dios quería que "guardara" el huerto. *Guardar* deriva de una palabra hebrea que significa "estar a cargo". Significa mantener, proteger y cuidar. Implica atender y proteger a las personas (Gn. 4:9, 28:15) y la propiedad (Gn. 30:31) bajo el cuidado de alguien. "Guardar" va más allá de una protección física; incluye una protección espiritual (Nm. 3:7-8, Sal. 121:3-8).

> *"Tomó, pues, Jehová Dios al hombre, y lo puso en el huerto de Edén, para que lo labrara y lo guardase".*
>
> **Génesis 2:15**

Dios creó al varón para ser protector. Le dio la capacidad y la tendencia de defender. El varón es quien peleará con el enemigo, mostrará estoicismo y protegerá a los que estén bajo su cuidado. Es su responsabilidad procurar el bienestar de su familia y mantenerla a salvo. *Ser protector es parte integral de lo que significa ser hombre.*

¿Hay algún hombre de tu familia o de tus amistades que tenga esta característica?

_____

_____

¿En qué sentido refleja la responsabilidad del hombre de defender y proteger lo que Jesús hizo por la Iglesia?

_____

_____

Antes que Dios creara una mujer para Adán, parece que el Señor quería enseñarle algunas de las responsabilidades que implican ser varón.

En la lección pasada, vimos que Dios puso al varón en un "hogar" (el huerto del Edén), y le dio la responsabilidad de suplir las necesidades de su familia y protegerla. También dijimos que es un reflejo de lo que Cristo hace por Su esposa.

Lee Efesios 5:28-29 al margen. Llena los espacios con los dos verbos (acciones) que indican lo que Cristo hace por la Iglesia.

1._____

2._____

De acuerdo con Efesios 5, el Señor quiere que los hombres sustenten y cuiden a su esposa así como Cristo hace con la Iglesia. *Sustentar* es alimentar, que el otro crezca. Significa *suplir* lo que la otra persona necesita para "florecer" y prosperar. Sustentar indica que la provisión del varón va más allá de lo físico. No alcanza con "traer el pan a casa". También debe sostener, apoyar y suplir las necesidades espirituales de quienes están bajo su cuidado.

Cuidar es mantener o proteger atentamente, valorar, tratar con delicadeza y cuidado. Cuidar a alguien implica tener un interés personal por esa persona y preocuparse por su *protección*. La palabra griega significa literalmente "abrigar". Dios creó al varón para proteger y abrigar a la mujer: mantenerla a salvo del mal, tanto física como espiritualmente.

La instrucción del Nuevo Testamento para el varón de *sustentar* y *cuidar* a su esposa guarda una estrecha relación con la responsabilidad original que Dios le dio al varón en el huerto. *Sustentar* se refiere a la responsabilidad del varón de suplir las necesidades de su familia, mientras que *cuidar* se refiere a su responsabilidad de protegerla.

> *"Así también los maridos deben amar a sus mujeres como a sus mismos cuerpos. El que ama a su mujer, a sí mismo se ama. Porque nadie aborreció jamás a su propia carne, sino que la sustenta y la cuida, como también Cristo a la iglesia".*
>
> **Efesios 5:28-29**

¿Qué piensas que significa para el hombre suplir las necesidades de (sustentar a) la esposa?

_____

_____

¿Qué piensas que significa para el hombre proteger (cuidar) a su esposa?

_____

El varón es responsable ante Dios de sustentar (suplir la necesidad de) y cuidar (proteger) a aquellos que están bajo su responsabilidad. Su primera responsabilidad es hacia su esposa. Pero este cargo también se extiende, de manera general, a la actitud que los hombres deben tener hacia todas las mujeres. Es un aspecto importante del diseño distintivo de Dios para ellos. *Ser protector y proveedor es parte integral de lo que significa ser hombre.*

¿Puedes pensar en un ejemplo de cómo un hombre podría ser un buen proveedor o protector hacia una mujer que no es su esposa?

_____

Como una mujer soltera, (Nancy) estoy especialmente agradecida por los hombres que son "caballeros"; por los hombres que me han ayudado amablemente a colocar mi maleta en el compartimento superior de un avión; por el hombre que revisó que las cerraduras de mi puerta estuvieran bien cerradas cuando se quedó con su esposa en mi casa una noche; por el asesor financiero que, a pedido de su esposa, me ofreció ayuda en algunas cuestiones financieras; por los hombres que, junto a sus esposas, toman tiempo para orar por mí o darme algún consejo o alguna ayuda práctica.

Tristemente, muchos hombres no son tan considerados y desinteresados (como es cierto también de muchas mujeres). Esto es motivo de desaliento y dolor para algunas mujeres. Pero no debería sorprendernos. Génesis presenta el diseño original de Dios antes que el pecado entrara al mundo y echara todo a perder. El ideal de Dios para los hombres (y las mujeres) nunca se logrará perfectamente en un mundo caído. Sin embargo, a través de la obra de Cristo en la cruz, tanto hombres como mujeres pueden ser redimidos y encontrar gracia para vivir conforme al diseño divino.

¿Cómo te sientes acerca del hecho de que Dios demanda que los hombres asuman su rol como proveedores y protectores?

_____

_____

da sustento y guía

Génesis nos muestra que hay una responsabilidad espiritual exclusiva y también un elemento de autoridad asociado con lo que significa ser hombre. Dios sabía que más adelante crearía a la mujer como una perfecta contraparte del varón. Pero antes de crearla, se tomó el tiempo de enseñar al varón y darle una instrucción espiritual personal.

> "Y mandó Jehová Dios al hombre, diciendo: De todo árbol del huerto podrás comer; mas del árbol de la ciencia del bien y del mal no comerás; porque el día que de él comieres, ciertamente morirás".
>
> **Génesis 2:16-17**

Lee Génesis 2:16-17 al margen. ¿A quién le comunicó Dios lo que estaba permitido en el huerto y lo que no? ¿Cómo debía Eva recibir esas instrucciones?

_____

_____

¿Qué implican las acciones de Dios con respecto a la responsabilidad del varón?

_____

_____

Dios le comunicó Su instrucción directamente al varón. Y, al parecer, le correspondía al varón transmitir la instrucción espiritual de Dios a su esposa. Eso no sugiere que ella no tuviera su propia relación personal con Dios. Pero sí indica que, como líder de su hogar, el varón tenía la responsabilidad exclusiva de aprender y entender los caminos del Señor. Eso era para que pudiera cumplir su propósito de velar espiritualmente por su mujer y protegerla. *La supervisión espiritual es parte integral de lo que significa ser hombre.*

Por favor no me malinterpretes. El hecho de que el hombre tenga una responsabilidad espiritual exclusiva no exime a la mujer de su propia responsabilidad espiritual. Cuando Satanás tentó a Eva, ella era responsable ante Dios de conocer y obedecer Sus instrucciones. Pero Dios espera que los hombres carguen con la responsabilidad espiritual de su familia de otra manera, no como la responsabilidad que deben asumir las mujeres.

Lee Génesis 2:18-20. Resume qué sucedió después que Dios le diera las instrucciones al varón.

_____

_____

Dios sabía que iba a crear a la mujer. Nuestro Creador no estaba buscando desesperadamente la pareja adecuada para el varón de entre los animales, ni estaba preocupado por si no encontraba la indicada entre ellos. No. Las mujeres también formaban parte de Su plan antes de la fundación del mundo. Dios sabía que crearía a la mujer de una costilla que extraería del costado del hombre.

Así que, ¿por qué razón haría Dios participar al hombre en ese exhaustivo ejercicio de poner nombre a los animales? La tarea hubiera ido más rápida con la ayuda de una mujer. ¿Qué propósito tendría Dios en mente?

¿Qué propósito crees que pudo tener en la vida de Adán el ejercicio de poner nombre a los animales?

_____

_____

La tarea de ponerle nombre a cada animal parece haber sido una especie de entrenamiento para Adán. Ponerle nombre a algo es ejercer autoridad sobre ello (cp. Gn. 5:2; Dn. 1:7). El Señor quería que el hombre aprendiera a ejercer autoridad de una manera piadosa. Quería que el hombre aprendiera a ocuparse de otros, no solo de sí mismo; que aprendiera a servir y a ejercer autoridad con delicadeza, amabilidad, sabiduría y mucho cuidado. *Ejercer un liderazgo piadoso es parte integral de lo que significa ser hombre.*

Eso no quiere decir que la mujer no tenga autoridad o responsabilidad de liderazgo. Génesis 1 indica que Dios les dio dominio sobre la tierra a hombres y mujeres en conjunto. Pero el hecho de que Dios le diera específicamente al varón la responsabilidad de poner nombre a los animales indica que le dio al varón una autoridad única y distinta, que no es intercambiable con la autoridad de las mujeres.

¿Qué revela el diseño de Dios para los hombres acerca de Su sentir hacia las mujeres?

_____

_____

¿Recuerdas la tarea de Adán de ponerle nombre a cada animal? En la lección pasada aprendimos que Dios puso al varón a prueba con este ejercicio de entrenamiento antes de crear a la mujer. Parece ser que Dios quería enseñar al varón cómo ejercer autoridad de una manera piadosa. El varón tenía que aprender que "llevar los pantalones" significaba servir al otro con abnegación y amor. Necesitaba aprender qué significa ser hombre antes de estar listo para relacionarse con la mujer. Pero creemos que el proceso de entrenamiento tenía otro propósito también.

El largo proceso de poner nombre a los animales seguramente hizo que Adán tomara consciencia del profundo anhelo de su corazón. Le hizo ver la falta de una ayuda idónea. Quizás Dios quería que el varón vislumbrara la gran importancia de Su última y tan magnífica obra antes de tomar a la mujer del costado de Adán. Quizás Él quería que Adán sintiera un fuerte anhelo: amar y desear un alma gemela con la misma pasión que Cristo siente por Su futura esposa.

[Cristo] cumplió lo que se había manifestado en Adán; porque cuando Adán estaba dormido, Dios le extrajo una costilla y creó a Eva; del mismo modo, mientras el Señor yacía sobre la cruz, traspasaron su costado con una espada… de donde nació la Iglesia. Pues la Iglesia, la esposa de Cristo, fue creada de Su costado, como Eva fue creada del costado de Adán.

—Agustín

Lee Génesis 2:20-22 al margen y la cita anterior ¿Qué simbolismo vio Agustín en la creación de la mujer del costado del varón?

_____

_____

Saber que Dios creó al hombre y a la mujer para manifestar la historia de amor cósmico de Cristo y la Iglesia nos ayuda a entender nuestro diseño divino. Como señalamos anteriormente, lo que somos como varón y mujer tiene poco que ver con nosotros mismos y mucho que ver con Dios. Finalmente, la razón por la que existen los roles de género es para dar a conocer mejor a Dios. La unión de pacto entre el hombre y su esposa es una ilustración tangible de cómo es la relación personal con Dios.

Dios pudo haber creado al varón y a la mujer exactamente al mismo tiempo y de la misma manera. Pudo habernos dado roles idénticos. Pero no lo hizo. Primero creó al varón. Y le encargó la tarea exclusiva de proteger, sustentar y guiar. Podrías pensar que el hecho de que Dios creara primero al varón es insignificante e intrascendente, pero la Escritura enseña lo contrario.

Lee 1 Corintios 11:8-10 al margen de la página. (Podrías leer también los versículos del 2 al 12 en tu Biblia, para entender mejor el contexto.) ¿Qué razón da la Escritura para que la mujer esté bajo la autoridad de su marido?

_____

_____

_____

_____

¿Tiene sentido para ti esa razón? ¿Por qué piensas que la Escritura enseña que el haber creado primero al varón lo coloca en una posición de autoridad?

_____

_____

> *"Mas para Adán no se halló ayuda idónea para él. Entonces Jehová Dios hizo caer sueño profundo sobre Adán, y mientras éste dormía, tomó una de sus costillas, y cerró la carne en su lugar. Y de la costilla que Jehová Dios tomó del hombre, hizo una mujer, y la trajo al hombre".*
>
> **Génesis 2:20-22**
>
> *Porque el varón no procede de la mujer, sino la mujer del varón… Por lo cual la mujer debe tener señal de autoridad sobre su cabeza".*
>
> **1 Corintios 11:8-10**

Como la mayor de siete hermanos, (Nancy) tengo un especial sentido de la responsabilidad de dar un buen ejemplo y de ejercer una sabia influencia en mi familia.

En la Escritura, la posición del primer hijo tiene aún más importancia. El primogénito tenía un rol singular, particularmente en las familias judías. Era el de mayor jerarquía después del padre y cargaba con el peso de la autoridad del padre. Era el responsable de la supervisión y el bienestar de la familia

(Gn. 49:3). Por su responsabilidad adicional de liderazgo, recibía una parte adicional de la herencia de su padre (Gn. 25:29-34; Dt. 21:17).

El primogénito era el representante de la descendencia de la familia. Israel recibió el nombre figurativo de primogénito de Dios (Éx. 4:22). Cuando Faraón obstinadamente no dejó ir a Israel, el Señor mató a los primogénitos de Egipto excepto a aquellos que habían sido redimidos por la sangre del cordero. De ahí en adelante, todo varón primogénito de los israelitas tenía que ser redimido (Éx. 11:4-7; 13:11-15). El hijo mayor representaba a todos sus hermanos y hermanas. Su redención implicaba la redención de todos ellos.

Anota algunas palabras que describan qué sientes ante el hecho de que el varón fuera el primogénito de la raza humana. (¿Resentimiento, desconcierto, indiferencia?).

_____

_____

Ser el primogénito no indica que el hombre sea mejor que la mujer. De hecho, no tiene nada que ver con méritos del hombre. El simbolismo refleja y señala algo mucho más importante.

Busca los siguientes versículos. Traza líneas que unan los títulos de Cristo de la izquierda con la referencia correcta de la derecha:

El Primogénito entre muchos hermanos	**Colosenses 1:15**
El Primogénito (el hijo unigénito de Dios)	**Colosenses 1:18**
El Primogénito de entre los muertos	**Romanos 8:29**
El Primogénito de toda creación	**Hebreos 1:5-6**

Jesucristo es el Primogénito. Es el eterno Hijo de Dios, el Primogénito de toda creación. La Escritura explica que Él precede a la creación y, por lo tanto, tiene autoridad sobre todo lo creado (Col. 1:15-20). Como el eterno Primogénito, Cristo define la posición del primogénito. La posición y el rol de un hombre primogénito en la cultura hebrea señala la posición y el rol de Cristo, como lo hace la posición del esposo en el matrimonio. Todo tiene que ver con nuestro Señor Jesucristo.

Resume las responsabilidades que acompañan la posición del hombre primogénito:

_____

_____

El varón fue el primogénito de la raza humana. El varón cargó con el peso de la responsabilidad de la supervisión y el bienestar de la familia humana. Él era el representante. Dios colocó el manto del liderazgo exclusivamente sobre sus hombros. El Nuevo Testamento confirma el hecho de que el estatus del hombre primogénito era importante y que tenía implicaciones permanentes para el liderazgo del hombre en el hogar y la iglesia (1 Ti. 2:13).

Insistimos en que esto no tiene nada que ver con los méritos, el valor o la superioridad del hombre; sino con manifestar la gloria de Dios y la naturaleza de la relación de Cristo con Su Iglesia (Col. 1:18).

Dios creó al varón para que sea "el hombre de la casa", la cabeza de la familia, para señalar la relación que Jesús tiene con la Iglesia, que es la familia de Dios (1 Ti. 3:15).

> *"Porque el marido es cabeza de la mujer, así como Cristo es cabeza de la iglesia, la cual es su cuerpo, y él es su Salvador… Maridos, amad a vuestras mujeres, así como Cristo amó a la iglesia, y se entregó a sí mismo por ella".*
>
> **Efesios 5:23-25**

Lee Efesios 5:23-25 al margen. ¿En qué sentido difiere el concepto distorsionado del mundo sobre el hombre, como "el hombre de la casa", con el ejemplo de Cristo?

_____

_____

¿De qué manera piensas que la relación hombre-mujer podría cambiar si los hombres cumplieran su responsabilidad de primogénitos e imitaran a Cristo en la manera de interactuar con las mujeres?

_____

_____

El montículo de nieve sobre el patio de recreo era perfecto para poder divertirse. En la escuela primaria a la que (Mary) asistía en Canadá, era lo que me encantaba hacer a la hora del recreo. Cuando sonaba la campana, el primer niño o niña que llegaba a la cima era "el rey". Los demás se quedaban todos juntos en la base del montículo y esperaban su turno para poder conseguir la posición de "rey". Uno a uno subíamos hasta la cima a pelear por esa posición.

> "Sabéis que los que son tenidos por gobernantes de las naciones se enseñorean de ellas, y sus grandes ejercen sobre ellas potestad. Pero no será así entre vosotros, sino que el que quiera hacerse grande entre vosotros será vuestro servidor, y el que de vosotros quiera ser el primero, será siervo de todos. Porque el Hijo del Hombre no vino para ser servido, sino para servir, y para dar su vida en rescate por muchos".
>
> **Marcos 10:42-45**

Al terminar la pelea, uno prevalecía y el otro bajaba con golpes en los brazos y las piernas, y con sus guantes, bufanda y gorro cubiertos de nieve. Y con los brazos en alto, el niño que había logrado quedarse en la cima ejercía su derecho de presumir por su victoria y burlarse diciendo: "¡Yo soy el rey del castillo, y ustedes no! ¡Son todos unos perdedores, ja, ja, ja!".

El "rey del castillo" es un juego de niños. Pero, tristemente, refleja la idea tergiversada que muchos adultos tienen acerca de la autoridad. Las posiciones de autoridad se consideran que son las mejores posiciones y las más envidiables. Todos quieren ser el "rey". El rey está en una posición de importancia. El rey está en mejor posición. El rey tiene más poder. El rey domina. El rey hace lo que quiere. Tiene todos los privilegios. Todos le sirven. Tiene en poco a los demás, da órdenes a todos, señorea sobre todos y, arrogantemente, fuerza a otros a atender todos sus caprichos. No se preocupa en absoluto por sus subordinados. En comparación con él, ¡son todos unos perdedores, ja, ja, ja!

Esta perspectiva distorsionada de la autoridad ayuda a explicar por qué tantas personas se escandalizan ante la sugerencia de que Dios asignó a los hombres una posición de autoridad en el matrimonio y en la iglesia. Pero Jesús reprendió fuertemente a sus discípulos por ver la autoridad como un derecho a dominar o buscar sus intereses personales. Según palabras de Jesús, esta perspectiva es una manera pecaminosa y pervertida de ver la autoridad.

Lee Marcos 10:35-45. Y en el espacio siguiente, resume la perspectiva de Cristo de cómo una persona en autoridad debe (y NO debe) ver su posición.

¿Cómo nos muestra la vida de Cristo la forma correcta de ver la autoridad?

En respuesta al pedido de Santiago y Juan de conocer su lugar en el Reino de los cielos, Jesús les enseñó que la verdadera grandeza viene de servir, no de buscar egoístamente una posición de autoridad. Nadie hereda el derecho de reclamar una posición de autoridad. El Padre asigna tales posiciones (Ro. 13:1). Jesús sabía esto. Aún la autoridad de Cristo le fue delegada por Dios el Padre (Mt. 28:18).

La Biblia enseña que toda la autoridad le pertenece legítimamente a Dios. Cualquier autoridad legítima que las personas ejercen es otorgada por Dios, y deben dar cuentas a Él por cómo la usan. La autoridad no debe usarse para beneficio personal, ni como una demostración de poder; sino para servir obedientemente al Dios que nos asignó la tarea de servir en dicha posición; la misma actitud que el mismo Cristo demostró.

Jesús enseñó que la autoridad no es una cuestión de derechos, sino de responsabilidad. No tiene que ver con recibir, sino con dar. No tiene que ver con egoísmo, sino con abnegación. No está enfocada en "uno mismo", sino en los demás. No es el derecho de exigir que nos sirvan, sino la responsabilidad de servir a otros. La autoridad es una responsabilidad de mucho peso, que demanda una obediencia radical a Aquel de quien proviene toda autoridad. A mayor autoridad, mayor responsabilidad. La Escritura advierte a aquellos que están en dicha posición, que "recibirán mayor condenación" (Stg. 3:1).

Jesús quería que sus discípulos comprendieran que la verdadera grandeza no está determinada por qué tan alto se encuentra una persona en la escala jerárquica. No tiene nada que ver con cuánto poder ejerce una persona. Por el contrario, tiene que ver con cuánta humildad se somete una persona a Dios y sirve a otros.

¿De qué manera la perspectiva de Cristo sobre la autoridad contrarresta la idea de que los hombres pisoteen, dominen o abusen de sus esposas o de que usen su posición de autoridad para beneficio propio?

¿Crees que Dios "favorece" injustamente al hombre o que rebaja a la mujer al darle al hombre la posición de autoridad en el hogar? Explica por qué.

¿Cómo crees que sería estar bajo la autoridad de alguien que te ama y te sirve como Cristo ama y sirve a la Iglesia?

¡compórtate como un hombre!

Hoy día, la masculinidad se encuentra en crisis. En los últimos años, un elevado número de recursos seculares ha llamado la atención al tema, en artículos como: "El fin de los hombres", "La decadencia de los hombres", "La muerte de los machos", y en libros con títulos como: *"¿Tienen algo de bueno los hombres?"* y *"¡Compórtate como un hombre!: ¿Cómo ha convertido a los hombres en niños el auge de las mujeres"*.

Esta tendencia editorial revela que la sociedad está sintiendo profundamente la desintegración de la masculinidad. Hay un reconocimiento creciente de una falta de proliferación de los hombres. El entorno cultural, ideológico y económico de hoy no muestra lo mejor de ellos. Aún los no cristianos están llamando a los hombres a "comportarse como hombres".

De acuerdo con la Biblia, la masculinidad y la feminidad son condiciones esenciales, no secundarias, de nuestra personalidad. Tristemente, en el intento de promover la igualdad entre hombres y mujeres, nuestra cultura ha depreciado la importancia excepcional de cómo Dios nos creó. En consecuencia, ahora tenemos a toda una generación que tiene poco sentido de la belleza, el valor y la importancia de su masculinidad y feminidad.

Como dice el Pastor John Piper: "En la actualidad, la confusión sobre el significado de la personalidad sexual es epidémica. La consecuencia de esta confusión no es una armonía libre y feliz entre personas de libre género, que se relacionan sobre la base de capacidades abstractas. Las consecuencias son más divorcios, más homosexualidad, más abuso sexual, más promiscuidad, mayor incomodidad social, más dolor emocional y suicidios, que vienen acompañados de la pérdida de la identidad dada por Dios".[3]

Toda esta semana hemos estado estudiando sobre el diseño de Dios para el varón. Dios ha creado al varón con la responsabilidad única de guiar, suplir las necesidades y proteger. Esto no quiere decir que el varón deba ser "el rey del castillo" o asumir una posición más favorable que la mujer; sino que el liderazgo, la provisión, la protección y una iniciativa responsable son vitales e indispensables para ser el hombre que Dios creó. La definición de John Piper sobre la masculinidad lo resume muy bien:

> El aspecto central de la masculinidad madura es el sentido de una responsabilidad benévola para guiar, proveer y proteger a las mujeres adecuadamente según las diversas relaciones del hombre.[4]

En otras palabras, la manera como el hombre se relaciona con su esposa, hermana, hija, colega o amiga podrán variar, pero todas esas relaciones reciben información e influencia de quién es él como hombre. La masculinidad significa que él acepta una responsabilidad benévola para ofrecer una adecuada guía, provisión y protección a las mujeres que lo rodean.

> "Esta desvalorización de la personalidad masculina o femenina es una gran pérdida. Está causando terribles estragos en generaciones de hombres y mujeres jóvenes, que no saben qué significa ser un hombre o una mujer".
>
> **John Piper**[2]

Al reflexionar en el estudio de esta semana sobre la masculinidad bíblica, ¿qué cosas aprecias del diseño divino de Dios para los hombres?

Haz una lista de los hombres que Dios ha puesto en tu vida: padre, hermanos, esposo, hijos, pastor, empleados, compañeros de trabajo, amigos, etc. Pídele al Señor que bendiga a estos hombres y les dé gracia para ser los hombres que Él creó. Agradece al Señor por los hombres de tu lista que muestran el corazón y carácter de Cristo al ser fieles proveedores y protectores, y que ejercen su autoridad con humildad.

de la teoría
a la práctica…

recortes y caracoles

para asimilar:

El video de la semana dos te ayudará a asimilar las lecciones de esta semana. Encontrarás este video en inglés con subtítulos en español en http://dotsub.com/view/user/hleah101. También hay otros recursos disponibles en www.avivanuestros corazones.com.

para reflexionar:

Piensa en las siguientes preguntas. Debátelas con tus amigas, tu familia o en un grupo pequeño:

1. ¿Cómo describe Hollywood típicamente al hombre? ¿Crees que esta descripción es atinada y justa?

2. ¿Por qué crees que Dios creó primero al varón en vez de crear ambos sexos al mismo tiempo? ¿Qué implicancia tiene esto para lo que significa la masculinidad?

3. Dios le asignó al varón la responsabilidad de *trabajar* y *guardar* (Gn. 2:15). ¿Qué significa esto? ¿De qué manera esta responsabilidad es exclusiva de los varones? ¿Recuerdas alguna ocasión en la que un hombre de tu familia o tus amistades haya ejemplificado esta responsabilidad? ¿Qué crees que le sucede al hombre cuando se le exime de esta responsabilidad?

4. ¿Qué significa ser el "hombre de la casa"? ¿Qué no significa? ¿Qué significa exactamente que los hombres se "comporten como hombres"?

5. ¿Crees que el diseño de Dios para el hombre beneficia o perjudica a la mujer? ¿Crees que favorece al hombre por sobre la mujer? ¿Por qué sí o por qué no?

6. ¿De qué maneras la mujer atenta contra la masculinidad? ¿De qué manera constructiva podemos afirmar y animar a los hombres a ser hombres?

para personalizar:

Utiliza la siguiente hoja en blanco para escribir tus notas sobre lo que aprendiste esta semana. Escribe tus comentarios, tu versículo favorito o un concepto o cita que haya sido particularmente útil o importante para ti. Compone una oración, una carta o un poema. Apunta notas sobre el video o la sesión de tu grupo pequeño. Expresa la respuesta de tu corazón a lo que has aprendido. Personaliza las lecciones de esta semana de la manera que más te ayude a poner en práctica lo que aprendiste.

personalízalo

de la teoría
a la práctica…

azúcar y flores

*L*as *Chicas Superoderosas* irrumpieron en las pantallas de televisión en 1998, e instantáneamente se convirtieron en la serie animada más popular en la historia de Cartoon Network. Esta serie animada fue grandemente elogiada por jóvenes y adultos por igual. No es difícil ver que tenía un mensaje entre líneas. Buscaba redefinir las ideas tradicionales sobre la masculinidad y la feminidad y alterar los roles de género.

En el episodio inicial, un torpe profesor intenta crear a la chica perfecta usando una mezcla tradicional de azúcar, flores y muchos colores. Pero, por accidente, derrama una cierta sustancia "X" a la mezcla y crea a las "chicas superpoderosas" con superpoderes para volar, superfuerza, supervelocidad, invulnerabilidad, visión de rayos X, supersentidos, visión infrarroja y proyección de energía.

Las chicas superpoderosas pasan el tiempo luchando contra villanos malvados, muchos de los cuales son hombres. El peor y más peligroso villano de todos —la personificación de la maldad— es una criatura diabólica e inmortal de piel roja llamada "ÉL". ÉL tiene un grave trastorno de envidia femenil. Habla con una voz aguda y se viste con botas negras hasta los muslos, una chaqueta roja de mujer y una mini falda con un tul rosa en el collar y el dobladillo.

En uno de los episodios más populares, las chicas superpoderosas luchan contra sus contrapartes masculinas, los chicos superapestosos, que fueron creados con recortes (vello axilar), caracoles y el rabo de un cachorro, además de un poquito de agua del excusado de la cárcel como sustituto de la sustancia "X". Los tres chicos personifican tres características malvadas: el sexismo, el machismo y la misoginia (odio a las mujeres). El único propósito de su existencia es destruir a las chicas superpoderosas.

Inicialmente, las chicas superpoderosas derrotan a los chicos superapestosos al darles un poco de azúcar (besos). Pero cuando ÉL resucita a los chicos y los hace más grandes e inmunes a los besos, las chicas tienen que encontrar otra manera de luchar contra ellos. Por casualidad, descubren que el tamaño de uno de los chicos disminuye cada vez que su masculinidad se ve amenazada. Con lo cual, las chicas humillan a los chicos y los avergüenzan, se burlan de ellos y los insultan. Al atacar su masculinidad, los chicos se van achicando y, finalmente, son derrotados.

Las chicas superpoderosas podrán ser tan solo personajes de caricatura, pero reflejan las ideas sobre la masculinidad y la feminidad que predominan en estos días: Las mujeres son poderosas. Las mujeres son inteligentes. Las mujeres tienen que salvar a los hombres de sí mismos. Los medios de comunicación describen a los hombres como malos, abusadores y agresivos o inferiores, torpes y tontos incompetentes. Las mujeres necesitan ser fuertes, tomar las riendas y tener el mando. Como en la canción infantil moderna, que dice "¡Las niñas mandan y los niños babosean!".

Las *Chicas Superpoderosas* fue una de las incontables propuestas de los medios de comunicación para cambiar la definición de la esencia de las chicas (y las grandes). Mientras que la imagen tradicional de la década de 1950 sobre la feminidad, no necesariamente lo entendía todo bien, sí afirmaba que los hombres y las mujeres tenían roles distintos y exclusivos y que eran vitales para el funcionamiento de la familia y el bien de la sociedad. Pero el movimiento feminista cambió todo eso. Infundió en las mujeres la idea de que tenemos el derecho de decidir por nosotras mismas lo que significa ser mujer.

La semana pasada vimos el principio de Génesis para determinar de qué están hechos los hombres. Esta semana haremos lo mismo con respecto a las mujeres. Así como Dios fue intencional al crear al hombre, nuestra creación como mujeres tampoco fue accidental ni arbitraria. Fuimos creadas excepcionalmente por nuestro Creador con un propósito específico.

Mientras consideramos esos propósitos, tengamos presente que el mundo no reafirma el plan de Dios y nos dice de mil maneras diferentes por qué tampoco nosotras lo deberíamos reafirmar. En mayor o menor medida, todas nosotras hemos sido influenciadas por el mensaje del mundo. Así que mientras consideramos cómo nos diseñó Dios, puede que en algún momento te resistas cuando veas que Su plan va en contra de la imagen de la feminidad que nuestra cultura promueve.

Por eso es muy importante que, antes de abordar este tema, inclinemos nuestro corazón delante de Él y digamos "¡Sí, Señor!".

Antes de adentrarte en la lección de esta semana, ¿por qué no tomas un momento para hacer exactamente eso? Reconoce que Él es Dios, no tú. Confiesa que Sus caminos son rectos y buenos. Pídele que te enseñe Sus caminos y te dé la gracia para aceptarlos y vivir Su diseño para tu vida. →

*E*n varias ocasiones, (Nancy) tenía alojada a una pareja joven en mi casa cuando se enteraban de que estaban esperando un bebé. A la emoción de la noticia siempre le seguía el anhelo de querer saber si sería niño o niña.

En el segundo embarazo de una amiga mía, le hicieron un ultrasonido y le dijeron que era un niño. Durante el resto del embarazo, Maggie y Brent prepararon todo para dar la bienvenida a su segundo hijo en la familia con mucha ilusión. Imagínate su asombro cuando Maggie miró por primera vez al recién nacido que estaba sosteniendo en sus brazos y dijo: "¡Esperen… es una *niña!*". ¡Y sí lo era! (Los padres sorprendidos tuvieron que actuar rápidamente, ya que no habían pensado ningún nombre para niña y tampoco tenían nada "rosa").

"¡Es niño!" o "¡Es niña!" normalmente es lo primero que se anuncia cuando nace un bebé. Algunas personas afirman que el sexo no debería tener consecuencias en la identidad o en el rol de una persona. Pero la escritora Elisabeth Elliot no está de acuerdo. Ella publicó una recopilación de notas que había escrito para su hija sobre la feminidad, en un libro llamado *Dejádme ser mujer*. Al reflexionar sobre el significado de la feminidad, Elisabeth le escribió a su hija:

> *Tu cuerpo es el de una mujer. ¿Qué significa eso? ¿Hay un significado invisible en sus signos visibles: la delicadeza, la suavidad, la estructura ósea y muscular más liviana, los senos, el útero? ¿Acaso no tienen ninguna relación con lo que eres en sí? ¿Acaso tu identidad no está íntimamente vinculada a estas formas materiales?*[1]

¿Qué crees que estaba tratando Elisabeth de decirle a su hija?

_____

_____

Quiero (Mary) que hagas un ejercicio muy divertido, que a veces hago con las muchachas en la clase bíblica sobre feminidad que doy en el seminario. Levántate y deja caer tus brazos al lado de tu cuerpo. Mantén tus brazos relajados y voltea tus manos de manera que las palmas miren hacia delante. ¿Puedes ver que la parte inferior de tu brazo no está alineada con la parte superior? Tiene una curvatura debajo del codo, que se aleja de tu cuerpo, como en un ángulo de 20 a 30 grados.

Después, quiero que busques a un hombre y le pidas que tome la misma posición. Verás que su brazo está prácticamente derecho. La parte inferior de su brazo solo tiene una pequeña curvatura de 5 a 10 grados. Comparado al brazo de un varón, tu brazo es notablemente curvo (¡Realmente!). ¡Esto se debe a que Dios nos creó con un ángulo especial para sostener a un bebé! La curvatura de tu brazo te permite mecer y amamantar a un bebé. La diferencia en la curvatura del brazo es lo que hace a la mujer torpe para lanzar un balón de fútbol y al hombre menos natural para sostener a un bebé.

Cuando estudié medicina de rehabilitación, aprendí que además de las diferencias anatómicas obvias, hay numerosas diferencias psicológicas y fisiológicas entre los hombres y las mujeres. Los hombres tienen 50 % más de masa muscular en base al peso, que las mujeres. Una mujer del mismo tamaño que su contraparte masculina, generalmente tiene el 80 % de la fuerza que él tiene. El cuerpo de una mujer es mucho más eficiente para almacenar energía (grasa) y tener reservas para el embarazo y la lactancia. Los hombres tienen el corazón y los pulmones más grandes y más cantidad de glóbulos rojos en la sangre. Cuando un hombre está trotando al 50 % de su capacidad, una mujer tiene que elevar su esfuerzo al 70 % de su capacidad para mantenerse al mismo ritmo.

El cerebro del hombre es más grande que el de la mujer, pero las mujeres tienen 4 veces más neuronas que conectan el hemisferio izquierdo con el derecho. Los hombres procesan mejor el hemisferio izquierdo, mientras que las mujeres tienden a procesar igual ambos hemisferios. Esta diferencia explica por qué los hombres, generalmente, tienen más capacidad para la matemática y el sentido del espacio, y pueden resolver problemas desde una perspectiva orientada al trabajo, mientras que las mujeres, generalmente, son más perceptivas, más sentimentales, más comunicativas y más creativas.

Los hombres tienden a responder al estrés con una estrategia de "pelea o huida", mientras que las mujeres responden con la estrategia de brindar "cuidado y amistad". Esto significa que la mujer se enfoca más hacia dentro, en la familia y los hijos (cuidado) y en desarrollar un fuerte vínculo grupal en tiempos de dificultad, mientras que los varones incrementan su enfoque en lo externo para poder enfrentar la amenaza. La razón de estas reacciones diferentes se debe a una diferencia de hormonas.

El cuerpo femenino produce una gran cantidad de hormonas llamadas

> "Vosotros, maridos, igualmente, vivid con ellas sabiamente, dando honor a la mujer como a vaso más frágil, y como a coherederas de la gracia de la vida…".
>
> **I Pedro 3:7**

oxitocinas, que promueven la unión y el vínculo y aumentan el instinto maternal. El cuerpo masculino produce grandes cantidades de testosterona, que genera el instinto de avanzar, correr riesgos, proteger y conquistar.[2]

En el espacio siguiente, enumera las diferencias que has notado con respecto a cómo actúan e interactúan los hombres y las mujeres:

_____

_____

Elisabeth Elliot quería que su hija entendiera que las diferencias en el cuerpo de una mujer son la evidencia del hecho de que Dios la creó para tener un rol diferente al del hombre. Quería que se diera cuenta del "significado invisible" de los signos visibles.

Las diferencias entre hombres y mujeres son abismales. El cuerpo del varón está estructurado de tal manera para que sea el que tome la iniciativa y avance y ejerza la fuerza de dar. El cuerpo de una mujer está estructurado de tal forma para que sea la que responda, atraiga y tenga la capacidad de recibir y criar.

Cuando Dios le presentó la esposa al primer varón, este irrumpió en un poema que expresaba esta diferencia fundamental:

Dijo entonces Adán: Esto es ahora hueso de mis huesos y carne de mi carne; ésta será llamada Varona, porque del varón fue tomada (Gn. 2:23).

En el versículo anterior haz un círculo alrededor de las palabras "varón" y "varona".

En hebreo, el nombre con el que se identificaba a sí mismo el varón era *ish,* mientras el nombre para la mujer era *ishshah*. Lo cual parecería ser un juego de letras inteligente y profundo. El sonido de estas dos palabras hebreas es casi idéntico —*ishshah* básicamente tiene el agregado de una terminación femenina—, pero las dos palabras tienen un significado complementario. Muchos estudiosos creen que *ish* deriva de la raíz que significa "fuerza", mientras que *ishshah* deriva de la raíz que significa "delicada".[3]

Llena los espacios con el significado correspondiente:

Varona = Hebreo *"ishshah"* = _____

Varón = Hebreo *"ish"* = _____

Con base en lo que aprendiste la semana pasada sobre el diseño de Dios para el varón, ¿de qué manera quiere Dios que el hombre ejerza su "fuerza"?

_____

_____

¿Qué significa para ti el término "delicada" en la manera como Dios creó a la mujer?

_____

no es un muchacho más

_L_a delicadeza es parte integral de lo que significa ser mujer. Si buscas en el diccionario la definición de "delicada", encontrarás que significa no dura, blanda al tacto, flexible, dócil, suave, grata, no fuerte, tranquila, calma, gentil, amable, tierna, compasiva y comprensiva.

El Nuevo Testamento utiliza una palabra similar, "frágil", para afirmar que las mujeres son más delicadas y vulnerables. Esto de ninguna manera implica que las mujeres son inferiores a los hombres. De cualquier manera, las mujeres son física y emocionalmente más tiernas y más susceptibles a ser heridas. De acuerdo con 1 Pedro 3:7, Dios espera que los hombres las honren por sus bellas características femeninas. Dios le advierte al hombre que no trate a la mujer como "un muchacho más". ¡Dios espera que los hombres las traten como cristales de Swarovski y no como llantas Michelin!

El mundo ha programado a las mujeres para que menosprecien la "delicadeza". Se nos ha animado a ser ásperas e incluso duras. Pero el modelo de feminidad del mundo carece de la belleza con la que Dios creó a la mujer.

¿Qué reacción negativa o temores podría causar en algunas mujeres pensar que se consideran "delicadas"?

_____

_____

¿Qué beneficios y bendiciones podrían resultar de la aceptación de esta característica por parte de las mujeres?

_____

_____

*L*a mayoría de las mujeres disfruta ver películas para chicas. Nos referimos a películas de historias, que se nutren de la profundidad y complejidad de las relaciones humanas. Me refiero a clásicos del cine, como "Mujercitas" y "Orgullo y prejuicio". Las películas para chicas contienen romance e hidalguía, o representan relaciones entre familiares o vínculos entre amigos. Incluye personajes multifacéticos, mucho diálogo y un buen final de la relación. En contraste con las historias para hombres, no es necesario que estalle absolutamente nada.

Uno de los mejores beneficios de tener un hijo mayor casado es que ahora tengo (Mary) una nuera. Con esto quiero decir que ahora tengo un alma gemela a la hora de votar por qué película ver una noche en familia. Por muchos años, mi voto era anulado por los hombres y sus preferencias por las películas de acción, carrera de autos, sangre y batallas. Nunca olvidaré el día que, por primera vez, Jacqueline estaba presente en el proceso de elegir la película y mi hijo propuso que su reciente esposa hiciera la elección. Para mi deleite, terminamos poniendo una película para chicas sensiblera y sentimental en nuestro reproductor Blu-Ray.

Mis dos hijos solteros no aguantaron mucho y después de quince minutos desaparecieron como desaparece la comida del perro. Pero los hombres casados permanecieron ahí. (¡Nadie tiene mayor amor que el hombre que puede ver una película de chicas con su mujer!). Jacqueline y yo nos sentamos lado a lado en el sillón. Ambas nos estábamos secando las lágrimas de los ojos con pañuelitos desechables, cuando escuchamos un sollozo que provenía del sillón de al lado. Al momento de pasarle la caja de pañuelitos desechables, escuché un segundo sonido ronco de la garganta de Brent. Pero era claro que no estaba sollozando, sino roncando. Se había quedado profundamente dormido. Y también lo estaba Clark, cuyo cuerpo, casi comatoso, yacía en el piso sobre algunos almohadones.

Ninguno de los hombres de la casa aguantó ver la película hasta el final. Ni uno. Hasta el perro se quedó dormido y se unió al coro de ronquidos. Pero

> *"Y dijo Jehová Dios: No es bueno que el hombre esté solo; le haré ayuda idónea para él… mas para Adán no se halló ayuda idónea para él".*
>
> **Génesis 2:18-20**

> *"Porque el varón no procede de la mujer, sino la mujer del varón, y tampoco el varón fue creado por causa de la mujer, sino la mujer por causa del varón".*
>
> **I Corintios 11:8-9**

en la opinión de Jacqueline y la mía, fue una película fabulosa. Poco después, les dijimos a los hombres (quienes refunfuñaron e hicieron un gesto de fastidio), que a ambas nos encantaría volverla a ver.

La razón por la que la mayoría de las mujeres prefiere este tipo de películas es porque Dios nos creó como seres más relacionales. Génesis 2 dice que Dios creó a la mujer "para él", es decir, para el hombre. Primera de Corintios 11:9 confirma que la mujer fue creada "para el hombre" y no a la inversa. Conforme a Génesis 2, esto significa que ella fue diseñada para asistir al varón, como su ayuda idónea, en el llamado que Dios le dio. Pero el hecho de que ella fue creada "para" el hombre nos ayuda a entender también lo que sabemos por instinto, que la mujer tiene una predisposición inherente hacia las relaciones.

Haz un círculo a las frases "para él" y "por causa del varón" en los versículos que están al margen de la página anterior.

Escribe en el espacio siguiente algunas palabras que describan cómo crees que se sentirían algunas mujeres de hoy con el concepto de que la mujer fue creada para el hombre:

_____

_____

Para muchas mujeres, la idea de que la mujer fue creada "para" el hombre, a primera instancia, podría parecer negativa, ya que parece implicar que él tiene licencia para usarla y abusar de ella a su voluntad. Pero las Escrituras de ninguna manera apoyan semejante concepto.

Nuestra reacción negativa al concepto de haber sido creadas "para" el hombre sirve para resaltar cuánto hemos caído del orden con el que fuimos creadas. Cuando la primera esposa fue presentada a su marido, seguramente su corazón estaría rebosando de gozo por haber sido creada para él. No podría haberse sentido más satisfecha, porque estaba cumpliendo el propósito por el que había sido diseñada. Había sido hecha "del" varón, "para" el varón y dada como un regalo "al" varón.

Cuando Adán recibió gozosamente a Eva como "hueso de sus huesos" y "carne de su carne" —igual, sin embargo, diferente—, Eva experimentó el fuerte vínculo relacional para el que fue creada, y para cuyo deleite y anhelo fue diseñada.

Por supuesto, la tendencia característica de las mujeres hacia las relaciones interpersonales no significa que los hombres no están interesados en las relaciones o que son incapaces de desarrollar fuertes vínculos. Sino que las mujeres tienen el instinto y la capacidad de relacionarse; una característica distintiva de lo que significa ser mujer.

Mientras trabajo (Nancy) en este libro, está transcurriendo la temporada de bodas. Varias de las hijas de mis amigas y una integrante de nuestro personal están por contraer matrimonio en el transcurso de las próximas semanas. Fue bueno observar, escuchar, hablar y orar con estas jovencitas —cada una de ellas diferente— y disfrutar su aceptación de ver que fueron creadas "para" el hombre con el que van a casarse y que están hechas a medida para él.

Tarde o temprano, por supuesto (probablemente más temprano que tarde), cada una de ellas se dará cuenta de que es una pecadora casada con otro pecador, que en ocasiones los llevará a competir en vez de complementarse el uno con el otro, y eso producirá tensión en la relación. Pero están partiendo de la creencia de que Dios los hizo el uno para el otro y con el deseo de amar y ser amadas y relacionarse a un nivel emocional muy profundo.

El haber sido creadas "para alguien" indica que Dios creó a la mujer como una criatura más relacional. En contraste con el hombre, su identidad no está basada en trabajar como lo está en relacionarse y comunicarse con los demás. *Desarrollar fuertes vínculos interpersonales es parte integral de lo que significa ser mujer.*

¿Qué evidencias o ejemplos encuentras que demuestran que las mujeres han sido diseñadas para los vínculos interpersonales?

_____

_____

El instinto de la mujer para estrechar vínculos es muy fuerte. En la lección anterior vimos que el cuerpo de la mujer produce gran cantidad de la hormona llamada oxitocina, la cual fomenta los vínculos emocionales y relacionales. La mujer fue creada con el deseo intrínseco de relacionarse y vincularse con otras personas. Ella tiende a desarrollar vínculos. Se siente atraída al romance y a desarrollar otras relaciones profundas y gratas: con hermanas, hermanos, niños, vecinos, amigas o colegas.

Aun la anatomía del cuerpo de la mujer indica que fue creada "para" algo. Hay un "espacio" dentro de ella que está hecho para recibir. Dios creó el cuerpo de la mujer con un lugar "para" el cuerpo del hombre.

Sin embargo, es importante entender que esta realidad física es meramente una ilustración terrenal, que señala una verdad espiritual mucho más importante. A fin de cuentas, el hecho de que la mujer fue creada "para" el hombre no significa que toda mujer necesita estar en pareja. Tampoco quiere decir que las necesidades más profundas del corazón de una mujer solo pueden ser satisfechas por un hombre. Por el contrario, es una perfecta demostración que nos enseña acerca de Dios. Es un reflejo de la relación eterna para la que todos (hombres y mujeres) fuimos creados.

La mujer creada "para" el hombre nos recuerda que la Iglesia-novia fue creada "para" Jesucristo. La inclinación de la mujer hacia el romance y las relaciones es una ilustración de la necesidad de cada persona de tener una relación con Él. El rey David lo expresó muy bien. Él comparó la sed de su alma por Dios con el siervo que "brama" por las aguas.

Lamentablemente, la mayoría de las mujeres no comprende que Cristo es el único que puede satisfacer por completo los anhelos más profundos de su corazón. Entonces se desilusionan cuando sus maridos no satisfacen todas sus necesidades, y van de una relación a la otra en la búsqueda de la persona que sí lo haga.

Nunca (Mary) olvidaré cuando estaba orando con Jenna, una mujer que había pasado por cinco matrimonios —sí, cinco—, así como la mujer que Jesús encontró en el pozo. El quinto matrimonio de Jenna se había desintegrado recientemente, y ella quería que yo orara para encontrar otro hombre, "el correcto". "Solo quiero encontrar a alguien que llene el vacío de mi corazón", sollozaba sobre mi hombro.

> "Como el ciervo brama por las corrientes de las aguas, así clama por ti, oh Dios, el alma mía. Mi alma tiene sed de Dios, del Dios vivo…".
>
> **Salmos 42:1-2**

No oré para que Jenna encontrara otro marido. No hay hombre sobre la faz de la tierra que pueda satisfacer los anhelos más profundos de una mujer. El deseo de Jennna —y el deseo del corazón de toda mujer— solo puede saciarse en una relación personal con Jesucristo. Esta es la relación a la que apuntan todos nuestros anhelos de mujer.

Describe una etapa de tu vida en la que hayas luchado con la insatisfacción de tus anhelos de vínculos interpersonales. ¿Cómo trataste de satisfacer ese anhelo?

_____

_____

¿Cómo pueden esos anhelos insatisfechos ("sed") señalarnos la relación más importante para la que fuimos creadas?

_____

_____

*P*or varios años viví (Nancy) parte del tiempo en Little Rock, Arkansas. Habiendo pasado la mayor parte de mi vida en el Norte, he disfrutado mucho la variedad de plantas y árboles autóctonos del clima más templado del Sur. Una de mis vistas favoritas de primavera en el sur eran los espléndidos árboles de magnolia con sus grandes hojas lustrosas y sus enormes flores blancas.

Las magnolias se consideran un símbolo de la belleza y dulzura femeninas en el arte, especialmente en el arte chino. Esta flor fragante se usa comúnmente en arreglos de bodas para representar la pureza y la dignidad de la novia. Esto sucede particularmente en el Sur, donde se ha popularizado el uso de la frase "magnolia de acero" para describir la naturaleza delicada, pero fuerte, de las mujeres sureñas.

Esa frase refleja algo de la esencia de la verdadera feminidad. La imagen combina la belleza con la perseverancia, la suavidad con el carácter, la delicadeza con la resistencia, la dulzura con la energía y la amabilidad con el sentido común.

Hasta ahora, en Génesis, hemos visto que Dios creó a la mujer para que sea la parte "delicada" y la creó con un profundo deseo de vincularse y relacionarse. En la lección de hoy, verás que la delicadeza de la mujer también implica tener un espíritu sumiso y dócil, un espíritu que gozosamente responda y muestre deferencia hacia otros. Cuando su vida está bajo el control del Espíritu de Dios, esta respuesta es acompañada por una firme determinación a ser receptiva a las buenas influencias. Un corazón resuelto a responder, ante todo a Dios, cubre de acero la magnolia.

Lee Génesis 2:22-23 y 3:20 en la página 85. ¿Cómo recibió su nombre la mujer?

_____

_____

¿Qué indica esto acerca de la naturaleza de la relación entre el primer esposo y su mujer?

_____

_____

Al reflexionar en el relato de Génesis, ¿cómo crees que la mujer respondió cuando su esposo le puso nombre?

_____

_____

La semana pasada, cuando vimos que Adán tuvo la responsabilidad de poner nombre a los animales, aprendimos que ponerle nombre a algo es ejercer autoridad sobre eso. Adán entendió la responsabilidad que Dios le había dado de liderar, proteger, proveer y servir a su casa. De modo que cuando Dios le presentó a su esposa, inmediatamente asumió la responsabilidad de servir a su esposa y ponerle un nombre propicio para ella. ¿Crees que ella sonrió en respuesta? La Biblia no lo dice. Pero más revelador que saber cómo respondió a la iniciativa de Adán, indudablemente, es saber cómo *no* respondió.

La reacción de Eva es marcadamente diferente a la respuesta de las mujeres de hoy cuando el hombre toma la delantera. Si Eva hubiera tenido la más mínima noción del feminismo en su cabeza, no hubiera estado contenta con la manera unilateral en que Adán le puso nombre.

Con sus manos en la cintura le hubiera dicho: "¡Mi nombre lo elijo yo, muchas gracias!". Tal vez hubiera insistido en un nombre compuesto o, quizás, hubiera dicho: "Ni tú ni yo", y hubiera insistido en que ambos contribuyeran en partes iguales a la elección del nombre de cada uno. Sus hijos varones podrían llamarse como él y sus hijas mujeres como ella. Así parece más justo, ¿verdad?

Sospechamos que la razón por la cual la Biblia no cuenta la respuesta de Eva al nombre que Adán le puso es porque ella respondió exactamente como Dios esperaba: con gozo y respeto. Ella respondió de una manera natural y correcta. Fue la respuesta feliz y sincera de una esposa pura hacia el liderazgo de un esposo puro. Cuando Dios se la presentó al varón, Adán y Eva actuaron conforme a la inclinación

> "Y de la costilla que Jehová Dios tomó del hombre, hizo una mujer, y la trajo al hombre. Dijo entonces Adán:… ésta será llamada Varona, porque del varón fue tomada".
>
> **Génesis 2:22-23**
>
> "Y llamó Adán el nombre de su mujer, Eva, por cuanto ella era madre de todos los vivientes".
>
> **Génesis 3:20**
>
> "Vuestro atavío no sea el externo… sino el interno, el del corazón, en el incorruptible ornato de un espíritu afable y apacible, que es de grande estima delante de Dios".
>
> **I Pedro 3:3-4**

que Dios les había dado. Él tomó la iniciativa. Ella respondió. El patrón de su relación reflejaba el diseño divino para sus vidas.

La mujer responde a la iniciativa del hombre. *Tener un espíritu receptivo y sensible es parte integral de lo que significa ser mujer.* Una mujer piadosa es una mujer "sumisa", una mujer conforme, que dice sí (¡Amén!). Tiene la predisposición a responder positivamente a los demás, en particular, a la iniciativa de un hombre piadoso. Es "dócil", no es obstinada cuando recibe instrucciones. Es "seguidora".

La Escritura nos dice que esta predisposición femenina es hermosa y de gran valor para Dios. Esta predisposición encuentra su expresión en la vida matrimonial a través de la sumisión de la mujer a su marido. Pero una disposición dócil y sumisa no es solo para mujeres casadas. Es para mujeres de todas las edades, sin importar su estado civil.

¿Crees que esta manera de responder es una característica positiva o negativa? Explica por qué.

_____

_____

Tengo (Mary) que admitir que en el pasado hubo veces que, cuando escuchaba las palabras "dócil" y "sumisa", tenía que luchar con una caricatura que me venía a la mente. Me veía a mí misma vestida de rosa con pestañas postizas, rizos teñidos de rubio, un perrito chihuahua en la bolsa y diciendo sí a todo, como una muñeca sin cerebro. En resumen, hacía todo lo contrario a mi verdadera personalidad y actuaba como una boba. El pensamiento era tan poco atractivo para mí como la avena desabrida que desayuné esta mañana.

> *"Así son los que van de casa en casa cautivando a mujeres débiles cargadas de pecados, que se dejan llevar de toda clase de pasiones. Ellas siempre están aprendiendo, pero nunca logran conocer la verdad".*
>
> **2 Timoteo 3:6-7 (NVI)**

Los incrédulos nos quieren hacer creer que los principios bíblicos convierten a las mujeres en personas débiles, pasivas, sin cerebro, que acceden sin reparos a los caprichos de hombres controladores. Pero nada puede estar más lejos de la verdad.

Sí, Dios creó a las mujeres para que respondan dócilmente, pero también espera que respondamos de manera sabia, bien pensada y guiada por Él. Dios no quiere que sus hijas sean mujeres sin carácter, débiles o apocadas. Él no viola nuestra personalidad. ¡Y no quiere que seamos receptivas de lo incorrecto!

Esa fue la caída de Eva. En vez de buscar el consejo de su marido y estar determinada a responder fielmente al Señor, fue receptiva con la Serpiente. Como resultado de ser receptiva de una influencia contraria a los caminos de Dios, fue engañada y cedió a la tentación de Satanás.

El Nuevo Testamento habla de algunas otras mujeres que no respondieron como Dios quería que lo hicieran, sino que fueron "débiles".

Lee 2 Timoteo 3:6-7 al margen de la página 86. ¿Cuáles son las tres características de una mujer "débil" que ves en este pasaje?

1. _____

2. _____

3. _____

¿Puedes dar algún ejemplo de cómo una mujer "débil" podría responder al control de una mala influencia?

_____

_____

El Señor creó a las mujeres para que tengan un espíritu receptivo. Responder está en nuestra naturaleza. De modo que responderemos ya sea al bien o al mal. Responderemos ya sea a la verdad o nos dejaremos llevar por la mentiras. Si no establecemos la práctica de recibir y responder a la Palabra de Dios, seremos más vulnerables a ser receptivas y responder a las ideas o consejos malos de los hombres.

En el siguiente espacio, enumera algunas respuestas a malas influencias que has visto en las mujeres (tal vez, incluso en ti).

_____

_____

¿Cómo puedes cultivar un corazón más dócil y receptivo hacia Cristo y Su Palabra?

_____

_____

No hay nada más reconfortante durante el duro invierno canadiense como deslizarme bajo la funda de mi (Mary) acogedor cobertor de plumas de ganso. El mercurio del termómetro en este lugar llega a bajar a -48° C (-55° F) por la noche, con una sensación térmica de -58° C (-78° F). En ocasiones, Edmonton ha competido con el Ártico como el lugar más frío de la tierra. Pero mi cobertor de plumas es mi lugar de reposo. Es como estar acunada bajo una capa suave y cálida y resguardada de los crueles elementos helados del exterior.

Los edredones no tienen comparación en materia de ropa de cama cálida y confortable, en particular, los codiciados edredones rellenos de plumas seleccionadas de los nidos de gansos del océano Ártico. El edredón de plumas de ganso es tan liviano y acogedor, que es como estar arropada dentro de una delicada nube de felicidad. ¡No hay nada que se le compare! Y en mi mente, no encuentro mejor ilustración para la lección de hoy.

La mamá ganso, como otras aves hembras, se arranca las suaves y delicadas plumas de la parte más cercana a su corazón. Ella usa las plumas que extrae de sus partes más íntimas para forrar su nido y así transformar una base hecha de ramas en un lugar cómodo, cálido, abrigado y reconfortante, listo para acoger y criar a sus pequeños. Aunque a menudo el macho ayuda, es la hembra quien supervisa la preparación del nido y las plumas de su pecho son las que aportan la suavidad y el confort.

La maravillosa práctica de la anidación de las hembras es un reflejo de la preciosa capacidad que Dios les dio a las mujeres. Él creó a las mujeres con una extraordinaria capacidad de crear un ambiente cálido para acoger y criar a sus hijos. Las mujeres están especialmente dotadas para hacer de una casa un hogar. Procrear, dar a luz, criar hijos. Nos arrancamos (una manera de decir) delicadamente las plumas suaves que están cerca de nuestro corazón, para hacer el nido donde pueda nacer y crecer nuestra cría.

Conforme a los versículos de Tito 2:4.5, 1 Timoteo 5:14 y Proverbios 31:27 ¿Cuál debe ser la prioridad de una mujer piadosa?

_____

_____

El Señor creó al varón en el campo que un día tendría que trabajar (no fue hasta después de su creación que lo colocó en el huerto). El lugar de creación del varón parece estar ligado a su ámbito distintivo de responsabilidad. Por el otro lado, la mujer no fue creada en ese campo. Fue creada dentro de los límites del huerto: el "hogar" donde Dios había colocado a su esposo. Este detalle es importante, ya que las Escrituras indican que el manejo de la casa es el ámbito distintivo de responsabilidad de la mujer.

Otra vez, por favor, no me malinterpretes. La mujer tiene la responsabilidad "distintiva" de manejar su hogar, pero no la responsabilidad "exclusiva" de encargarse de todo. Esto no implica que el esposo y demás miembros de la familia no deban o no puedan colaborar, sino que así como Dios diseñó al varón con una inclinación al trabajo, distinta a la de las mujeres, asimismo diseñó a la mujer con una inclinación al hogar y las relaciones personales, distinta a la de los hombres.

La Biblia enseña que Dios creó a la mujer con una "inclinación" distintivamente femenina por el hogar. "Trabajar en casa" es una de las *diez cosas más importantes* que una mujer mayor necesita enseñar a las jóvenes (Tit. 2:4-5). La Escritura anima a las mujeres jóvenes a que "gobiernen su casa" (1 Ti. 5:14). Alaba a la mujer que "está atenta a la marcha de su casa" (Pr. 31:27 NVI) y señala de forma negativa a la mujer que nunca está conforme con quedarse en el hogar, cuyos "pies" no permanecen en la casa (Pr. 7:11).

> "...enseñen a las mujeres jóvenes a amar a sus maridos y a sus hijos, a ser prudentes, castas, cuidadosas de su casa".
>
> **Tito 2:4-5**
>
> "Quiero, pues, que las viudas jóvenes se casen, críen hijos, gobiernen su casa; que no den al adversario ninguna ocasión de maledicencia".
>
> **I Timoteo 5:14**
>
> "Considera los caminos de su casa, y no come el pan de balde".
>
> **Proverbios 31:27**

¿Qué piensas que significa para una mujer estar atenta a la marcha de su casa?

_____

_____

¿Cómo podría aplicarse a una mujer soltera este llamado de gobernar su casa?

_____

_____

el instinto de anidar

Todas hemos escuchado hablar del instinto de anidar, y cómo se comienza a notar especialmente alrededor del quinto mes del embarazo de una mujer. Preparar el cuarto para el bebé, comprar todos los artículos necesarios y acomodar la ropita del bebé una y otra vez son comportamientos normales a la preparación del nido. Las mujeres también cuentan historias de que se les da por lavar todas las ventanas de la casa, limpiar todos los pisos, organizar las alacenas de la cocina poco tiempo antes de dar a luz.

Esta ráfaga de energía enfocada en el hogar es probable que se deba al incremento de prolactina, a veces considerada como la hormona de la *maternidad o anidamiento*, o tal vez se deba a un cambio en el balance entre las hormonas femeninas de los estrógenos y la progesterona.[4]

Las hormonas de la maternidad y el anidamiento aumentan cuando una mujer está embarazada, pero siempre constituyen una parte importante de la composición de la mujer. Esto se debe a que *crear un lugar para engendrar vida y criar a su bebé es parte integral de lo que significa ser mujer.*

¿Cómo ha desvalorizado nuestra sociedad la afinidad natural por el hogar que Dios le dio a la mujer?

_____

_____

¿De qué manera puede una mujer sin hijos cultivar y promover la vida?

_____

_____

La cultura occidental moderna desvaloriza en gran manera lo que sucede en el hogar. Ve el trabajo doméstico como una multitud de tareas sin sentido como lavar los baños, fregar los pisos, planchar la ropa… cosas que hasta un mono entrenado podría hacer. Pero toda mujer sabe que formar un hogar va mucho más allá de la suma de las tareas que incluye.

Formar un hogar no es cumplir con las tareas de una lista de quehaceres o llenar un hogar con posesiones materiales; tiene que ver, principalmente, con las personas que lo componen. Es crear un lugar cálido, estimulante, ordenado y estable, que promueva el bienestar y fomente el crecimiento físico, emocional, mental y espiritual. Es ser hospitalaria. Es ministrar el alma. Es tener comunión. Es cultivar relaciones. Y Dios ha dotado especialmente a las mujeres para estas cosas.

Cuando formamos un hogar, ofrecemos una "cobertura" donde la familia y los amigos puedan refugiarse y cobijarse del cruel y frío mundo exterior. Un lugar donde puedan arroparse y acurrucarse en una confortable nube de amor. Un lugar de descanso, donde puedan cobrar fuerza para la rutina diaria. Un lugar para proliferar. Un lugar que simule la acogida que recibirán los creyentes en el cielo. Un lugar que los llame y atraiga al "hogar".

Como una expresión de mi predisposición a formar un "nido", (Mary) he hecho galletas caceras para los festejos escolares de mis hijos, cuando podría haber sido más fácil darles algo de dinero para que se las compren en el kiosco. Elaboro manualidades para decorar mi arbolito de Navidad, cuando podría comprarlos en la tienda de artesanías. Dedico tiempo y esfuerzo en la decoración de mi hogar, cuando podría contratar a alguien para que compre cuadros y los cuelgue en las paredes de mi casa. Invito a las personas a cenar comida cacera, cuando podría llevarlos a un restaurante.

No hay una lista de pasos a seguir para hacer un buen "nido". Puesto que (Nancy) soy soltera y tengo que cumplir con las responsabilidades de un ministerio de tiempo completo, la manera de "crear mi hogar" es diferente a la de Mary. Pero a menudo hospedo invitados de otras ciudades en mi casa, cuando podría ser más sencillo que se hospeden en un hotel. Me gusta poner flores frescas en el cuarto de huéspedes, junto con una notita de bienvenida escrita a mano. He sido anfitriona de varios estudios bíblicos y reuniones de equipo en mi casa, cuando podría haber sido más fácil citarlos en cualquier otro lugar.

¿Por qué meterse en todo este lío? Porque al hacerlo nos brindamos a otros. Y al brindarnos, cobijamos a otros y favorecemos su crecimiento.

Cuando las mujeres servimos de esta y otras maneras, somos como la mamá ganso. Damos lo que solo una mujer puede dar. Nos arrancamos las suaves y delicadas plumas que se encuentran muy cerca de nuestro corazón y las usamos para forrar nuestro nido. Transformamos una base hecha de ramas duras en un lugar cómodo, abrigado, suave y confortable. Toda mujer fue creada para "ser madre" y "anidar". Aunque nunca llegue a dar a luz hijos biológicos, toda mujer fue creada para cultivar y promover la vida.

¿Qué relaciones te ha dado Dios, en las que puedas cultivar y promover la vida?

_____

_____

¿Cómo puedes usar tu hogar como un lugar para promover la vida? (Tu "hogar" puede ser una casa, un departamento, un tráiler, un dormitorio, una celda de prisión, un cuarto de hospital o una casa de retiro).

_____

_____

El diseño físico visible de Dios para nuestro cuerpo muestra aspectos espirituales invisibles de nuestro diseño divino único como mujeres. Nuestra piel es suave y nuestro cuerpo, curvilíneo. Tenemos un útero. Tenemos una curvatura en nuestros brazos. Nuestra confección física indica que fuimos creadas para acoger, recibir, responder, engendrar y criar.

Esto no quiere decir que todas las mujeres se deben casar y dar a luz hijos. No quiere decir que todas debemos actuar de la misma manera, vestirnos igual o hacer las mismas elecciones. Dios nos dio personalidades, dones y fortalezas únicas. Y las circunstancias de nuestra vida varían considerablemente. La verdadera feminidad se verá diferente de una mujer a otra, así como en las diferentes etapas de la vida. Dios no nos dio un patrón fijo a seguir. Una mujer que ama el deporte y anda en motocicleta puede ser tan femenina como una que es más delicada y prefiere la seda y el encaje.

> "Y dijo Jehová Dios: No es bueno que el hombre esté solo; le haré ayuda idónea para él".
>
> **Génesis 2:18**

No obstante, la Escritura nos enseña verdades universales acerca de la verdadera feminidad. Hasta aquí, en nuestro estudio de Génesis, hemos visto diversos elementos que son parte integral de lo que significa ser mujer:

- *Delicadeza*
- *Capacidad para desarrollas fuertes vínculos relacionales*
- *Un espíritu sensible y receptivo*
- *Predisposición a crear un lugar para cultivar y promover la vida*

Nos encanta la descripción del pastor John Piper sobre la esencia de la feminidad bíblica:

La esencia de la feminidad madura es una libre disposición a afirmar, recibir y sustentar la fortaleza y el liderazgo de hombres respetables de manera congruente a las diferentes relaciones de una mujer.[5]

La mujer es delicada, receptiva, propensa a las relaciones y a la crianza de hijos. Génesis usa un término para resumir lo que Dios tenía en mente al crearla de esa manera.

Llena los espacios en blanco para completar la frase que describe lo que el Señor hizo al crear a la mujer:

"una _____ _____ para él".

¿Cómo te sientes con el concepto de mujer como "ayuda"?

_____

_____

_____

¿Qué clase de ayuda crees que la mujer fue diseñada para dar?

_____

_____

_____

Algunas personas reaccionan negativamente a la idea de que la mujer fue creada como ayuda para el hombre. Creen que eso la relega a un rol secundario, donde la mujer es la sierva y el hombre es el servido; que su ayuda es unilateral. Por ejemplo, lo "ayuda" cuando tiene que recoger su ropa sucia y cocinarle. Aunque una mujer ayuda a su esposo al realizar las tareas domésticas, esta perspectiva del rol como *ayuda* pasa por alto un importante aspecto.

Contrario a lo que algunos sugieren, "ayuda" no es un término degradante que indique un estatus inferior, o el tipo de ayuda que se ofrece en asuntos triviales. La palabra hebrea *(ezer)* es una palabra poderosa. Se usa muy a menudo con referencia al Señor como nuestra ayuda (Sal. 33:20; 72:12). Un *"ezer"* ofrece una ayuda absolutamente necesaria.

Para entender las implicaciones del diseño de la mujer como "ayuda", necesitamos ver qué tipo de ayuda le debe dar al hombre. El hombre fue creado para dar la gloria y servir a Dios (no a sí mismo). Este es el propósito principal del hombre. Por lo tanto, esto descarta la idea de que Dios creó a la mujer para ayudar al hombre en sus propios fines egoístas. No. Dios creó una ayuda para que asistiera al hombre a cumplir su propósito principal. La mujer ayuda al hombre a glorificar a Dios de una manera que él no podría hacer sin ella.

En la creación, el objetivo que Dios señaló era el de extender Su familia; Él quería que los seres humanos "fructificaran y se multiplicaran". Esto es algo que el hombre no puede hacer sin la mujer. Sin la ayuda de la mujer, sería imposible para el hombre generar vida. Ella tiene un rol fundamental en ayudar al hombre a cumplir los propósitos de Dios.

La mujer es ayuda del hombre de la misma manera que la Iglesia es ayuda de Cristo. La Iglesia ayuda a Cristo a glorificar a Dios. Juntos, la Iglesia y Cristo dan fruto. Vida nueva. Nuevos discípulos. Juntos, extienden la familia de Dios y eso da la gloria al Padre. Insistimos en que la esfera visible nos muestra mayores realidades visibles.

La unión del esposo y la esposa genera vida física. De la misma manera, la unión invisible de Cristo y la Iglesia genera vida espiritual. En ambas esferas, física y espiritual, la mujer ayuda al hombre a dar a luz vida.

El propósito de la mujer al ayudar al hombre no es el de exaltarlo. Realmente no se trata en absoluto de él o de ella. Su ayuda contribuye a ambos a alcanzar un mayor y noble propósito eterno, que es mucho más grande y significativo que su propia existencia. Ella trabaja y sirve a su lado para el mismo propósito que el del hombre. ¿Y cuál es ese propósito? La gloria de Dios. La mujer ayuda al hombre a cumplir el propósito de exaltar y manifestar la asombrosa magnificencia del evangelio de Jesucristo.

Si eres casada, ¿cómo estás cumpliendo tu diseño divino de ser una ayuda para tu marido?

_____

_____

_____

¿En qué sentido pueden las mujeres ser de ayuda para los hombres al buscar glorificar a Dios juntos?

_____

_____

_____

Dios fue el primer Casamentero. Cuando Él creó a la mujer, la creó para que fuera la pareja perfecta. La primera relación humana fue el matrimonio; una unión que tenía la intensión de reflejar las verdades profundas del evangelio. Como vimos en la primera semana, los hombres fueron creados para reflejar la fortaleza, el amor y la abnegación de Cristo. Las mujeres fueron creadas para reflejar la sensibilidad, la gracia y la belleza de la novia que un día Él redimirá.

La Escritura traza las diferencias entre los roles del hombre y la mujer y sus responsabilidades, según eran en el huerto del Edén, antes que el pecado corrompiera nuestras relaciones. Algunos podrían argumentar que las relaciones con diferencias de roles son inherentemente degradantes o abusivas. Pero eso no es lo que observamos en el primer matrimonio. La relación entre el primer hombre y la primera mujer era absolutamente perfecta. Era un paraíso de amor, unidad y gozo, que no podemos ni siquiera imaginar.

Esta lección sobre la creación de la mujer pudo haber dado lugar a muchas preguntas como respuestas en ti. *¿Qué sucede con los derechos de la mujer? ¿Qué implicaciones tiene esto para las decisiones que debo tomar con respecto a las relaciones, el matrimonio y los hijos? ¿Cómo debería afectar esto mi enfoque de la educación, la profesión y el empleo? ¿Cómo puedo cultivar un espíritu dócil sin quebrantar mi personalidad o convertirme en una mujer endeble? ¿Qué sucede si mi relación matrimonial se parece más al infierno que al paraíso? ¿Cómo puedo vivir el diseño de Dios cuando otras no lo hacen?*

Al final de este estudio tendrás una visión más clara que te ayudará a responder estas preguntas. Una cosa es entender el ideal de Dios, y otra es llevarlo a la práctica en un mundo corrompido y fracturado por el pecado. No obstante, esperamos que estas primeras semanas hayan abierto tus ojos al significado de la verdadera feminidad y masculinidad, ¡y hayas podido vislumbrar la belleza de Su diseño divino!

Esta semana hemos visto varias características esenciales de una mujer:

- *Delicadeza*
- *Capacidad para desarrollas fuertes vínculos relacionales*
- *Un espíritu sensible y receptivo*
- *Predisposición a crear un lugar para cultivar y fomentar la vida*
- *Ser una ayuda*

¿Cuál de estas características te resulta más retadora o difícil? Pídele al Señor que te transforme en una mujer que refleje Su corazón y Sus caminos.

_____

_____

_____

de la teoría
a la práctica…

azúcar y flores

para asimilar:

El video de la semana tres te ayudará a asimilar las lecciones de esta semana. Encontrarás este video en inglés con subtítulos en español en http://dotsub.com/view/user/hleah101. También hay otros recursos en www.avivanuestroscorazones.com.

para reflexionar:

Piensa en las siguientes preguntas. Debátelas con tus amigas, tu familia o en un grupo pequeño:

1. ¿Cómo describe Hollywood típicamente a la mujer? ¿Crees que esta descripción es atractiva o poco atractiva?

2. ¿Qué sugieren las diferencias entre el cuerpo del hombre y la mujer sobre lo que significa ser hombre o mujer?

3. Muchos creen que las palabras hebreas para *varón* y *mujer* (Gn. 2:23) sugieren que el varón es identificado con la "fuerza" y la mujer con la "delicadeza". ¿Qué significa esto? ¿Rechazas o te atrae la idea de "delicadeza"? ¿Por qué?

4. ¿Cuál es la diferencia entre las "películas para chicas" y las "películas para varones"? ¿Qué señala esto sobre la inclinación natural del hombre y la mujer?

5. ¿Ves la "sensibilidad" como algo positivo o negativo? ¿Por qué? ¿Cómo podemos ser "delicadas", sin ser pasivas, débiles o de poca voluntad?

6. ¿Cómo te sientes con el hecho de que Dios creó a la mujer con una inclinación distintiva por el hogar? ¿De qué manera la mujer ha sido creada para "ser madre" y "anidar"?

7. ¿Qué aspecto del diseño de Dios para la feminidad te resulta más difícil? ¿Por qué?

para personalizar:

Utiliza la siguiente hoja en blanco para escribir tus notas sobre lo que aprendiste esta semana. Escribe tus comentarios, tu versículo favorito o un concepto o cita que haya sido particularmente útil o importante para ti. Compone una oración, una carta o un poema. Apunta notas sobre el video o la sesión de tu grupo pequeño. Expresa la respuesta de tu corazón a lo que has aprendido. Personaliza las lecciones de esta semana de la manera que más te ayude a poner en práctica lo que aprendiste.

personalízalo

de la teoría
a la práctica…

una serpiente en mi huerto

Cada año, cuando finalmente llega la primavera en Canadá, me encanta (Mary) ir al invernadero local y comprar flores para mi jardín: petunias, geranios y caléndulas para el sector donde le pega el sol; pensamientos, alegrías y begonias para el sector donde le da la sombra; lobelias y dracenas para sembrar en macetas; millones de campanitas para las macetas colgantes… ya tienes una imagen. Para mediados del verano, por lo general, mi jardín desborda de fragancias, colores y belleza. Excepto hace algunos años. El verano que nos invadieron las babosas.

Las combatí valientemente. Intenté poner cebo para babosas, ponerles veneno, sumergirlas en cerveza rancia, atraparlas en botellas de plástico recortadas, repelerlas con cáscara de huevo, cubrirlas con avena; pero fue una batalla perdida. No pude evitar que hicieran un estrago en mi jardín.

En el huerto del Edén, Adán y Eva, probablemente, no tuvieron que batallar contra una invasión de babosas. Pero tenían un enemigo mucho más nefasto que los acechaba allí, un enemigo que quería dañar su relación con Dios. Esta semana, veremos la estrategia de la Serpiente, como cayó Eva en el engaño y cómo el pecado empezó a hacer estragos, primero en su relación con Dios y después en la relación entre el varón y la mujer. Y veremos cómo, desde entonces, esas consecuencias han recaído sobre toda la raza humana.

En *Aviva Nuestros Corazones*, recibo (Nancy) muchas cartas de mujeres (y algunas de hombres), que describen las consecuencias de las maquinaciones del enemigo en la relación entre el hombre y la mujer.

- *Ya no puedo más. Hace tres años que mi marido se queda dormido frente al televisor, y yo estoy llena de resentimiento y rencor, porque él no me ama ni me sostiene como un esposo debería hacerlo. Estoy harta y enojada, lo cual sé que está mal. Estoy de muy mal genio, pero no puedo decirle porqué estoy así. Ahora él dice que está cansado de que yo lo maltrate, cuando todo lo que él ha hecho por años es gritar y espantarme. ¿Ahora resulta que yo soy la mala? Espero que Dios responda este pedido de oración, pero mientras tanto estoy harta y enojada.*

- *He humillado a mi marido como hombre y he debilitado su relación con el Señor con mi egoísmo, arrogancia y manipulación y con mis acciones y palabras intimidantes. Y ahora está terriblemente herido por mi culpa.*

- [de un hombre] *Hace años que no tengo una mujer DE VERDAD a mi lado. La razón es simple; hace años que no encuentro una mujer DE VERDAD. La supuesta mujer moderna es agresiva, controladora, ruda, chillona, autoritaria, detestable, infiel, irrespetuosa… hasta las mujeres de la iglesia. Extraño a las mujeres fuertes; pero femeninas, delicadas, románticas, cuidadosas, amorosas, ayudadoras, buenas madres, buenas compañeras… las mujeres sentimentales de hace muchos años.*

Satanás, el enemigo de Dios, trabaja duro para hacer estragos en la belleza de nuestro diseño divino. Trata de echar a perder el esplendor con el que fuimos creadas. Intenta impedir por todos los medios, que tanto el hombre como la mujer sean un reflejo de la asombrosa historia de Dios.

Había una serpiente (literal) en el huerto de Eva. Y, lamentablemente, su respuesta significó que, de ahí en adelante, habría una "serpiente" en el huerto de toda mujer; es decir, que seríamos el blanco de las maquinaciones y tentaciones del archienemigo de Dios, el mismísimo diablo. Estas son las malas noticias.

Las buenas noticias son que las Escrituras nos dan sabiduría para hacer frente a las maquinaciones de Satanás y que con el poder de Jesucristo podemos pelear y vencer al enemigo. En las próximas semanas, aprenderás más acerca de la Serpiente que acecha en tu huerto, cómo busca destruir la masculinidad, la feminidad, el matrimonio y la familia, y cómo, por la gracia de Dios, podemos recuperar la belleza del diseño divino de Dios. →

Ayudar a las personas a encontrar la pareja perfecta es una empresa de millones de dólares en este país. Los servicios de citas por Internet, los sitios de redes sociales y las citas relámpago abundan. Incluso hay un instituto que ofrece capacitación y certificación para aquellos que quieren ser casamenteros. Un show de televisión popular trata de encontrar la pareja perfecta para un soltero, en el cual le presentan docenas de mujeres preseleccionadas. Con el transcurso de las semanas, se van descalificando a las participantes hasta que queda solo una y finalmente le propone matrimonio. Tristemente, los esfuerzos de este show por encontrar la pareja perfecta, como el de otras empresas casamenteras que excluyen a Dios, por lo general, han tenido poco éxito en lo que se refiere a relaciones duraderas.

¿Cuál es tu idea de la "pareja perfecta" entre el hombre y la mujer? En el siguiente espacio, escribe rápidamente algunas palabras y frases que te vengan a la mente:

_____

_____

_____

_____

En los últimos versículos de Génesis 2, podemos observar seis características de la primera relación entre el hombre y la mujer. A medida que descubres estas características, piensa cómo ilustran las verdades sobre la relación entre Dios el Padre y el Hijo, y cómo reflejan la relación entre Cristo y la Iglesia.

Lee Génesis 2:22-25 al margen de la página siguiente. Traza círculos y flechas para unir cada característica con la frase correspondiente. La primera unión ya está hecha.

Parentesco (mi carne y mis huesos, v. 23)

Lo que primero comprendió el hombre cuando Dios le presentó a su esposa, es que eran parientes. "Carne y huesos" expresa la noción de familia, de individuos vinculados como parte de la misma entidad, ya sea por herencia, adopción o matrimonio.

Compromiso ("se unirá", v. 24)

El varón se compromete a dejar a su familia, y "se unirá" a su mujer. Esta palabra significa adherirse permanentemente el uno al otro. Es la palabra que se usa para referirse a soldar el metal. Esta unión del esposo y su mujer era una unión permanente, orquestada por Dios.

Unidad ("una", v. 24)

La palabra "una" enfatiza la unidad, aunque reconoce una diversidad dentro de esa unidad. Esta misma palabra se usa en la famosa oración del Shemá en Deuteronomio 6:4: "Oye, Israel: Jehová nuestro Dios, Jehová uno es".

Comunión ("una sola carne", v. 24)

El esposo y la esposa vienen a ser "una sola carne" a través de la unión física de sus cuerpos. El acto es una señal física que da testimonio de su unión emocional y espiritual. Es la expresión matrimonial de su pacto de amor, que está cimentado en el amor y es la base de toda intimidad y comunión verdaderas.

> "Y de la costilla que Jehová Dios tomó del hombre, hizo una mujer, y la trajo al hombre. Dijo entonces Adán: Esto es ahora hueso de mis huesos y carne de mi carne; ésta será llamada Varona, porque del varón fue tomada. Por tanto, dejará el hombre a su padre y a su madre, y se unirá a su mujer, y serán una sola carne. Y estaban ambos desnudos, Adán y su mujer, y no se avergonzaban".
>
> **Génesis 2:22-25**

Autenticidad ("desnudos", v. 25)

La desnudez sugiere que el hombre y la mujer estaban cómodos el uno con el otro sin temor al abuso o maldad. Eran auténticos, sinceros y vulnerables sin nada que esconder. Se conocían total y profundamente uno al otro, y no se intimidaban ni se tenían miedo.

Pureza ("no se avergonzaban", v. 25)

Nos sentimos avergonzados cuando vemos el abismo entre lo que somos y lo que deberíamos ser. Para el primer hombre y la primera mujer, no había vergüenza, porque no existía el pecado. Su relación era pura y santa.

El primer hombre y la primera mujer experimentaron muy de cerca lo que Dios había creado originalmente como relación de pareja. Su relación como hermanos era perfecta. Su compromiso era perfecto. Su unidad era perfecta. Su comunión era perfecta. Ellos eran perfectamente auténticos y puros. ¡Su relación era el paraíso!

El cuadro de abajo describe cómo la relación entre los primeros esposos ilustra verdades de la relación entre Dios Padre y Dios Hijo, y entre Cristo y Su Iglesia. Completa los cuadros que están en blanco.

Esposo ➡ Esposa	Dios Padre ➡ Dios Hijo	Cristo ➡ La Iglesia
Parentesco	Jesús es el Hijo unigénito de Dios. Tienen una relación familiar.	Cuando creemos en Jesús, somos adoptados en la familia de Dios.
Compromiso	El Padre y el Hijo están compro-metidos el uno con el otro. Dios puso el sello del pacto en Cristo.	
Unidad	Jesús enseñó que el Padre y Él son indivisible-mente "Uno".	
Comunión	Jesús tiene una "comunión" ínti-ma con su Padre.	
Autenticidad	El Padre y el Hijo se conocen per-fectamente.	
Pureza	Su relación es pura y santa.	

¿Pudiste completar el cuadro? La relación visible entre el primer esposo y la primera esposa manifiestan verdades de la relación no visible entre Dios Padre y Dios Hijo. Cristo es el Hijo unigénito de Dios (Jn. 3:16). Son indivisibles (Jn. 10:38). Dios puso el sello del pacto en Su Hijo (Jn. 6:27). Cristo da testimonio del hecho de que el Padre y Él son uno (Jn. 10:30) y que experimentan una comunión íntima de perfecto amor (Jn. 14:31; 15:9-10). Se conocen uno al otro perfectamente (Jn. 10:15). Su relación es pura y santa (Jn. 17:7). Efesios 5 y muchos otros pasajes del Nuevo Testamento revelan el hecho de que todos estos rasgos son también características (o deberían de ser) de la relación entre Cristo y Su Iglesia.

El hombre y la mujer fueron creados a la imagen de Dios para manifestar verdades espectaculares de Dios. El primer hombre y la primera mujer manifestaron estas verdades sin problemas. Su relación era maravillosa. Perfecta. Todo lo que una relación puede ser. Dios se agradaba. Ellos hacían un espléndido trabajo en manifestar la gloria de Dios. A los ojos de Dios, esta situación era "muy buena" (Gn. 1:31). Pero un observador que acechaba en las sombras no estaba impresionado por esa situación. Había un enemigo a la puerta. Y no pasó mucho tiempo para que lanzara su ataque a fin de destruir esa magnífica imagen.

Lee 2 Corintios 4:4 al margen. ¿Por qué Satanás (el dios de este siglo) querría cegar el entendimiento del ser humano para que no viera la verdad como el diseño de Dios para el hombre y la mujer? A Satanás no le gustaba lo que la primera relación entre el hombre y la mujer manifestaba. En ese momento, probablemente no entendía que eso estaba reflejando la relación entre Cristo y Su novia, la Iglesia. Pero sí podía ver claramente que esa unión manifestaba la gloria de Dios. Y eso lo irritaba, ya que él odiaba a Dios y era su acérrimo enemigo. Entonces, se propuso destruir esa relación que fue diseñada para revelar el evangelio y la gloria de Dios.

> *"El dios de este siglo cegó el entendimiento de los incrédulos, para que no les resplandezca la luz del evangelio de la gloria de Cristo, el cual es la imagen de Dios".*
>
> **2 Corintios 4:4**

A causa del pecado, es imposible que nosotros experimentemos la misma clase de intimidad que Adán y Eva disfrutaron en el huerto. Pero gracias a Dios, podemos disfrutar la relación eterna a la cual señala el matrimonio que glorifica a Dios. Al fin y al cabo, Dios diseñó la masculinidad, la feminidad y el matrimonio para reflejar la gloria de Dios.

¿Por qué piensas que Satanás está deseoso de destruir el parentesco, el compromiso, la unidad, la comunión, la autenticidad y la pureza de la relación entre el hombre y la mujer?

_____

_____

_____

¿Qué paso práctico podrías dar para protegerte contra los ataques de Satanás, que buscan destruir estos aspectos de tu matrimonio u otra relación familiar?

_____

_____

_____

¿Alguna vez has sido persuadida por la gran presión de un buen argumento de venta? Nunca olvidaré (Mary) la vez que estuve a punto de comprar una aspiradora de lujo súper ergonómica-ultrasuccionante-ultrasilenciosa-ultrapotente. Era una mamá joven con mi pequeño bebé en mi casa cuando llegó el vendedor. No pasó mucho tiempo hasta me había convencido de que solo su aspiradora podía salvar a mi pequeño bebé de ciertas enfermedades y probablemente de la muerte por la enorme cantidad de microorganismos que se escondían en mi alfombra.

Para demostrar su potencia, el vendedor esparció y luego aspiró un puñado de casquillos de metal. ¡Vaya! ¡Si su aspiradora podía hacer eso, seguramente podía aspirar todos esos gérmenes malvados de mi alfombra! Solo la llegada de mi esposo me salvó de sucumbir a lo que ahora veo como un estado mental inducido por las hormonas. Brent le dijo al vendedor que como nosotros no solíamos dejar tirados por todos lados casquillos de metal, no necesitábamos su aspiradora.

Nos reímos de eso ahora; pero en ese momento, casi caigo en la trampa de un persuasivo argumento de venta. Probablemente, tú también hayas experimentado la fuerza de una fuerte presión de venta. Pienso que todas podemos identificarnos con el aprieto en el que se vio la primera mujer en el huerto, quien se dejó llevar por el sutil engaño del argumento de venta más eficaz de todos los tiempos.

Busca el pasaje de Génesis 3:1-6 en tu Biblia y lee el argumento de venta de Satanás. ¿Qué es lo primero que aprendes acerca de la Serpiente en el versículo 1?

_____

_____

_____

Completa el siguiente cuadro, indicando qué dijo este astuto enemigo de Dios para vender cada idea:

Argumento de venta de Satanás	Las palabras que él usó para vender su idea:
Los caminos de Dios son demasiado restrictivos (v. 1).	
No sufrirás las consecuencias (v. 4)	
Experimentarás beneficios asombrosos (v. 5).	

Satanás fue increíblemente astuto y sutil. Él supo exactamente qué decir para llevar los pensamientos de la mujer hacia la dirección que él quería que fueran. Él no fue directamente y le dijo que los caminos de Dios eran demasiado restrictivos, que ella no sufriría ninguna consecuencia si desobedecía al Señor, o que debería enfocarse en sus propios intereses. Él debió haber sabido que no le daría resultado si era directo. Entonces, astutamente, recurrió a mentiras y distorsiones sutiles. Tergiversó la verdad con mucho ingenio. Una vez que la mujer lo escuchó y especuló acerca de sus ideas falsas, estas contaminaron su pensamiento y la sedujeron a aceptar su argumento.

Marca con una "X" el factor que contribuyó para que Eva aceptara el argumento de venta de Satanás:

☐ Comenzó a considerar su propio derecho de escoger.
☐ Comenzó a dudar de la bondad de Dios.
☐ Comenzó a dudar de la sabiduría de Dios.
☐ Comenzó a pensar que ella sabía más.
☐ Comenzó a cuestionarse los motivos de Dios.
☐ Comenzó a reclamar su independencia.

Una y otra vez, la Escritura nos enseña que las leyes de Dios son para nuestro bien y nuestra protección y que la obediencia trae bendición. Pero Satanás implanta en nuestra mente la idea de que las leyes de Dios son gravosas, irracionales e injustas, y, que si lo obedecemos, seremos desdichadas. Él nos tienta a cuestionar la sabiduría de Dios.

En todo el extenso y vasto huerto, Dios colocó solo un letrero de "prohibido". Pero Satanás hizo que Eva se enfocara en esa pequeña limitación. Él la convenció de que al poner restricciones a su comportamiento, Dios la estaba privando de placer y de lo que era bueno. Además, al dudar de Su sabiduría, también empezó a dudar de Su bondad. ¿Quería realmente Dios lo mejor para ella? ¿Le estaba poniendo restricciones egoístas?

Una vez que dudamos de la bondad de Dios, nos sentimos justificadas de rechazar su voluntad y tomar nuestras propias decisiones sobre el bien y el mal. Empezamos a pensar que sabemos más. Empezamos a reclamar nuestra independencia de Él y sus consejos. La verdad es que Dios es bueno. Él es bueno, ya sea que lo sintamos y creamos o no. No nos corresponde a nosotras emitir juicio sobre la bondad de Su Palabra o Sus caminos.

¿Puedes pensar en alguna prohibición ("no te permito esto") que te haya llevado a cuestionar la sabiduría de Dios y Su bondad? Explícalo.

_____

_____

La promesa de Satanás a Eva fue tentadora: "Serán abiertos vuestros ojos y seréis como Dios, sabiendo el bien y el mal" (Gn. 3:5). ¿Quién podría resistirse a tan increíble oferta?

Eva escuchó a Satanás y pensó detenidamente en lo que le dijo. Según el pasaje de Génesis 3:6, que se encuentra al margen de la página siguiente, ¿cuáles son las tres cosas del árbol prohibido que le resultaron atractivas a Eva?

1. _____

2. _____

3. _____

Eva decidió que podía juzgar los méritos del fruto por sí misma. Primero, decidió que era *bueno para comer*. En otras palabras, se veía nutritivo y sabroso. Se convenció a sí misma de que no era peligroso y que no le haría daño. ("¡Es inofensivo!"). También era atractivo, *agradable a los ojos* ("¡Es atractivo!"). Algo tan delicioso no podía ser malo. ¡Contenía una gran promesa! Era *codiciable para alcanzar la sabiduría* ("¡Es prometedor!"). Estaba segura de que al comerlo le sería de gran beneficio.

Si el fruto no hubiera parecido tan atractivo, ¿piensas que Eva hubiera aceptado la oferta del diablo? Si hubiera estado podrido o lleno de gusanos,

¿crees que hubiera considerado desobedecer a Dios? Por supuesto que no. Lo que hace que las ofertas de Satanás sean tan atractivas y engañosas es que se ven muy buenas. El diablo es experto en hacer ver inofensivo, atractivo y prometedor al pecado.

> *"Y vio la mujer que el árbol era bueno para comer, y que era agradable a los ojos, y árbol codiciable para alcanzar la sabiduría; y tomó de su fruto, y comió...".*
>
> **Génesis 3:6**

El problema es que Eva no se detuvo a evaluar lo que realmente estaba sucediendo. No se tomó tiempo para discernir la verdad del error. No se detuvo a considerar el costo y las consecuencias de lo que estaba por hacer. Si Eva hubiera imaginado lo feo, doloroso y mortal de las consecuencias de su elección —en su propia vida, en su relación con Dios, en su matrimonio, en sus hijos, en los hijos de sus hijos y (a través del pecado de su esposo, que la siguió) en toda la raza humana del planeta—, ¿piensas que hubiera escuchado la mentira de Satanás y desobedecido a Dios? Probablemente no.

Describe una situación o circunstancia donde hayas sido tentada a ver el pecado como inofensivo, atractivo y prometedor:

_____

_____

¿Qué consecuencias experimentamos en nuestra relación con Dios y nuestros semejantes cuando aceptamos las mentiras y ofertas de Satanás?

_____

_____

Cuando Jesús vivió en la tierra como hombre, experimentó las tentaciones de Satanás. De hecho, fue tentado de la misma manera que nosotros somos tentadas (He. 4:15). Pero Él nunca cayó en la tentación. Venció las mentiras del enemigo con el poder del Espíritu y la Palabra de Dios. Después murió para pagar el castigo por nuestra desobediencia. Ahora, nosotras también podemos ser victoriosas sobre toda estratagema y engaño del maligno con el poder de Dios que mora en nosotras.

¿Alguna vez has escuchado esa antigua canción de Frank Sinatra, "A mi manera"? La letra habla de un hombre que estaba por morir. Mientras reflexionaba sobre su vida, no se lamentaba de cómo había vivido. No hace falta decir que siguió haciendo las cosas a su manera hasta el final.

Hay una simpática caricatura que se burla de este concepto. Caracteriza a un hombre, con un martillo en la mano, que se aleja de varios estantes que acababa de colocar en la pared. Su camiseta proclama, orgullosamente, el tema de la canción, "A mi manera". Su cara denota presunción. Pero es obvio, por el estado de los estantes, que fue un terrible error hacer las cosas a su manera.

Los estantes se ven mal. Los había fijado a la pared sin cuidado, con unos pocos clavos, varios de los cuales ya estaban vencidos. El ángulo de los estantes está tan desproporcionado y torcido, que son inservibles. De hecho, son muy peligrosos. No hay manera de usarlos para algo útil. Seguramente, este personaje las hizo a su manera…pero es obvio que las cosas podrían haber sido muchísimo mejor si hubiera seguido las instrucciones.

"Y Adán no fue engañado, sino que la mujer, siendo engañada, incurrió en transgresión".

I Timoteo 2:14

"Pero temo que como la serpiente con su astucia engañó a Eva, vuestros sentidos sean de alguna manera extraviados de la sincera fidelidad a Cristo".

2 Corintios 11:3

La idea principal que la Serpiente le presentó a Eva, era que ella podía hacer las cosas a su manera. Que no necesitaba el consejo de Dios. Que tenía la capacidad de tomar buenas decisiones sin Su ayuda. Que podía ser el juez. El pensamiento que sutilmente le presentó fue: *"Tienes el derecho. Tienes el poder. Tienes el potencial. Puedes resolver las cosas por ti misma. ¡No necesitas a nadie que te diga qué hacer!".*

Cada una de las creencias erróneas de Eva se remonta al argumento de venta de Satanás y las mentiras que la llevaron a caer en el engaño. El siguiente gráfico ilustra cómo convenció la Serpiente a Eva de hacer las cosas a su manera:

El argumento de venta	Juzga por ti misma	El convencimiento
Los caminos de Dios son demasiado estrictos	Tienes el derecho	Se ve atractivo
No sufrirás las consecuencias	Tienes el poder	Se ve inofensivo
Experimentarás beneficios asombrosos	Tienes el potencial	Se ve prometedor

Examina el gráfico. ¿Qué crees que encontró Eva — y las personas en general— tan convincente sobre los argumentos de Satanás?

_____

_____

_____

El diablo sedujo a Eva al convencerla de que recibiría toda clase de beneficios si solo hacía las cosas a su manera. Él le prometió que se le abriría un mundo de conocimiento y experiencias ("Tus ojos serán abiertos"). Le aseguró que sería igual a Dios, es decir, que sería su propio dios ("Y serás como Dios").

Finalmente, le prometió que sería capaz de decidir por sí misma qué estaba bien y mal ("conociendo el bien y el mal"). Dios ya les había dicho a Adán y Eva lo que estaba bien y lo que estaba mal. Pero Satanás le dijo básicamente: "Eso es lo que Él opina, pero tú tienes derecho a tener tu propia opinión. Puedes tomar tus propias decisiones sobre lo que está bien y lo que está mal".

Lee los versículos al margen de la página anterior. Dado lo que sabes acerca del primer hombre y la primera mujer, ¿por qué crees que Satanás le presentó su argumento de venta a Eva y no a Adán?

_____

_____

_____

Tal vez, Satanás se acercó a la mujer porque pensó que ella respondería mejor. Tal vez, fue porque él sabía que ella sería más vulnerable si la convencía de actuar independientemente de su marido. La Biblia no nos dice por qué se acercó a ella y no a Adán. Pero sí sabemos que su enfoque en la mujer puso en entredicho el diseño divino de Adán como autoridad de la relación. Y nosotros sabemos que aunque Eva fue engañada, Adán pecó intencionalmente y con conocimiento.

Eva picó el anzuelo. Pero en lugar de los beneficios prometidos, se encontró con una bocanada de desagradables consecuencias: culpa, temor y separación. La comunión que había disfrutado con Dios y con su marido se había resquebrajado. El paraíso se había acabado.

Lee Génesis 3:7-8 al margen. ¿Qué hicieron Adán y Eva después que pecaron? Explica por qué crees que hicieron eso.

_____

_____

Imagina toda la fuerza de la conciencia y la emoción que inundó el espíritu de la mujer cuando perdió su inocencia. Debió haber sido abrumador. La vergüenza. El miedo. El terrible sentimiento de pérdida y dolor. El escalofrío al sentir los negros y horribles tentáculos del maligno alrededor de su corazón. Por primera vez en su vida, se sintió avergonzada. Herida. Insegura. Expuesta. Y Adán se sentía igual. No nos sorprende que se cosieran hojas de higuera en un lamentable esfuerzo por cubrirse.

Además de la culpa y la vergüenza, la pareja debió haber experimentado otras emociones conflictivas. Habían sido infectados por el pecado. Por lo tanto, el pecado inmediatamente tomó el control. Coserse delantales con hojas fue más que un intento por aliviar su vergüenza. Reflejaba un sentido de autosuficiencia, autodeterminación y justificación propia. Fue la misma expresión de la actitud "a mi manera", que desde un principio los había metido en problemas.

Adán y Eva pensaron que podrían solucionar el problema que acababan de provocar con su *propia* idea de una solución: ¡hojas de higuera! No necesitaban la ayuda de Dios o Su dirección para solucionar las cosas; podían arreglarse solos. Entonces, aquella tarde cuando Dios fue al huerto, Adán y Eva no corrieron hacia Él. De hecho, hicieron lo contrario. Se alejaron y trataron de esconderse de Él.

> *"Entonces fueron abiertos los ojos de ambos, y conocieron que estaban desnudos; entonces cosieron hojas de higuera, y se hicieron delantales. Y oyeron la voz de Jehová Dios que se paseaba en el huerto, al aire del día; y el hombre y su mujer se escondieron de la presencia de Jehová Dios entre los árboles del huerto".*
>
> **Génesis 3:7-8**

¿De qué manera tratan las personas de "cubrir" su vergüenza y culpa cuando han pecado?

_____

_____

_____

Hasta ese momento, Adán y Eva solo habían conocido el amor, la amabilidad y la bondad de Dios. Ahora le tenían miedo, se estaban escondiendo de Él. ¿Qué había pasado? ¿Dios había cambiado? No, pero ellos sí. El pecado los había cambiado, había afectado la forma de ver quién era Él y quiénes eran ellos en relación con Él.

Su nueva manera de pensar estaba contaminada por la pecaminosa premisa de que, en realidad, Dios no merecía ser Dios. Él no era tan bueno o inteligente. En realidad, Él no buscaba lo mejor para ellos. Ellos tenían el derecho de tomar sus propias decisiones. Se merecían ser su propio dios.

El hombre y la mujer se escondían, porque no querían que Dios ejerciera el derecho que le corresponde como su Creador. No querían que Él juzgara su pecado o les dijera qué hacer. Querían manejar y hacerse cargo de la situación por sí mismos. Aunque era evidente que habían echado a perder todo y que no tenían esperanza de poder resolverlo, se aferraron a la ilusa creencia de que, de alguna manera, podían arreglársela sin Dios.

Y desde ese día fatal en el que hicieron las cosas a su manera, ha sido la tendencia orgullosa de todo hombre y toda mujer de la tierra. Destruimos nuestra vida cuando no aceptamos los límites de Dios. Y la destruimos aún más, cuando tratamos de cubrir el problema resultante con nuestros esfuerzos débiles y ridículos. En vez de someternos a Dios con humildad, nos negamos neciamente a creer que Él es más sabio. Estamos "empeñados" en hacerlo a nuestra manera.

Pon una "X" en la escala, para indicar qué tan a menudo te aparece la actitud "a mi manera" en tu corazón.

Raras veces   A cada rato

¿Puedes identificar un ejemplo o un momento (pasado o presente) de tu vida en el que tu actitud haya sido hacer las cosas a tu manera y te has resistido a obedecer a Dios? ¿Qué revela esa actitud y predisposición de tu corazón y qué consecuencias has experimentado?

_____

_____

_____

¿De qué manera la perfecta obediencia de Cristo a Su Padre y Su muerte en la cruz brinda esperanza a aquellos que han aceptado las mentiras de Satanás?

_____

_____

_____

Generalmente, no caemos en esclavitud de la noche a la mañana. No nos despertamos de repente una mañana y descubrimos que somos adictas a la comida, que tenemos un temperamento que no podemos controlar o que estamos en rebeldía y protestamos en el matrimonio. En mi (Nancy) libro *Mentiras que las mujeres creen*, explico la progresión de cómo el engaño deriva en esclavitud. Hay una progresión que, normalmente, comienza al escuchar una mentira.

Así fue como todo comenzó en el huerto del Edén. Eva escuchó las mentiras que le dijo Satanás. Estoy segura de que ella no tenía la menor idea de en qué derivarían esas mentiras en su vida y la vida de su familia. Tal vez no parecía muy peligroso tan solo escuchar qué tenía para decirle la Serpiente. Escuchar en sí no era desobediencia. Pero —aquí está la clave— escuchar un punto de vista contrario a la Palabra de Dios colocó a Eva en un terreno resbaladizo, que derivó en su desobediencia, conflicto en sus relaciones y muerte espiritual.

> *"Entonces fueron abiertos los ojos de ambos, y conocieron que estaban desnudos; entonces cosieron hojas de higuera, y se hicieron delantales. Y oyeron la voz de Jehová Dios que se paseaba en el huerto, al aire del día; y el hombre y su mujer se escondieron de la presencia de Jehová Dios entre los árboles del huerto. Mas Jehová Dios llamó al hombre, y le dijo: ¿Dónde estás tú? Y él respondió: Oí tu voz en el huerto, y tuve miedo, porque estaba desnudo; y me escondí".*
>
> **Génesis 3:7-10**

Escuchar consejos o formas de pensar contrarias a la verdad es el primer paso hacia una caída vertiginosa que nos llevará a la esclavitud. Primero escuchamos una mentira, a continuación, nos detenemos a pensar en eso. Empezamos a considerar lo que ha dicho el enemigo. Hacemos especulaciones en nuestra mente, como si estuviéramos hablando con él, como hizo Eva. En ese momento, la semilla sembrada echa raíz y empieza a crecer.

Eva escuchó el argumento de venta de la Serpiente. Después lo consideró y se puso a hablar con el diablo. No pasó mucho tiempo hasta creer que era verdad lo que le había dicho la Serpiente, aunque claramente contradecía a Dios. Una vez que creyó la mentira, el paso final era muy pequeño.

Escucha una mentira, reflexiona sobre ella, créela y, tarde o temprano, actuarás conforme a ella. Actúa conforme a una mentira una y otra vez, y estarás en camino a la esclavitud.

La mayoría de nosotras aceptamos automáticamente todo aquello que escuchamos y vemos. Escuchamos música, leemos libros y revistas, vemos programas de televisión, vamos al cine, navegamos por Internet, seguimos consejos y respondemos a los avisos publicitarios. Adoptamos la última moda y aceptamos los estilos de vida, los valores y las prioridades de nuestras amistades. Escuchamos lo que el mundo tiene que decir acerca de la feminidad y cómo debemos vestirnos, actuar, pensar y comportarnos. Hacemos todas estas cosas sin hacernos algunas preguntas importantes: ¿Cuál es el mensaje aquí? ¿Realmente es verdad? ¿Estoy siendo engañada por una manera de pensar contraria a la Verdad?

Trata de identificar algunas mentiras sutiles acerca de la feminidad que Satanás te ha tratado de vender. ¿Has pasado de escuchar a creer y a actuar conforme a varias de estas mentiras?

_____

_____

Si haces las cosas a tu manera en vez de hacerlas a la manera de Dios, seguramente verás que las cosas no funcionan de la forma que pensabas. Podrás darle una mordida a la "manzana" que querías, pero tarde o temprano el fruto se volverá amargo en tu boca.

Lee Génesis 3:7-10 en la página anterior. Satanás prometió que los ojos de Eva serían abiertos ¿Pero a qué se abrieron? Marca todas las cosas que probablemente vio:

- ☐ Vio que estaba desnuda.
- ☐ Vio que estaba infectada por el mal.
- ☐ Vio que era culpable.
- ☐ Vio que ya no era pura.
- ☐ Vio que había sido infiel.
- ☐ Vio que sus relaciones se habían dañado.
- ☐ Vio que había rechazado a Dios.
- ☐ Vio que merecía condenación.
- ☐ Vio que su elección ya no tenía vuelta atrás.
- ☐ Vio que la vida pronto regresaría a lo normal.
- ☐ Vio que había destruido el paraíso.

¿Puedes pensar en alguna otra cosa a la que probablemente sus ojos fueron abiertos?

_____

_____

no fue mi culpa

Después que Adán y Eva comieron del fruto prohibido, Dios los llamó para pedirles cuentas de lo que habían hecho. Nota que Dios no se acercó a ellos como pareja. No preguntó: "¿Qué han [plural] hecho?". Tampoco le pidió a cada uno que explicara lo que el otro había hecho. No le preguntó a Adán: "¿Qué hizo Eva?" ni le preguntó a Eva: "¿Qué hizo tu marido?". Primero se acercó a Adán, después a Eva y les preguntó a cada uno, individualmente: "¿Qué has [singular] hecho?".

Lee Génesis 3: 9-13 al margen de la página 119. ¿Crees que Adán y Eva estaban verdaderamente arrepentidos por su pecado? Explica por qué sí o por qué no.

_____

_____

Pon una "A" al lado de la respuesta que creas que mejor refleja la actitud de Adán y Eva. Pon una "B" al lado de la respuesta que mejor refleje una actitud de arrepentimiento.

_____ Siento haberte ofendido.

_____ Lo siento, no fue mi culpa.

_____ Lo siento, me engañaron.

_____ Lo siento, estuve muy equivocado/a.

Dios solo buscaba que simplemente admitieran su culpa. Quería que *confesaran*. Pero mientras les pedía cuentas, vemos que Adán y Eva prefirieron jugar al "juego de la culpa" en vez de asumir la responsabilidad personal de sus acciones. Adán culpó a la mujer, y la mujer culpó a la Serpiente.

En ambos casos su respuesta era técnicamente correcta. Eva *era* la mujer que Dios le había dado a Adán. Y ella le *había* dado el fruto a su marido. En realidad, la Serpiente *había* engañado a Eva. De cualquier manera, al echarse la culpa uno al otro, Adán y Eva estaban tratando de minimizar su propia responsabilidad en el asunto.

Dios no les preguntó quién los había hecho pecar; Él les pidió cuentas por su propio comportamiento. No importaba qué había influido para que ellos tomaran esa decisión, aun así, había sido su decisión.

Adán y Eva pudieron haber sido los primeros, pero desde luego no fueron los últimos en lo que se ha convertido en una larga y continua cadena de personas que les echan la culpa a otras. Cuando estamos enojados, deprimidos, amargados, molestos, impacientes o inquietos, nuestra respuesta natural es responsabilizar a otras personas o a las circunstancias, que pensamos que nos "hicieron" estar así.

Hemos escuchado un sinnúmero de mujeres que tratan de explicar las circunstancias que "causaron" su endeudamiento, su trastorno alimenticio, su inmoralidad, la ruptura de su matrimonio o una relación conflictiva.

Pocas veces escuchamos que una mujer se hace responsable de las decisiones que contribuyeron a los problemas de su vida. Dios te está "llamando" a asumir tu responsabilidad en vez de culpar a otros. Con humildad y la ayuda del Espíritu Santo, podrás contrarrestar tu tendencia natural de jugar al juego de la culpa.

> "Mas Jehová Dios llamó al hombre, y le dijo: ¿Dónde estás tú? Y él respondió: Oí tu voz en el huerto, y tuve miedo, porque estaba desnudo; y me escondí. Y Dios le dijo: ¿Quién te enseñó que estabas desnudo? ¿Has comido del árbol de que yo te mandé no comieses? Y el hombre respondió: La mujer que me diste por compañera me dio del árbol, y yo comí. Entonces Jehová Dios dijo a la mujer: ¿Qué es lo que has hecho? Y dijo la mujer: La serpiente me engañó, y comí".
>
> **Génesis 3:9-13**

Describe un ejemplo de las últimas semanas en que no has asumido tu responsabilidad, sino que has culpado a las circunstancias o a otras personas por tu mala actitud o mal comportamiento.

_____

_____

Toma un momento para confesarlo en oración. Pídele al Señor que te ayude a hacerte responsable de tus decisiones, a reconocer cuándo quieres hacer las cosas a tu manera y no a Su manera.

_____

_____

El movimiento feminista de nuestros días se ha caracterizado por una tendencia a culpar a los hombres y señalar su pecado, mientras se excusa a las mujeres de cualquier responsabilidad personal. Señalar a otros nos mantiene en un estado de culpabilidad y esclavitud. La libertad viene cuando nos hacemos responsables de nuestras decisiones —lo que escuchamos, los pensamientos que permitimos en nuestra mente, cómo escogemos responder— y acudimos a Cristo para pedirle perdón, misericordia y gracia.

*E*l Señor no había explicado aún las consecuencias del pecado, y ya estaban apareciendo grietas en la relación de Adán y Eva. Cuando fueron interrogados, Adán eludió su responsabilidad, le echó la culpa a su esposa y la acusó fuertemente.

¿Cómo te sentirías si alguien a quien amas, en quien confías y con quien tienes una maravillosa relación de repente se pone en tu contra? Para Eva, el dolor y la impresión debieron haber sido inexpresables. Adán, su compañero del alma, nunca antes le había hablado una palabra dura o de crítica. Él la había amado y protegido y solía deleitarse en ella. Tenían una unión perfecta. Los dos eran uno. Pero todo eso cambió en un instante. Eva debió haberse sorprendido por el cambio de su esposo, que parecía tener doble personalidad.

Las palabras de Adán la hirieron profundamente. Implicaban que Dios había cometido un error al *crearla* como su esposa, que él hubiera estado mejor sin una mujer. En ese momento, ¿se formaría una capa de autoprotección sobre su corazón? ¿Daría un pequeño paso para alejarse de su lado? ¿Se sostendría las hojas con sus brazos fuertemente contra su pecho?

Él había actuado muy mal. No fue culpa de ella. Ella había sido terriblemente engañada. La Serpiente la había engañado. ¿Por qué no hizo nada Adán? ¿Por qué no intervino? ¡Él estaba parado justo ahí! ¿No entendía lo que pasaba? ¿No le importaba? Ella era víctima de un engaño. Él no. Adán había descuidado su responsabilidad. Y todavía tuvo la desfachatez de señalar a Eva y echarle la culpa de su propia desobediencia deliberada. Para salvar su propio pellejo, Adán, su maravilloso protector, la estaba lanzando a los lobos.

> *"Sin embargo, en el Señor, ni la mujer es independiente del hombre, ni el hombre independiente de la mujer. Porque así como la mujer procede del hombre, también el hombre nace de la mujer; y todas las cosas proceden de Dios".*
>
> **I Corintios 11:11-12 (LBLA)**
>
> *"De manera que si un miembro padece, todos los miembros se duelen con él, y si un miembro recibe honra, todos los miembros con él se gozan. Vosotros, pues, sois el cuerpo de Cristo, y miembros cada uno en particular".*
>
> **I Corintios 12:26-27**

¿Puedes pensar en alguna ocasión en la que alguien que estaba contigo se puso en tu contra? Describe cómo te sentiste.

_____

_____

_____

La ruptura de la comunión entre Dios y el hombre, inmediatamente, redundó en la ruptura de la comunión entre el hombre y la mujer. Su unidad sufrió un grave daño. No duró mucho esa actitud de "¡Estamos juntos en esto!". En cambio, el pecado los contaminó con la actitud de "¡Sálvese quien pueda!".

perdiendo de vista el nosotros

La primera relación reflejaba la imagen de Dios. En la Trinidad, seres individuales y diferentes están unidos en una unidad inseparable. Los miembros individuales (Padre, Hijo y Espíritu Santo) están unidos como parte de una unidad colectiva (Dios). En su relación, no predomina tanto el "yo" como el "nosotros".

Antes que ellos pecaran, la relación de la primera pareja reflejaba este patrón. Ellos tenían una sana identidad de sí mismos y una sana interdependencia. El "nosotros" que ellos experimentaban con Dios les permitía disfrutar esa actitud de "nosotros" entre ellos. Pero el pecado destruyó todo eso. Cuando reclamaron su independencia de Dios y se enfocaron en el "yo", perdieron de vista el "nosotros". En consecuencia, comenzaron a señalar con el dedo y jugar al juego de la culpa.

El pecado ha hecho que los seres humanos se preocupen más por *sí mismos*. Ahora predomina el: "¡A *MI* manera!", "¡*YO* primero!", "*MIS* necesidades" o "Te necesito como parte de *MI* identidad". El cambio fue drástico. E inmediatamente produjo una tensión en la relación entre el hombre y la mujer, lo cual los condujo a una mentalidad de "nosotros" o "ellos".

¿De qué manera se manifiesta la forma de pensar "nosotras" o "ellos" entre las mujeres y los hombres en la cultura contemporánea?

_____

_____

_____

Lee 1 Corintios 11:11-12 en la página 121. ¿Qué palabra describe mejor una perspectiva piadosa del hombre y la mujer?

- ☐ independientes
- ☐ competitivos
- ☐ unidos
- ☐ separados
- ☐ interrelacionados

Ser *independiente* significa que te ves a ti misma de manera separada y distinta; que actúas sin tener en cuenta al otro y sin consideración del otro; que no quieres que el otro afecte o influya en tu comportamiento; que no dependes de que te apoye o te ayude; que no necesitas, no quieres ni aceptas lo que el otro tiene para ofrecerte.

La *interdependencia* es una relación saludable y recíproca en la cual las partes se influencian, se apoyan y se ayudan mutuamente una a la otra. Están interrelacionados. Confían y descansan en la contribución de uno al otro. Ese era el propósito de Dios para la relación entre el hombre y la mujer.

Es importante notar que la interdependencia difiere de lo que a veces se llama "codependencia". Esta es una relación malsana en la cual el sentido de identidad y valor de una de las partes depende de la otra.

¿Qué ejemplos puedes mencionar de la manera en que la cultura anima a las mujeres a hacer valer su independencia de los hombres?

_____

_____

_____

¿Crees que el comportamiento de la mujer podría cambiar si tuviera una mayor percepción del "nosotros" en el matrimonio?

_____

_____

_____

Una vez, una amiga me dijo: "Mary, si tú insultas a tu marido, te insultas a ti misma; si lo lastimas, te lastimas a ti misma; si lo beneficias, te beneficias a ti misma; cualquier cosa que le hagas a él, te la estás haciendo a ti". Ese sabio consejo me trajo a la mente Proverbios 14:1: "La mujer sabia edifica su casa, mas la necia con sus manos la derriba".

Dios creó la raza humana para estar unida. Pero el pecado puso al hombre en contra de la mujer, no solo en la relación matrimonial, sino en la sociedad en general. Cuando nos referimos a las mujeres y los hombres, a menudo tenemos la mentalidad "nosotras" o "ellos". Las mujeres ridiculizan y rebajan a los hombres. Los hombres degradan y tratan como un objeto a las mujeres. Discutimos sobre quién es el mejor. Competimos. Señalamos y culpamos. Olvidamos que estamos relacionados; que estamos juntos en esto.

¿Cómo describirías tu actitud hacia los hombres? ¿Tiendes a ser más independiente o interdependiente? Explícalo.

_____

_____

_____

¿Crees que tu actitud cumple con el ideal de Dios? Si no, ¿cómo podrías corregir tu actitud según el ideal de Dios?

_____

_____

El Señor no quiere que la mujer funcione independiente del hombre. Tampoco quiere que dependa enfermizamente del hombre para todas sus necesidades. Él quiere que el hombre y la mujer sean interdependientes uno del otro, que se valoren mutuamente y se influyan, se apoyen y se ayuden el uno al otro. El Señor quiere que la relación matrimonial —y la relación entre los hombres y las mujeres en general— manifieste el parentesco, el compromiso, la unidad, la comunión, la autenticidad y la pureza, que son el sello de Su relación.

Esta semana, hemos visto que la Serpiente se ocupó de desfigurar la imagen que Dios diseñó para los hombres y las mujeres. ¿Te has dado cuenta de que la táctica de Satanás en realidad no ha cambiado? Él nos tienta a dejarnos engañar por la idea de que nuestra vida será mejor cuando tomemos cartas en el asunto y decidamos por nosotras mismas cómo queremos vivir. Trata de convencernos de que dejemos a Dios fuera de nuestra vida y que nos enfoquemos en nuestros derechos, nuestra capacidad y nuestro potencial. Quiere que tengamos un espíritu independiente, que proclame "puedo sola" y juegue al juego de la culpa y consideremos a los hombres como nuestros enemigos; o que tengamos un espíritu necesitado, que considere a los hombres como dioses y acudamos a ellos para que llenen el vacío relacional de nuestro corazón.

> "...el cuerpo es uno, y tiene muchos miembros, pero todos los miembros del cuerpo, siendo muchos, son un solo cuerpo..."
>
> **1 Corintios 12:12**
>
> "Porque de la manera que en un cuerpo tenemos muchos miembros, pero no todos los miembros tienen la misma función, así nosotros, siendo muchos, somos un cuerpo en Cristo, y todos miembros los unos de los otros".
>
> **Romanos 12:4-5**

→ **La próxima semana** veremos otras consecuencias de la caída en la relación entre el hombre y la mujer. Hay más malas noticias. Pero en medio de la tragedia, llegó la maravillosa promesa de que un día, Uno cancelaría las horribles consecuencias del pecado y aplastaría la cabeza de la Serpiente.

de la teoría a la práctica...

una serpiente en mi huerto

para asimilar:

El video de la semana cuatro te ayudará a asimilar las lecciones de esta semana. Encontrarás este video en inglés con subtítulos en español en http://dotsub.com/view/user/hleah101. También hay otros recursos disponibles en www.avivanuestros corazones.com.

para reflexionar:

Piensa en las siguientes preguntas. Debátelas con tus amigas, tu familia o en un grupo pequeño:

1. Observa las características de la relación de Adán y Eva que se encuentran en la página 104. ¿Cuál de las características te parece más atractiva? ¿Por qué?

2. ¿De qué manera manifiesta a Dios la primera relación entre el hombre y la mujer? ¿Por qué crees que Satanás quería destruir el diseño de Dios?

3. ¿Qué crees que Eva encontró irresistible acerca del argumento de venta de Satanás? (ver p. 108). Describe una situación en la que te hayas visto tentada a ver el pecado como inofensivo, atractivo y prometedor.

4. ¿Cuál es el problema de tener una actitud de hacer las cosas "a mi manera"? ¿Qué ideas sobre Dios revelan este tipo de actitud?

5. Identifica algunas mentiras sutiles acerca de la feminidad, que comúnmente Satanás les transmite a las mujeres. ¿Eres culpable de escuchar, detenerte a pensar, creer y actuar conforme a cualquiera de estas mentiras? ¿Sueles culpar a otras personas o a las circunstancias por tus malas decisiones? ¿Culpas a los hombres?

6. ¿Cuál es la diferencia entre independencia e interdependencia? ¿Por qué la sociedad anima a la mujer a imponer su independencia del hombre? ¿Cómo incide esto en la relación entre el hombre y la mujer?

7. ¿Alguna vez has caído en el engaño de un argumento de venta de Satanás? Describe cómo es que hay o ha habido "una serpiente en tu huerto" en referencia a tu feminidad.

para personalizar:

Utiliza la siguiente hoja en blanco para escribir tus notas sobre lo que aprendiste esta semana. Escribe tus comentarios, tu versículo favorito o un concepto o cita que haya sido particularmente útil o importante para ti. Compone una oración, una carta o un poema. Apunta notas sobre el video o la sesión de tu grupo pequeño. Expresa la respuesta de tu corazón a lo que has aprendido. Personaliza las lecciones de esta semana de la manera que más te ayude a poner en práctica lo que aprendiste.

personalízalo

de la teoría
a la práctica…

la batalla de los sexos

*U*no de los sucesos más comentados en la historia del deporte de los Estados Unidos, fue un partido de tenis entre Billie Jean King y Bobby Riggs en 1973. Más de treinta mil aficionados llenaron el *Astrodomo* de Houston y más de 50 millones de espectadores de todo el mundo vieron el encuentro por televisión. El legendario comentarista deportivo Howard Cosell narró el encuentro.

Billie Jean King hizo su entrada con la frase "¡Cualquier cosa que tú hagas, yo la haré mejor!". Apareció vestida tipo Cleopatra, sentada en una silla de terciopelo rojo, que cargaban sobre sus hombros cuatro hombres musculosos, vestidos como esclavos egipcios y con el torso desnudo.

Bobby Riggs, su oponente masculino, le seguía en un carruaje jalado por un grupo de mujeres curvilíneas y escasamente vestidas al estilo Playboy. La tan promocionada "batalla de los sexos" estaba por iniciar.

El movimiento feminista estaba en su punto más alto. El Título IX [Enmienda educativa de 1972] había sido aprobado, y Billie Jean King de 29 años de edad era una elocuente defensora de la igualdad de sexos en el deporte. Esta, seis veces campeona de Wimbledon y cuatro veces del U. S. Open, había lanzado una revista deportiva para mujeres, había iniciado una fundación para el deporte femenino y había luchado activamente para que las deportistas profesionales femeninas recibieran la misma remuneración que los atletas masculinos. King era la estrella del nuevo Virginia Slims Tennis Tour y su cara aparecía en posters con la frase: "¡Bebé, has recorrido un largo camino!".

Bobby Riggs, de 55 años de edad, era un antiguo campeón de Wimbledon. Durante sus tiempos de gloria, fue uno de los mejores; pero en un deporte donde tener 35 años es estar "pasado de edad", Riggs ya era historia. Aunque hacía décadas que no competía de manera profesional, Riggs era un evidente estafador, conocido por utilizar las exhibiciones de tenis para obtener ganancias. Él hacía esto a través de diferentes trucos y artilugios, como usar una sartén en vez de una raqueta de tenis y, generalmente, salía beneficiado.

Riggs notó la publicidad que se generaba a partir del movimiento de liberación femenina y empezó a llamar la atención de los medios de comunicación haciendo extravagantes comentarios sexistas acerca de la superioridad del hombre sobre la mujer. Se describió a sí mismo como un "cerdo chauvinista" e incluso dijo que quería ser el cerdo número uno. Riggs hizo alarde de que aun un hombre veterano como él podía derrotar a la mejor mujer del momento. Los atletas masculinos eran mejores, sin importar su edad.

Riggs había vencido rotundamente a la mejor jugadora del mundo, la campeona australiana Margaret Court, en un encuentro llamado "la masacre del día de la madre". Su victoria lo colocó en las portadas de revistas como *Sports Illustrated* y *Times*. Para salvaguardar el orgullo del tenis femenino, que había sufrido bastante tras la derrota de Court por un veterano de 55 años, King aceptó enfrentarse a Riggs en este partido decisivo por "la batalla de los sexos".

Ella lo venció en tres sets seguidos.

Toda una generación de estadounidenses recordará "la batalla de los sexos" de la misma manera en que se recuerda un magnífico Super Bowl o una espectacular Serie Mundial. Las mujeres habían llegado muy lejos. Era una nueva era. King había logrado callar a Riggs y a otros cerdos chauvinistas como él, y había podido demostrar, de una vez por todas, que las mujeres eran superiores.

Pocas mujeres de la generación actual recuerdan el encuentro entre Billie Jean King y Bobby Riggs. Cuando escuchan una referencia a "la batalla de los sexos" es más probable que piensen en un *Reality Show* o en un moderno juego de mesa "Batalla de los sexos: La batalla continúa".

El nombre del juego de mesa lo dice bien. La batalla continúa; no se terminó con el enfrentamiento de King y Riggs. Los hombres y las mujeres todavía intentan demostrar quién es mejor. Y la batalla tampoco comenzó con el partido de tenis de 1973; es mucho más antigua. Esta semana aprenderás que esta batalla en particular no se trata solo de una broma, un entretenimiento, tácticas de publicidad o un tema de conversación trivial para una fiesta. Es una dolorosa consecuencia del pecado, que ha causado estragos en las relaciones entre hombres y mujeres. Es algo muy serio y alarmante. No hay persona sobre la faz de la tierra que no haya sido afectada por esta gran batalla de los sexos, que vino como resultado de la caída. $\rightarrow$

*L*a semana pasada dejamos nuestro estudio de Génesis en la parte en que Dios confrontaba a Adán y Eva por su pecado. Cuando Dios le preguntó a Adán la razón por la que había comido el fruto prohibido, inmediatamente culpó a Eva, y ella, a su vez, culpó a la Serpiente de haberla engañado. La mujer *había* sido engañada. Pablo confirma que la Serpiente "con astucia engañó a Eva" (2 Co. 11:3). Pero él observa que esto no la eximió de su responsabilidad. Eva se había convertido en una pecadora (1 Ti. 2:14). Del mismo modo, el hecho de que Eva hubiera dado la primera mordida al fruto, no eximió a Adán de su pecado. Adán era culpable. Él había "quebrantado el pacto" (Os. 6:7 NVI).

"Y Dios le dijo: ¿Quién te enseñó que estabas desnudo? ¿Has comido del árbol de que yo te mandé no comieses? Y el hombre respondió: La mujer que me diste por compañera me dio del árbol, y yo comí. Entonces Jehová Dios dijo a la mujer: ¿Qué es lo que has hecho? Y dijo la mujer: La serpiente me engañó, y comí".

Génesis 3:11-13

Dios consideró responsables a Adán y a Eva. Adán fue responsable de su pecado y Eva fue responsable del suyo. Dios sabía que Eva había pecado primero y Adán después. Él sabía que Eva había sido engañada y que Adán no. Él sabía que los factores y motivos que los llevaron a pecar habían sido diferentes.

Pero aunque Adán y Eva habían pecado en diferentes momentos y de formas diferentes, Dios determinó que "todos" habían pecado y habían caído de su gloria. Y así sería siempre durante el resto de la historia del ser humano (Ro. 3:23). Hombres y mujeres estaban en la misma situación. Cuando cedieron y probaron el fruto prohibido, toda la raza humana cayó.

Adán era el primogénito. Él era la cabeza que representaba a los seres humanos. Adán era responsable del bienestar de la familia humana, así que Dios lo consideró como el máximo responsable. "En *Adán* todos mueren" (1 Co. 15:22). El primer Adán es figura de otro "Adán" (v. 45), que moriría como representante de la humanidad y cambiaría las trágicas consecuencias del pecado, como el apóstol Pablo dice en Romanos 5:

> [Adán] es figura del que había de venir. Pero el don no fue como la transgresión (vv. 14-15).

Así que, como por la transgresión de uno vino la condenación a todos los hombres, de la misma manera por la justicia de uno vino a todos los hombres la justificación de vida. Porque así como por la desobediencia de un hombre los muchos fueron constituidos pecadores, así también por la obediencia de uno, los muchos serán constituidos justos (vv. 18-19).

Pero la ley se introdujo para que el pecado abundase; mas cuando el pecado abundó, sobreabundó la gracia; para que así como el pecado reinó para muerte, así también la gracia reine por la justicia para vida eterna mediante Jesucristo, Señor nuestro (vv. 20-21).

En la siguiente tabla, usa las frases de los versículos de arriba para comparar el contraste del primer Adán con Jesús (el "último" Adán). El primer punto ya está escrito.

Primer Adán (el pecado del hombre)	Último Adán (el regalo de Dios)
Por la transgresión de uno vino la condenación	Por la justicia de uno vino la justificación de vida

El pecado de Adán y Eva no tomó a Dios desprevenido, ni lo dejó desorientado en busca de una solución al problema. El maravilloso plan de Dios para la redención había sido diseñado y se había puesto en marcha desde la eternidad pasada. Podemos vislumbrar el principio de ese plan en Génesis.[3]

Después de darles a Adán y Eva la oportunidad de que explicaran por qué lo habían hecho, Dios maldijo a la Serpiente. Él no se molestó en pedirle una explicación a la Serpiente, simplemente la castigó. Los teólogos se refieren a Génesis 3:14-15 como el *protoevangelio* —la primera mención del evangelio—, porque es el primer pasaje de la Biblia que anuncia las buenas nuevas de la venida del Salvador.

> *"Y Jehová Dios dijo a la serpiente: Por cuanto esto hiciste, maldita serás entre todas las bestias y entre todos los animales del campo; sobre tu pecho andarás, y polvo comerás todos los días de tu vida. Y pondré enemistad entre ti y la mujer, y entre tu simiente y la simiente suya; ésta te herirá en la cabeza, y tú le herirás en el calcañar".*
>
> **Génesis 3:14-15**

Lee Génesis 3:14-15. Imagina que tú eres Eva. ¿Qué hubieras pensado y sentido con el castigo que Dios le dio a la Serpiente? ¿Por qué?

_____

_____

_____

_____

Eva debió estar escuchando atentamente la maldición que el Señor confesó sobre quien la había engañado para que cayera. Primero, la Serpiente, que le había parecido tan simpática y sabia, se arrastraría para siempre sobre su pecho y comería polvo. La imagen es de extremada humillación.

Segundo, habría "enemistad" entre la mujer y la Serpiente y entre la simiente de ambas. Esto no significa que la mujer aborrecería las víboras (¡aunque muchas veces si lo hacemos!). "Enemistad" sugiere un nivel de animosidad asesina y el tipo de intensa hostilidad que existe en la guerra (Nm. 35:21; Ez. 25:15). Indica un fuerte conflicto de vida o muerte.

Finalmente, Dios anunció: "Ésta te herirá en la cabeza, y tú le herirás en el calcañar". Esto hablaba de la batalla entre Cristo y Satanás. Dios sabía que los dos pelearían y se herirían mutuamente. Pero la herida de Cristo sanaría (y se convertiría en un medio para que los pecadores fueran sanados), mientras que la herida de Satanás sería fatal. Finalmente, Jesús aplastaría a Satanás bajo sus pies (Ro. 16:20). En resumen, Dios le dijo a Satanás:

"¡Come polvo!"

"¡La lucha empieza!"

"¡Y tú vas a perder!"

Eva no pudo entender cabalmente lo que Dios estaba diciendo, pero debe haber visto un rayo de esperanza. La promesa de Dios acerca de la semilla de la mujer que sería victoriosa sobre Satanás confirmó que Su gran amor, gracia y misericordia triunfarían sobre Satanás, el pecado y el juicio.

Solo imagínate cómo Eva debió haberse sentido en ese momento. Es probable que todavía no hubiera podido procesar el conflicto de emociones de indignación y fascinación que tuvo cuando sus ojos se abrieron al pecado. Lo más probable es que todavía se sintiera lastimada, ofendida y juzgada después de la traición de Adán para protegerse a sí mismo. No solo tenía que lidiar con la vergüenza y la propia consciencia de estar en la presencia santa de Dios. Probablemente, ni siquiera podía mirarlo a los ojos.

> *"Espere Israel a Jehová, porque en Jehová hay misericordia, y abundante redención con él; y él redimirá a Israel de todos sus pecados".*
>
> **Salmos 130:7-8**

Y lo que es más importante, seguramente estaba aterrada ante la perspectiva del juicio de Dios. Puesto que ella había caído en la mentira de la Serpiente, con respecto a que Dios no quería lo mejor para ella, tenía miedo del castigo de Dios sobre su vida. Tal vez empezó a temblar violentamente al sentir la fuerza de estas abrumadoras emociones. Si estuvieras en su lugar, ¿no reaccionarías igual?

Probablemente, el Señor juzgó a la Serpiente primero porque Él quería confirmarles a Adán y a Eva Su gran amor y permitirles tener una vislumbre de Su maravilloso plan. Él les quería dar esperanza.

Lee Salmos 130:7-8 al margen. Explica por qué el salmista alienta al pueblo a confiar en Dios.

_____

_____

_____

Es increíble que en el huerto del Edén el Señor ofreciera la esperanza de vencer el pecado, incluso antes de explicarles sus consecuencias al hombre y a la mujer. ¡Qué Dios grande y amoroso! En este mundo caído, todos hemos experimentado el quebrantamiento del pecado; pero Dios quiere que nos enfoquemos en Su esperanza y su salvación, y que confiemos en Su poder para vencer a la Serpiente y sus artimañas.

¿Necesitas esperanza y salvación para alguna relación, algún pecado o alguna lucha en tu vida? Identifícalo aquí:

_____

_____

_____

➡️ **En los días siguientes** estaremos viendo cómo el pecado ha dañado la relación entre el hombre y la mujer y cómo esta batalla de los sexos ha causado dolor y estragos en nuestra vida. Pero antes, necesitas saber que con Dios hay esperanza. A través de la batalla decisiva que Cristo ganó en la cruz, ¡siempre hay esperanza! Aparta un momento para orar por la situación que has identificado arriba. Pídele al Señor Su fortaleza y sabiduría. Determínate a esperar en el amor inalterable y la abundante redención de Dios.

Una característica común en las revistas para niños es el juego "¿Qué está mal en este dibujo?". Los niños examinan el dibujo o la ilustración y tratan de identificar las cosas que están mal o fuera de lugar. Un pez en una maceta, un cuadro al revés, una manzana en lugar de una manija o una silla con dos patas. El juego requiere un cierto nivel de conocimiento de la disposición y uso de las cosas. Un niño que no sabe que un pez necesita agua para vivir, tal vez no note nada extraño con el pez en una maceta.

En las primeras semanas de este estudio, hemos estudiado los principios del diseño divino que Dios creó para el hombre y la mujer. Con este conocimiento, podemos observar la escena de la caída y darnos cuenta de que hay ciertas cosas incorrectas en ella.

La pareja está junta en el huerto. La Serpiente se acerca a ellos, al parecer ignora al hombre y entabla una conversación con la mujer, totalmente consciente de que Dios la ha puesto bajo la protección y autoridad de su marido y de que ambos se encuentran bajo la autoridad de Dios. (Nota la estrategia de Satanás para menoscabar la estructura autoritaria de Dios y dirigirse directamente a la mujer). Satanás inicia la conversación con una pregunta: "¿Es verdad que Dios les dijo que no comieran de ningún árbol del huerto?" (Gn. 3:1 NVI).

Observa lo que la mujer *no* hace en esta situación. No reconoce a su marido, que está junto a ella. No le dice a la Serpiente: "me gustaría que conozcas a mi esposo". No se voltea hacia Adán para decirle: "Mi amor, ¿qué crees que deberíamos hacer?" o "Adán, ¿por qué no le dices a la Serpiente qué te dijo Dios?". Ella sigue hablando con la Serpiente, como si su esposo no estuviera allí.

> "Si todo comenzó con una dicha edénica, ¿por qué la vida es tan dolorosa ahora? Génesis 3 explica el por qué. Y si todo salió terriblemente mal, ¿tenemos alguna esperanza de restauración? Génesis 3 nos da esperanza".[1]
>
> **Raymond C. Ortlund Jr.**

Además, a la hora de tomar una decisión, lo hace sola. No le consulta a su esposo sobre algo tan importante. No le pregunta su opinión ni su consejo; simplemente "ella tomó de su fruto y comió" (Gn. 3:6 NVI).

Y ¿qué hizo Adán durante todo ese tiempo? Hizo lo que muchas mujeres nos dicen que sus esposos hacen la mayoría del tiempo: *nada*. Él no interfirió ni se involucró; sino que pasivamente accedió a comer el fruto que su esposa le ofreció.

Con base en las responsabilidades que Dios les dio a Adán y Eva, "¿Qué está mal en esta escena?". Explica qué crees que falta en la actitud de Adán y Eva. (*Pista:* Génesis 3:17 podría ayudar):

_____

_____

> "A la mujer dijo: Multipli-caré en gran manera los dolores en tus preñeces; con dolor darás a luz los hijos; y tu deseo será para tu marido, y él se enseño-reará de ti. Y al hombre dijo:… maldita será la tie-rra por tu causa; con dolor comerás de ella todos los días de tu vida".
>
> **Génesis 3:16-17**

Dios creó a la primera pareja humana para que se complementaran uno al otro y trabajaran juntos como uno solo. Le dio al hombre la capacidad y res-ponsabilidad de tomar la iniciativa en proteger y su-plir las necesidades de aquellos que están bajo su cui-dado; de *dirigirlos y alimentarlos*. Creó a la mujer para actuar en respuesta a la iniciativa de su esposo. Ella debía actuar en relación con él; no independiente de él. Cada uno de ellos fue creado con un diseño único, para que pudieran unirse y actuar como uno solo. Aun las obvias diferencias fisiológicas entre la mujer y el hombre expresan esta verdad fundamental.

Pero ¿quién está "dirigiendo y alimentando" en esta situación? No es el hombre, sino la mujer. Y ¿quién está respondiendo en vez de tomar la iniciativa? No es la mujer, sino el hombre. ¿Y por qué no están colaborando mutuamente en la relación? Algo está muy mal en esta escena. Y desde aquel fatídico día en el huerto del Edén, el hermoso orden diseñado por Dios ha sido desfigurado y tergiversado por el pecado.

el daño causado

Cuando la humanidad cayó, hubo una sentencia de muerte, como conse-cuencia de haber comido el fruto prohibido (Gn. 3:19). La muerte es el final de la vida (muerte física). Pero también es la separación con Dios (muerte espiritual). Esta sentencia de muerte afecta al hombre y a la mujer por igual.

Pero hubo también otras consecuencias del pecado. Después de la caída, Dios pronunció un castigo específico para el sexo masculino y el sexo feme-nino. La mujer recibió una sentencia diferente a la del hombre. Las sentencias estaban vinculadas a la forma en que se crearon los sexos y a la forma en que habían quebrantado el diseño divino de Dios. Debido a que la mujer y el hombre no eran iguales, experimentarían los efectos del pecado de manera diferente.

Lee Génesis 3:16-17 al margen de la página anterior. En el espacio de abajo, resume las consecuencias específicas del pecado para cada sexo.

Mujeres:_____

_____

_____

Hombres:_____

_____

_____

Sabemos que todos hemos pecado y hemos caído de la gloria de Dios. Pero, ¿te has puesto a pensar que el pecado afecta específicamente a cada sexo? El pecado afecta la masculinidad del hombre y la feminidad de la mujer. Afecta la forma en la que Dios nos creó como HOMBRES y MUJERES. Cambia los roles de género.

Dios dijo que la *mujer* padecería al ser madre ("con dolor darás a luz") y esposa ("tu deseo será para tu marido"). Sus *relaciones* sufrirían. Ella pasaría dificultades como mujer. Dios dijo que el hombre tendría que trabajar para proveer y proteger a su familia. Su *capacidad* (eficacia, fuerza para producir resultados) sufriría. Él pasaría dificultades como hombre. Aquello que una vez había traído alegría y unidad se convertiría en una fuente de dolor y frustración.

Llena los espacios en blanco para completar las declaraciones (*pista:* usa de ayuda el párrafo anterior).

La mujer es un ser con necesidad de *relacionarse*. El pecado afecta sus…

_____

El hombre es un ser que debe tomar la *iniciativa*. El pecado afecta su…

_____

Subraya todas las veces que aparece la palabra "dolor" en el pasaje de Génesis 3:16-17 que se encuentra al margen de la página anterior.

"Dolor" hace referencia a un dolor físico así como emocional. Algunas palabras hebreas estrechamente relacionadas muestran que "dolor" también puede implicar las siguientes emociones.

- aflicción
- tristeza
- cansancio
- fatiga

- irritación
- enojo
- amargura
- desesperación

- disgusto
- nerviosismo
- confusión
- desagrado

Subraya cada emoción que hayas experimentado personalmente en tus relaciones.

El "dolor" es la trágica consecuencia del pecado tanto para el hombre como para la mujer. Mañana veremos más de cerca lo que esto significa específicamente para cada sexo. Pero basta con decir que el hombre experimenta dolor en su masculinidad, así como la mujer experimenta dolor en su feminidad. Si le pidieras a un hombre que subrayara cada emoción que ha sentido en su intento por que "las cosas funcionen", probablemente subrayaría tantas emociones como tú. Las mujeres sienten intensamente el dolor en sus relaciones; los hombres lo sienten intensamente en su capacidad de tener éxito (incluida su capacidad de tener éxito en sus relaciones).

> *"Enjugará Dios toda lágrima de los ojos de ellos; y ya no habrá muerte, ni habrá más llanto, ni clamor, ni dolor; porque las primeras cosas pasaron".*
>
> **Apocalipsis 21:4**

Tristemente, mientras haya pecado en el mundo, será inevitable que hombres y mujeres experimenten dolor y muerte. Gracias a Dios, Jesús vino para quitar el "aguijón" de este castigo (1 Co. 15:55-56). La increíble promesa de Dios es que un día, aun esta consecuencia será revertida para todos aquellos que acepten el increíble regalo de Su salvación.

Lee Apocalipsis 21:4 al margen. ¿Cuáles son algunas actitudes o comportamientos que provocan dolor en las relaciones, que te gustaría que "pasaran"?

_____

_____

→ **Dedica un tiempo** a orar y agradecer al Señor por el día en que el dolor de la caída de la masculinidad y la feminidad llegará a su fin.

on el paso de los años, (Nancy) he descubierto que toda la fortaleza que Dios nos da, si no la cuidamos constantemente y la rendimos bajo Su control, puede convertirse en un área de debilidad y fracaso. Y es precisamente allí donde el enemigo a menudo nos ataca, porque sabe que si puede destruirnos en esa área, probablemente le concederemos territorio también en otras áreas. En ese sentido, la mayor fortaleza de una persona puede ser también su mayor debilidad.

La Serpiente era terriblemente astuta. Allí en el huerto, parece que reconoció y atacó deliberadamente el diseño único del hombre y la mujer. Aprovechó sutilmente el hermoso espíritu responsivo de Eva, mientras pasó por alto la capacidad de Adán como líder y proveedor. Satanás sabía que la fortaleza de cada género también representaba una debilidad. Al atacar la esencia de la feminidad de Eva y masculinidad de Adán, Satanás les pegó donde sabía que les haría el peor daño. Los atacó donde más les dolería.

Y sí que dolió. Ayer aprendimos que el "dolor" es parte de la sentencia específica para cada sexo, tanto en contra de la mujer como en contra del hombre. Hoy exploraremos algunas ramificaciones más del pecado, tanto en la feminidad como en la masculinidad.

> *"A la mujer dijo: Multiplicaré en gran manera los dolores en tus preñeces; con dolor darás a luz los hijos; y tu deseo será para tu marido, y él se enseñoreará de ti".*
>
> **Génesis 3:16**

el dolor de la feminidad

Según la lección de ayer, ¿qué aspecto único de la feminidad ha sido dañada por el pecado?

_____

_____

La primera parte de la sentencia de la mujer en Génesis 3:16 tiene que ver con la relación con sus hijos. Dios dijo que el dolor de la "maternidad" y de "dar a luz un hijo" se "multiplicaría". Debido al pecado, todo el proceso de tener hijos se hizo mucho más difícil de lo que debía ser.

"Dar a luz un hijo" incluye todas las funciones hormonales y menstruales de una mujer, así como el embarazo y el acto físico de dar a luz. No todas las mujeres pueden dar fe del dolor de dar a luz; pero todas experimentamos los retos constantes de vivir en un cuerpo femenino.

Sin embargo, el aspecto físico de tener un hijo palidece en comparación a la dimensión emocional, espiritual y relacional. La "maternidad" implica todo el proceso de criar e interactuar con un hijo. El dolor y el sufrimiento de la maternidad son mucho más que físicos.

Eva aprendió esto de la forma más difícil cuando su hijo mayor se puso celoso de su hermano menor y lo mató a sangre fría. Las madres saben qué es "dolerse" por un hijo. Nos duele. Nos preocupamos. Oramos. Creemos. Nos quedamos despiertas en la noche. Lloramos. Ser madre es una de las relaciones más gratificantes y, por culpa del pecado, una de las más dolorosas.

Otra relación severamente afectada por el pecado fue la relación de la mujer con el hombre, especialmente con su esposo.

Completa las palabras que faltan de Génesis 3:16:

"Y tu _____ será para _____ marido, y él se _____ de ti".

Dios creó la sensibilidad de la mujer y el liderazgo del hombre para que fueran elementos hermosos y unitivos en la relación entre ellos. Pero el pecado ha tergiversado estas cosas y las ha convertido en una competencia horrible y destructiva. El "*deseo*" de la mujer por su esposo se ha tergiversado y se ha convertido en algo negativo, como también el hecho de que el hombre se "*enseñoree*" de la mujer.

Podemos darnos una idea de lo que esto significa, al compararlo con un versículo que usa las mismas palabras y estructura en hebreo. En Génesis 4:7, Dios advierte a Caín: *"el pecado está a la puerta; a ti será su deseo, y tú te enseñorearás de él"*. El deseo obsesivo del pecado que asechaba y controlaba a Caín y el dominio contundente que Caín debía ejercer sobre el pecado nos da una pista de cómo la caída ha afectado la relación entre el hombre y la mujer. Esta espantosa imagen contrasta con la hermosa interacción que el hombre y la mujer tenían antes de la caída.

Los teólogos han hablado mucho de lo que significa esta frase en Génesis 3:16, pero creemos que en resumen dice esto. Dios le está diciendo a la mujer: tendrás el impulso de controlar, resistirte, oponerte y actuar en contra de tu esposo. Aunque fueron creados para actuar como uno —en armonía, paz y unidad—, habrá una barrera entre los dos. En vez de seguir el liderazgo de tu marido y estar juntos para servir y glorificar a Dios, tú tendrás la inclinación de tomar el control de las riendas y seguir tu propio camino.

El final del versículo dice que no solo tu deseo será en contra de tu marido, sino que él "se enseñoreara de ti". Esto sugiere que a veces él pondrá las reglas (liderazgo, supervisión, autoridad) de una forma egoísta, dictatorial, autocrática y dura. Él no siempre va a guiar de una manera piadosa. En un sentido más general, esta sentencia podría resumirse así:

*El pecado tergiversó el deseo positivo de la **mujer** de responder sensiblemente al hombre y lo convirtió en un deseo negativo de rebelarse en contra de él.*

*El pecado tergiversó el impulso positivo del **hombre** de usar su fortaleza para guiar, proteger y suplir las necesidades de la mujer y lo convirtió en una tendencia negativa a abusar de ella o cederle sus responsabilidades a ella.*

Describe de qué manera das testimonio de la dolorosa realidad de estas inclinaciones en el hombre y la mujer.

_____

_____

Este es el principio de la batalla de los sexos. Dios creó a los sexos para vivir en unidad y armonía. Pero el pecado lo cambió todo. El pecado dañó la delicadeza inherente en la mujer. El pecado también dañó la fuerza inherente en el hombre. El pecado tergiversa y distorsiona el género y provoca dolor en la relación entre el hombre y la mujer. Provoca una competencia entre el hombre y la mujer.

el dolor de la masculinidad

La mujer no es la única que siente dolor. El Señor también sentenció al hombre al dolor. El hombre fue creado para tomar la iniciativa. Él debía suplir las necesidades de su familia y protegerla. Pero a causa del pecado, sus esfuerzos se vieron frustrados. El entorno sobre el cual debía ejercer dominio prevalecería sobre él. En vez de rendirse a su fuerza, resistiría persistentemente sus esfuerzos.

El hombre trabaja y trabaja "con el sudor de su frente". Pero la "tierra" que intenta cultivar lo combate con "espinas y cardos". El hombre siente que

> "Y al hombre dijo:… maldita será la tierra por tu causa; con dolor comerás de ella todos los días de tu vida. Espinos y cardos te producirá, y comerás plantas del campo. Con el sudor de tu rostro comerás el pan hasta que vuelvas a la tierra, porque de ella fuiste tomado; pues polvo eres, y al polvo volverás".
>
> **Génesis 3:17-19**

aunque lo intente con todas sus fuerzas, no puede progresar. No sirve de nada. Sus esfuerzos nunca son suficientes. El polvo ganará. Lo hará "polvo".

Dios le dio al hombre la inclinación natural a triunfar y prevalecer (en una forma positiva). Pero a causa del pecado, todo en la vida le sale al encuentro y le opone resistencia. El trabajo le opone resistencia, las finanzas le oponen resistencia. Incluso su esposa e hijos le oponen resistencia. Muchos hombres sufren de enormes sentimientos de incapacidad y fracaso. Es imposible que protejan a los que aman de todos los peligros. Es imposible que suplan todas las necesidades de su familia. Pecado, enfermedad, corrupción y destrucción presionan por todos lados. Y aunque ponga lo mejor de sí, el hombre no tiene suficientes dedos para tapar todos los agujeros.

¿Conoces hombres en tu esfera de influencia que "luchan" contra el dolor de la masculinidad?

Después de los dos primeros capítulos de Génesis tan hermosos y espectaculares, donde vimos que Dios creó todo y vio que era bueno, así como el maravilloso diseño divino y la bendición de Dios sobre el universo, vemos las horribles consecuencias y la degeneración del pecado. El pecado ataca la misma esencia de nuestro ser como mujeres y como hombres. Aquello que Dios había creado para manifestar Su gloria y llenarnos de alegría ahora está resquebrajado y es una fuente de terrible dolor. Solo con Su divina intervención lo que está resquebrajado puede volver a restaurarse. ¡Y gracias a Dios, eso es exactamente lo que pasa! Pronto veremos que el poder de la bondad y la gracia de Dios prevalece sobre la culpa y el pecado del hombre.

*M*uchos de los correos electrónicos que recibimos en *Aviva Nuestros Corazones* vienen de mujeres que soñaban con decirle "sí, acepto" a su príncipe azul y pasar el resto de sus días felices para siempre. Hubo un tiempo cuando tenían estrellas en los ojos. Además de toda clase de sueños, esperanzas y expectativas.

Cuando estas mujeres nos contactan, están envueltas en un mundo de dolor, tensión y frustración. Esos sueños románticos que tuvieron cuando eran jóvenes se han convertido en expectativas incumplidas, decepciones amargas, enojo y conflicto. Muchas de estas mujeres son esposas realmente desesperadas, como lo expresa esta mujer:

> *Mi esposo y yo llevamos casados casi 35 años. El año pasado descubrí su aventura amorosa telefónica y por correo electrónico. Hemos estado en consejería por un año. Cada vez que empezamos a hablar de esto, me amenaza con irse. Él cree que tiene derecho a tener una comunicación privada de cualquier tipo, a cualquier hora y con quien sea. Sigue considerando que la "amistad" con su amante es un regalo de Dios. Me culpa por el caos creado por su acumulación de cosas. Me culpa por los problemas financieros que han causado su uso de alcohol y drogas. Me echa la culpa de que sus amigos no vengan a la casa. Cada vez que veo un pequeño progreso, el abuso verbal comienza de nuevo.*

Otra mujer dice:

> *Desde el principio de nuestro matrimonio e incluso antes, el único deseo de mi esposo era el de satisfacer sus necesidades sexuales. El sexo era y sigue siendo un ídolo para él. Él era muy demandante y se enojaba cuando no pasaba… Era un hombre voluble y sarcástico. Sus palabras hacia mí eran espadas de doble filo, que cortaban hasta el hueso. No tengo ningún recuerdo de él que me edificara en Cristo, solo de destrucción.*

Las mujeres experimentan muchísimo dolor en el matrimonio. Y estas historias solo son una muestra del terrible daño que sufren las relaciones entre el hombre y la mujer.

Tal vez recuerdes haber oído hablar hace algunos años de la "casa del terror"; un calabozo en el sótano de una casa, donde por 24 años, un hombre austriaco tuvo presa a su hija, junto con 3 de los 7 niños que tuvo con ella. Lo juzgaron por asesinato, esclavización, violación, incesto y privación de la libertad. Su pobre esposa no tenía idea de que él mantenía cautiva a su hija.[2]

Hombres que cometen atrocidades contra las mujeres es un problema mundial: novias quemadas; esposas golpeadas; viudas quemadas; mutilación genital; infanticidio; niñas entregadas en matrimonio; violación; tortura mental, verbal, y física; humillación pública, ataques con ácido; incesto; proxenetismo y prostitución; comercio de esclavas sexuales; acoso; pornografía; abuso; asesinato. Los crímenes son muchos y atroces. En lugar de usar la fuerza que Dios les dio para proteger, los hombres abusan constantemente de la vulnerabilidad de la mujer, para sus propios fines egoístas.

El dolor de la feminidad no es insignificante. Es real. Es devastador. Y no se puede ignorar.

En el ministerio de *Aviva Nuestros Corazones* y *Chicas Sabias* y en las conferencias de Mujer Verdadera, frecuentemente tratamos con mujeres que han sido heridas por hombres. Sus historias te romperían el corazón. Y no solo encontramos estas situaciones en nuestro ministerio; algunas cosas nos tocan en una forma muy personal.

Pienso (Mary) en una amiga mía, que sospechaba que su esposo estaba acosando sexualmente a su hija; en otra amiga que soportó el agravio verbal de su esposo-pastor durante años; en una amiga joven cuyo novio la drogó y violó; en otra amiga mía, que descubrió que su esposo era adicto a la pornografía y que mantenía una aventura amorosa; en otra amiga a la que le di dinero para que escapara de los golpes de su esposo. Se me llenan los ojos de lágrimas y me emociono profundamente mientras escribo. Estos no son informes y estadísticas impersonales. Son mujeres que conozco y que amo profundamente.

Probablemente, tú tengas tus propias historias que contar, ya sean de tu propio dolor o del dolor de hermanas, madres, hijas y amigas. No podemos esconder el dolor de la feminidad debajo de la alfombra. Es demasiado real. Es demasiado frecuente.

¿Cómo te sientes cuando una amiga te confía que ha sido herida por un hombre cercano a ella?

_____

_____

No sé tú, pero cuando yo (Mary) escucho que una mujer recibió el maltrato de un hombre, casi siempre mi primera reacción es ira. Me enojo. Quiero defenderla. Quiero desquitarme. Quiero vengarme del que le causó tanto dolor. La semana pasada, animé a una amiga desconsolada, que me contaba cómo su esposo (que es también un querido amigo) le había roto el corazón. Sinceramente, lo único que quería hacer era ir corriendo a su casa, gritarle en la cara y decirle lo que pensaba de él. Gracias a Dios, mi esposo interrumpió mi delirio con un amable recordatorio: "Mary, él no es el enemigo real aquí".

Las mujeres somos seres relacionales. Estrechamos lazos. Nos identificamos. Por tanto, el dolor de otras mujeres nos afecta profundamente. Queremos defender a nuestras hermanas. Queremos abrazarlas, mimarlas, ayudarlas a sanar y pelear por su felicidad. Queremos identificar qué las está afligiendo y ayudarlas a encontrar alivio.

Debido a que Dios creó a la mujer "para" el hombre; debido a que ella es el sexo más débil y "delicado", y debido a los efectos trágicos de la caída, muchos de los problemas de las mujeres a lo largo de la historia han sido resultado de su relación con el hombre. Es tentador para nosotras adoptar una mentalidad "nosotras-ellos" y ver al hombre como el único problema.

Hace algunas décadas, las mujeres del movimiento feminista hicieron exactamente eso. Analizaron el problema del dolor y el descontento de la mujer, y propusieron un plan de acción, que pensaban que ayudaría.

El movimiento feminista analizó el problema de la relación entre el hombre y la mujer. A continuación se presentan algunas de sus conclusiones. Marca con falso (F) o verdadero (V) según creas de cada oración.

> "Como está escrito: No hay justo, ni aun uno; no hay quien entienda, no hay quien busque a Dios. Todos se desviaron, a una se hicieron inútiles; no hay quien haga lo bueno, no hay ni siquiera uno. Sepulcro abierto es su garganta; con su lengua engañan. Veneno de áspides hay debajo de sus labios; su boca está llena de maldición y de amargura. Sus pies se apresuran para derramar sangre; quebranto y desventura hay en sus caminos; y no conocieron camino de paz. No hay temor de Dios delante de sus ojos".
>
> **Romanos 3:10-18**

_____Los hombres son el problema.

_____El patriarcado (el gobierno de los hombres) es el problema.

_____La falta de poder en las mujeres es el problema.

_____Las mujeres que ceden es el problema.

_____Las leyes y sanciones inadecuadas son el problema.

_____Las creencias religiosas opresivas son el problema.

_____El condicionamiento cultural es el problema.

_____Los roles estereotipados son el problema.

_____La falta de educación es el problema.

¿Te resultó difícil decidir si eran falsas o verdaderas las oraciones que analizan el problema de las relaciones entre el hombre y la mujer? Depende de cómo lo veas, hay un cierto grado de verdad en cada oración. Ciertamente, todos son problemas y preocupaciones reales. Pero por otra parte, también hay un cierto grado de mentira en cada oración. Las oraciones son engañosas, porque mezclan la verdad con la mentira. No son totalmente exactas, porque no toman en consideración la verdadera raíz del problema.

Según Romanos 3:10-18, ¿cuál es el verdadero problema detrás de la forma en que los hombres tratan a las mujeres?

_____

_____

Lee Romanos 1:29—2:1. ¿Qué les dice este pasaje a las mujeres que culpan y condenan al sexo masculino y atacan a los hombres que maltratan a las mujeres?

_____

_____

El problema de la relación entre el hombre y la mujer no son los hombres. Es el pecado. Y el pecado es algo que afecta a las mujeres como a los hombres. Los hombres y las mujeres podrían pecar de forma diferente; pero la verdad es que TODOS hemos pecado y hemos caído de la gloria de Dios. Las mujeres no son inocentes. Las mujeres son pecadoras. Las mujeres no pueden corregir el pecado. De modo que no podemos corregir a los hombres. Y no podemos corregir la relación entre el hombre y la mujer. ¡Ni siquiera podemos corregirnos a nosotras mismas! (Pero no te desesperes… pronto veremos a Alguien que sí puede).

El movimiento de mujeres del siglo pasado tuvo el deseo de aliviar el dolor de la feminidad y aclarar las cosas. Pero aunque identificó algunos problemas válidos, no los abordó desde una perspectiva bíblica. Alentó a las mujeres a adoptar una mentalidad de "nosotras-ellos", a jugar al juego de la culpa, a enojarse y a tener el derecho de hacerlo "a mi manera". Agregó más leña al fuego, alentó a las mujeres a desquitarse y pelear en contra de los hombres.

¿Las mujeres de hoy sufren en manos de los hombres? Por supuesto. Pero para poder abordar adecuadamente este asunto, debemos identificar la verdadera causa del problema. Como resaltó sagazmente el esposo de Mary: "El hombre no es el enemigo aquí".

*L*o llamaron la "papelera de la libertad". Mientras las mujeres desfilaban en pantalones de jean, minifaldas y blusas sin sostén, iban arrojando trapos y guantes de cocina, pestañas postizas, sostenes, ejemplares de revistas para amas de casa y varios otros "instrumentos de tortura femenina". En medio de los destellos de las cámaras fotográficas, esta rimbombante protesta del concurso de Miss Estados Unidos de 1968 tuvo más interés periodístico que el concurso en sí.

El grupo de manifestantes subastó una muñeca de Miss Estados Unidos de 2,50 m. de alto, con brillosas lentejuelas y senos voluminosos. Hicieron desfilar a una oveja con un moño atado a su cola, cubierta con una bandera, y la coronaron Miss Estados Unidos. Sostenían pancartas que decían: "Bienvenidos a la subasta de ganado Miss Estados Unidos". "Soy una mujer, no un juguete, un animal de exhibición o una mascota".

Adentro, las cámaras de televisión se enfocaron en transmitir la coronación de la reina del concurso. Cuando la bonita joven empezó a hablar, empezaron los gritos afuera: "¡Abajo con Miss América!". "¡Libertad!". Y después… una enorme sábana blanca empezó a desplegarse lentamente desde el balcón. Con el enfoque de las cámaras, millones pudieron ver el inconfundible mensaje de: "LIBERACIÓN FEMENINA".

Así comenzó el gran espectáculo feminista. El público observó fascinado cómo las feministas arrojaban ciertos productos a un inodoro para protestar contra los anuncios publicitarios estereotipados, y cómo las manifestantes protagonizaron una protesta de once horas frente a las oficias de una revista para amas de casas. Espectadores observaron cómo las feministas montaron un piquete frente a la Agencia de Licencias Matrimoniales de Nueva York, vieron el arresto de las mujeres manifestantes que irrumpieron en una casa editorial pornográfica y presenciaron la famosa escena en la cual la feminista Betty Friedan entró y se sentó en el bar del Plaza Hotel de Nueva York en protesta contra la política de

> "¡Ay del que dice al padre: ¿Por qué engendraste? y a la mujer: ¿Por qué diste a luz?! Así dice Jehová, el Santo de Israel, y su Formador: Preguntadme de las cosas por venir; mandadme acerca de mis hijos, y acerca de la obra de mis manos. Yo hice la tierra, y creé sobre ella al hombre. Yo, mis manos, extendieron los cielos, y a todo su ejército mandé".
>
> **Isaías 45:10-12**

solo permitir hombres. (El mesero simplemente removió su mesa, en lugar de servirle).

Revistas, periódicos, televisión, radio; todos los medios de publicidad se vieron envueltos en las actividades y filosofía del movimiento feminista. "La liberación femenina" se convirtió en un término familiar y un tema de conversación candente casi de cada reunión.[3]

la solución feminista

La idea central del movimiento de liberación femenina era que, para ser feliz, la mujer tenía que "liberarse" de las antiguas ideas acerca de la feminidad. Tenían que "tirar a la basura" la idea original del matrimonio, la maternidad y la moralidad. Necesitaban luchar contra del dominio masculino y usar el poder y el derecho de autodefinirse.

La activista feminista Betty Friedan denominó como "mística femenina" las ideas tradicionales sobre la feminidad. El movimiento feminista cobró auge cuando ella y otras mujeres se revelaron en contra de la "mística" y redefinieron la feminidad con base en "la verdad personal".

[Mis] palabras, basadas en mi verdad personal, llevaron a otras mujeres a su propia verdad personal; verdad que ha quedado oculta por la "mística"… [Esta] verdad personal, me ha llevado a mí, y a otras mujeres, a organizar el movimiento feminista. —Betty Friedan[4]

Lee Isaías 45:10-12 al margen de la página anterior. Según este pasaje, ¿quién tiene el derecho de decidir de qué se trata la feminidad? ¿Y por qué?

_____

_____

_____

De acuerdo a lo que sabes del movimiento feminista, ¿qué falla tenía su enfoque?

_____

_____

_____

Lee atentamente las siguientes frases de destacadas pensadoras feministas:

Nosotras [mujeres] necesitamos y no podemos confiar en ninguna otra autoridad que en nuestra verdad personal. —Betty Friedan[5]

Las mujeres fueron despojadas del poder de autodefinirse. No hemos sido libres de usar nuestro propio poder para autodefinirnos, definir al mundo o a Dios… Existir humanamente es autodefinirse, definir al mundo y a Dios… [Las mujeres] ahora se están levantando para definir; es decir, crear nuestro mundo. —Mary Daly[6]

El poder de las mujeres implica su autodeterminación, y esto significa librarse de todo el peso de la sociedad paternalista. —Germaine Greer[7]

¿Puedes identificar que está mal con estas oraciones? ¿Contienen alguna de las mismas mentiras engañosas que Eva creyó? En la lista de abajo, marca las ideas erróneas que tienen en común:

- ☐ ¡Yo sé más que Dios!
- ☐ ¡Tengo el derecho! ¡Tengo el poder! ¡Tengo el potencial!
- ☐ ¡Puedo decidir por mí misma!
- ☐ ¡Lo hare a mi manera!
- ☐ ¡Puedo arreglar el problema por mí misma!
- ☐ ¡No es mi culpa!
- ☐ Es la mujer contra el hombre; yo en contra de él.

En estos días, la mayoría de las mujeres jóvenes ponen cara cuando escuchan la palabra "feminismo" y lo desechan como noticias del pasado, igual que las botas gogó y los collares hippies que están guardados al fondo de los closets de sus madres (o abuelas). Pero aunque rechazan el rótulo, han aceptado la ideología, muchas de ellas sin darse cuenta. El feminismo se ha infiltrado en su sistema como una medicina intravenosa en un paciente inconsciente.

El feminismo, como movimiento cultural, se ha debilitado. Esto no quiere decir que se haya acabado. Al contrario, la única razón por la que el movimiento feminista parece haberse debilitado es porque ha sido muy exitoso. El feminismo ha pasado de ser un movimiento a una mentalidad predominante de las masas. Casi toda mujer es feminista en mayor o menor grado.

La semana que viene, hablaremos más acerca del movimiento feminista y algunas de las formas en que los ideales contemporáneos de la feminidad en nuestra cultura difieren del ideal de Dios. Pero ahora, regresaremos una última vez a Génesis, para obtener una vislumbre de la solución de Dios para los problemas de la relación entre el hombre y la mujer.

la solución de Dios

Lee Génesis 3:20-23 al margen. ¿Qué hizo Adán después de haber oído la sentencia de Dios sobre su pecado? ¿Por qué crees que hizo esto?

_____

_____

_____

¿Qué señales de redención, esperanza y gracia ves en este pasaje bíblico?

_____

_____

_____

Este pasaje bíblico es la conclusión de una escena sombría en la cual Dios pronunció una sentencia y anunció que la relación entre el hombre y la mujer estaría llena de dolor. El hombre sentiría dolor. La mujer sentiría dolor.

> "Y llamó Adán el nombre de su mujer, Eva, por cuanto ella era madre de todos los vivientes. Y Jehová Dios hizo al hombre y a su mujer túnicas de pieles, y los vistió… Y lo sacó Jehová [al hombre] del huerto del Edén, para que labrase la tierra de que fue tomado".
>
> **Génesis 3:20-23**

Sin embargo, esta escena no carece de esperanza. Entrelazada en la maldición a la Serpiente, Dios promete un Salvador. Entonces Dios llama al hombre "Adán" (3:17). No es hasta después de la caída, que Dios usa este nombre adecuado para él. El nombre es una señal que apunta a Jesucristo, el ultimo Adán (1 Co. 15:45), el que liberaría a la humanidad de las horribles consecuencias del pecado.

Adán sigue el liderazgo de Dios. Se dirige a su esposa y la llama Eva ("madre de todos los vivientes"); nos sorprende la elección de ese nombre, porque él sabía que "la paga del pecado es muerte". Parece que Adán sintió la esperanza que había en las palabras de Dios. De tal manera que le extendió la mano a su esposa en fe de que podían ser redimidos y que juntos podrían aún ser fructíferos y engendrar vida.

Y después, para sellar el pacto, Dios hizo algo increíble: "y Jehová Dios hizo al hombre y a su mujer túnicas de pieles, y los vistió" (3:21). ¡Vaya! ¡Qué poderoso símbolo de la gracia de Dios! Los delantales de hojas que habían confeccionado ellos eran insuficientes. La humanidad no puede cubrir su propio pecado. Pero Dios hizo lo que ellos no pudieron hacer. Derramó la sangre de un animal inocente (¿un cordero?) y los vistió.[8] *Él* cubrió el pecado y la vergüenza de ellos.

¿Puedes ver el simbolismo aquí? ¿Puedes ver un rayo de esperanza? Por nuestra propia cuenta, nunca podríamos corregir la relación entre el hombre y la mujer. Nuestras "hojas" son insuficientes. Pero Jesús —el cordero de Dios— está dispuesto y es capaz de cubrir nuestro pecado y vestirnos con Su justicia. Él puede corregir la masculinidad y la feminidad. El paraíso se perdió. Pero a través de Jesucristo —y solo a través de Él— puede restaurarse.

de la teoría
a la práctica…

la batalla de los sexos

para asimilar:

El video de la semana cinco te ayudará a asimilar las lecciones de esta semana. Encontrarás este video en inglés con subtítulos en español en http://dotsub.com/view/user/hleah101. También hay otros recursos disponibles en www.avivanuestroscorazones.com.

para reflexionar:

Piensa en las siguientes preguntas. Debátelas con tus amigas, tu familia o en un grupo pequeño:

1. ¿Qué falló en el comportamiento de Adán y Eva durante la interacción de Eva con la Serpiente?

2. ¿Cuál es la consecuencia del pecado específica para el sexo femenino? ¿Cuál es la consecuencia del pecado específica para el sexo masculino? ¿Cómo presentó Génesis 3:16 la batalla de los sexos?

3. ¿Cómo afecta el pecado a la inclinación de la mujer a vivir según su diseño divino? ¿Cómo afecta a la inclinación del hombre a vivir según su diseño divino?

4. Vuelve a leer el resumen de la sentencia del pecado sobre la mujer (pp. 140-141). Describe de qué forma has experimentado personalmente la dolorosa realidad de esta sentencia.

5. ¿Son los hombres responsables del problema del dolor y descontento de la mujer? ¿Cuál es el peligro de ver al hombre como "el enemigo"?

6. ¿Por qué crees que el movimiento feminista alentó a las mujeres a vivir la feminidad a su manera? ¿Por qué la eliminación o autodefinición de los roles de género no son la solución al dolor de la feminidad?

7. ¿Te ha incitado alguna vez el dolor de la feminidad a culpar, ir en contra o desvalorizar la masculinidad? ¿Cómo podemos combatir las injusticias hacia la mujer sin demonizar al hombre?

para personalizar:

Utiliza la siguiente hoja en blanco para escribir tus notas sobre lo que aprendiste esta semana. Escribe tus comentarios, tu versículo favorito o un concepto o cita que haya sido particularmente útil o importante para ti. Compone una oración, una carta o un poema. Apunta notas sobre el video o la sesión de tu grupo pequeño. Expresa la respuesta de tu corazón a lo que has aprendido. Personaliza las lecciones de esta semana de la manera que más te ayude a poner en práctica lo que aprendiste.

personalízalo

de la teoría
a la práctica…

escuchen mi grito

Tomadas del brazo, un par de amigas de la secundaria y yo (Mary), íbamos por los pasillos de la escuela, cantando a viva voz la exitosa canción de 1972, "Soy mujer", de Helen Reddy. Las palabras de la canción resumían nuestra resolución. ¡Éramos fuertes! ¡Éramos invencibles! ¡Éramos mujeres! ¡Nuestros gritos eran muy fuertes, imposibles de ignorar! ¡Nuestra sabiduría venía de nuestro dolor! ¡Ningún hombre nos volvería a oprimir jamás! ¡Habíamos pagado el precio! ¡Podíamos enfrentar lo que sea! Estábamos cara a cara frente a la feminidad. Y estábamos seguras de que seríamos la primera generación de mujeres que entenderían correctamente el significado de la feminidad.

A medida que pasaban los años de nuestra generación, luchamos por nuestros derechos, nuestra profesión y un nombre propio. Desechamos cualquier relación o responsabilidad que nos reprimiera. Desplazamos al matrimonio, la maternidad y el cuidado de la casa del primer lugar de nuestras prioridades al último, o directamente los eliminamos de nuestra lista. Después de todo, estábamos mucho más informadas que nuestras hermanas del pasado. El mundo se centraba en los hombres, pero ahora era nuestro turno. Haríamos escuchar nuestras demandas.

Decidimos que el rol de esposa estaba totalmente pasado de moda. Los Ángeles de Charlie parecían mucho más estimulantes. Así que redefinimos los límites. Cambiamos las reglas en la relación entre el hombre y la mujer. Atacamos con enojo y pretensiones de superioridad el dominio del hombre. Nos volvimos chillonas, demandantes y agresivas. Combatimos valientemente las definiciones tradicionales del género y la sexualidad. Cambiamos el modelo tradicional de feminidad por uno más liberal. Creímos en la promesa de las feministas de que la mujer encontraría la felicidad y la satisfacción cuando definiera su propia identidad y decidiera por sí misma de qué se trata la vida de la mujer.

La transformación sucedió muy rápido. En 1966, veintiocho mujeres se reunieron en la habitación de hotel de Betty Friedan para crear la Organización Nacional para Mujeres (en inglés NOW). Aproximadamente unas cien mujeres participaron de la protesta de 1968 en el concurso de Miss Estados Unidos y las manifestaciones que siguieron. Pero para 1970, veinte mil personas marcharon solidariamente en la histórica huelga de Nueva York por la igualdad. Y ahí fue cuando el movimiento explotó.

Para 1972, millones tarareaban el himno "Soy mujer". A mediados de 1970, la mayoría de las estudiantes que asistía a escuelas seculares recibía la enseñanza del pensamiento feminista. Los programas de estudios y cursos para mujeres crecieron exponencialmente. Los análisis centrados en la mujer estaban presentes en casi cada disciplina. En las escuelas primarias se enseñaba a las niñas en el feminismo con un nuevo plan de estudios y nuevos libros de texto sin distinción de sexo. Incluso los niños menores eran bombardeados con programas infantiles o dibujitos animados donde presentaban un nuevo paradigma de género neutral con el lema: "libres para ser tu y yo".

Los problemas de las mujeres se volvieron temas de conversación en la política, con legisladores que intentaban promover la enmienda por los derechos a la igualdad, derechos al aborto, derechos a la reproducción, derechos al divorcio, discriminación positiva, igualdad de sueldo, guarderías públicas y otros esfuerzos de "promover" los derechos de las mujeres. Se invirtieron billones de dólares para fomentar el feminismo. El gobierno estableció comisiones presidenciales y comisiones estatales y toda clase de comisiones sobre la condición de la mujer. Las investigaciones feministas, las publicaciones feministas, los grupos feministas y el feminismo crecieron como moscas de la fruta en una fuente de plátanos fermentados.

Los esfuerzos por transformar el feminismo funcionaron. Hoy día, una hija criada en el nuevo milenio acepta con entusiasmo a las Chicas Poderosas. Las bandas para chicas como las Spice Girls, Riot Grrrls y artistas como Madonna, Lady Gaga y Katy Perry hacen alarde de sus derechos de autodefinirse.

Aceptaron el poder y la libertad sexual y su derecho a redefinir el género *al besar a una chica* y deleitarse en eso: gay, heterosexuales o bisexuales, lesbianas, transexuales, todo se acepta. Las mujeres tienen el derecho de elegir.

El ideal feminista que antes era considerado marginal o radical se ha convertido en una corriente dominante. Es el aire que respiramos. Hoy día las más jóvenes no pueden recordar una época cuando las cosas eran diferentes. Dan por hecho que ser mujer significa autodefinirse: ser descarada, independiente, enfocada en la profesión, ambiciosa, agresiva, sexual, desafiante, poderosa y fuertemente individualista.

Betty Friedan concluyó la huelga por la igualdad de 1970 con esta violenta predicción: "Después de esta noche, los políticos de esta nación nunca serán los mismos… no hay hombre, mujer o niño que pueda escapar a la naturaleza de nuestra revolución".[1] Sus palabras fueron proféticas. La revolución feminista transformó la perspectiva de la feminidad, la maternidad, el matrimonio y la moralidad de nuestra cultura. No hay hombre, mujer o niño que no haya sido afectado por esto. En una sola generación, todo cambió. →

Te estarás preguntando: "¿Por qué un estudio bíblico para mujeres está criticando el feminismo?". "¿Acaso todo acerca del feminismo está mal?". "¿Acaso no tenemos que agradecerle al feminismo muchas de las libertades y los derechos que las mujeres disfrutan ahora?". O tal vez te preguntes: "¿No es el feminismo cosa del pasado? ¿Qué tiene que ver todo esto con un estudio sobre la verdadera feminidad?".

Es importante recordar que, de hecho, el feminismo es un "–ismo", como el ateísmo, el humanismo, el Marxismo, el existencialismo o el postmodernismo. El "ismo" indica que estamos hablando de una teoría filosófica, una doctrina, un sistema de ideas y principios particular. El feminismo abarca mucho más que el fenómeno cultural del movimiento por los derechos de la mujer. Es mucho más que querer que la mujer tenga derecho a votar, una profesión o el derecho a abortar. Es mucho más que la idea de que la mujer debería ser valorada y que se merece dignidad y respeto. Es mucho más que insistir en que haya "justicia" en el trato hacia cada sexo. El feminismo es una forma distinta de ver el mundo con sus propias ideologías, valores y puntos de vista.

¿Identificó el feminismo algunos problemas válidos? Sí. ¿Propuso ciertos cambios beneficiosos? Probablemente sí. ¿Podemos aceptar el feminismo junto con nuestra fe cristiana? En absoluto. ¿Por qué no? Porque introduce una leve (y a veces no tan leve) distorsión en la forma en que nos referimos al género y la relación entre el hombre y la mujer. Si bien contiene algo de verdad, también contiene mentiras poderosas y destructivas. Y de esa manera, ataca la misma imagen de Dios y una imagen terrenal sobre la cual Dios escogió manifestar la historia de la redención. Básicamente, la filosofía feminista es incompatible con el evangelio.

El feminismo está basado en la premisa equivocada. Presupone que el "patriarcado" es la causa principal del sufrimiento de

> *"Airaos, pero no pequéis; no se ponga el sol sobre vuestro enojo, ni deis lugar al diablo… Quítense de vosotros toda amargura, enojo, ira, gritería y maledicencia, y toda malicia. Antes sed benignos unos con otros, misericordiosos, perdonándoos unos a otros, como Dios también os perdonó a vosotros en Cristo".*
>
> **Efesios 4:26-27, 31-32**
>
> *"Mirad bien, no sea que alguno deje de alcanzar la gracia de Dios; que brotando alguna raíz de amargura, os estorbe, y por ella muchos sean contaminados".*
>
> **Hebreos 12:15**

la mujer. Propone la solución equivocada. Dice que la mujer tiene el derecho, el conocimiento y el poder de redefinir y rectificar la relación entre el hombre y la mujer. Está incentivada por la actitud equivocada. Fomenta el enojo, la amargura, el resentimiento, la independencia, la arrogancia y una rivalidad de las mujeres contra los hombres. Exalta los valores equivocados. Idealiza el poder, el prestigio, los logros personales y las ganancias financieras por sobre el servicio, el sacrificio y la humildad. Desvaloriza la masculinidad. Desvaloriza la moralidad. Desvaloriza el matrimonio. Desvaloriza la maternidad. En resumen, el feminismo promueve puntos de vista que se oponen a la Palabra de Dios y a la belleza del orden que Él creó.

¿Crees que la filosofía del feminismo es básicamente incompatible con la fe cristiana? ¿Por qué sí o por qué no?

La razón por la que necesitamos hablar del feminismo es porque nuestra cultura defiende y promueve una definición feminista de la feminidad. La palabra "feminista" podría causarte tedio o fastidio. Tal vez no te identifiques como una feminista. Tal vez nunca fuiste a un grupo de concientización, o participaste del día para "llevar a tu hija al trabajo", o marchaste en un desfile en contra del abuso o hiciste algo especial en reconocimiento al mes de la historia de la mujer. Puede que nunca hayas escuchado un discurso feminista o leído un libro feminista. Pero, de todos modos, sin duda esta filosofía ha influenciado tus ideas acerca de la feminidad. Y es importante para ti que consideres cómo ocurrió.

¿Puedes identificar alguna forma en que el feminismo haya influenciado o formado tus actitudes, tus valores, tu comportamiento o tu punto de vista acerca de la feminidad?

---

el "clic" feminista

Un artículo del primer número de la revista feminista *MS* de Gloria Steinem describe cómo una mujer se convierte a la causa feminista cuando experimenta el "clic" y se da cuenta de que el privilegio del hombre (patriarcado) es el responsable de la desdicha de la mujer. Se le prende el foco —toma conciencia— cuando se enoja al ver que el hombre es el sexo privilegiado y que a las mujeres siempre les toca la peor parte.

"¿Por qué yo tengo que limpiar el baño, mientras tú te sientas tranquilo a ver partidos de fútbol?." ¡CLIC! "¿Por qué quieres que nos mudemos por el bien de tu carrera, cuando no estás dispuesto a hacerlo por el bien de la mía?". ¡CLIC! "¿Por qué soy yo la que tiene que quedarse en casa cuando los niños están enfermos?". ¡CLIC! "¿Por qué cuando haces los quehaceres domésticos, dices que estás "ayudando" en la casa?". ¡CLIC! "¿Por qué las mujeres deben cambiar de apellido cuando se casan y los hombres no?". ¡CLIC! "¿Por qué en el comercio sexual, los hombres son los que trafican y las niñas son una mercancía explotada?". ¡CLIC! "¿Por qué la mayoría de los directores ejecutivos son hombres?". ¡CLIC!

> *"Porque la ira del hombre no obra la justicia de Dios".*
>
> **Santiago 1:20**

Vuelve a pensar en las consecuencias de la caída y explica por qué es legítimo que las feministas digan que el "patriarcado" (el dominio del hombre) es responsable de la desdicha de la mujer.

_____

_____

Ahora explica por qué culpar al "dominio del hombre" socaba sutilmente lo que la Biblia enseña acerca del diseño divino de Dios para el hombre y la mujer.

_____

Tal vez recuerdes haber leído acerca de "Nicole" en la semana uno. Nicole decía que había experimentado el *clic* feminista y que hacía varios años que estaba enojada con los hombres. Pero mientras escuchaba a las oradoras de la conferencia de Mujer Verdadera, experimentó otro *clic* más poderoso. Su nuevo descubrimiento fue que el propósito de la masculinidad y la feminidad era demostrar la historia del evangelio; y que el pecado es el responsable de poner en contra a hombres y mujeres y desfigurar la belleza del diseño divino de Dios.

En lugar de enojo, este *clic* la llevó al arrepentimiento. Nicole se arrepintió de la dureza de su corazón, de su amargura, su espíritu rebelde, sus intentos de manipulación y control y de haber aceptado las ideas del feminismo y contribuir al problema.

Los momentos *clic* del feminismo les echa la culpa a las diferencias del "patriarcado" e incita al enojo en contra de los hombres. De hecho, una de las herramientas básicas del primer movimiento feminista fue la técnica de "producir conciencia". El lema de esta técnica es: "Habla amargura para recordar amargura; habla dolor para recordar dolor". En otras palabras, si puedes hacer que una mujer hable de su dolor, las mujeres que escuchen se identificarán con ella y, a su vez, recordarán y hablarán de su propio dolor. Hablar del enojo y la amargura de un sitio a otro hace que estos sentimientos crezcan y se conviertan en una poderosa herramienta que convoca a las mujeres a la causa feminista.

El primer movimiento feminista produjo amargura y descontento en toda una generación de mujeres, muchas de las cuales jamás se habían visto antes como víctimas oprimidas. Esas semillas echaron raíces y dieron una gran cosecha de mujeres enojadas, que intentaban reparar el maltrato recibido por los hombres y una cultura dominada por ellos.

¿Cuál es el problema con el enojo? Lee los pasajes bíblicos que se encuentran al margen de la página anterior. Haz una lista de las razones por las que el enojo puede ser contraproducente.

_____

_____

¿Recuerdas cómo (Mary) reaccioné cuando supe que un amigo mío había engañado a su esposa? Me enojé y quería ir a gritarle en la cara. El enojo es una respuesta emocional natural, pero peligrosa. Existe algo como el enojo justificado. El enojo no es un pecado, pero si está mal dirigido o se prolonga, puede llevar al pecado.

Para Nicole, ¿qué respuesta era la más indicada para el beneficio de sus relaciones? ¿Acaso era su enojo hacia los hombres por la manera en que le habían fallado? ¿O su arrepentimiento por la manera en que ella había fallado? ¿Por qué?

_____

_____

¿Estás enojada con algunos hombres por la manera en que te han tratado? Según Santiago 1:20, ¿cómo quiere Dios que respondas? ¿Cómo te ayuda el evangelio de Cristo a responder de esa manera?

_____

_____

uando en 1968 Miss Estados Unidos desfiló en vestido de noche y traje de baño a pedido de los *hombres*, las feministas afirmaron que era una mujer "explotada". Pero cuando Miss Estados Unidos 2010 posó para una sesión de fotos que parecía pornografía y repudió las convenciones sociales para participar y ganar en un concurso de baile del tubo (*pole dancing*) —y lo hizo bajo el pretexto de la libertad, el poder y el derecho a autodefinirse como *mujer*—, ninguna organización feminista protestó, ni hicieron desfilar a ninguna oveja, no pusieron un bote de basura, no dijeron ni una palabra.

¿Qué podían decir? Esta joven estaba aceptando y viviendo los valores centrales del feminismo. Dado el sistema de creencias feminista, no tuvieron otra opción que admitir que su comportamiento inmoral y descarado les daba "poder".

Las jóvenes de hoy tienen la idea de que la lascivia sexual las hace sentir poderosas. La revista de noticias *Newsweek* lo ha denominado "el efecto chicas salvajes".[2] El apodo viene del imperio de videos de Chicas Salvajes de Joe Francis, que construyó al visitar playas, clubes nocturnos y fiestas en todo Estados Unidos y hacer que las muchachas universitarias exhiban su cuerpo solo para ganar una apuesta o una camiseta. Cuando le preguntaron por qué creía él que miles de mujeres estaban dispuestas a exhibirse ante las cámaras y ganarse el calificativo de objeto a cambio de una gorra y una camiseta, Francis simplemente dijo: "Las hace sentir poderosas. Las hace sentir libres".[3]

Joe Francis ve el fenómeno de Chicas Salvajes como la expresión definitiva del feminismo. Muzi Mei, la Carrie Bradshaw de Beijing, que se volvió famosa al escribir acerca de sus conquistas sexuales, está de acuerdo. Ella le dijo a un reportero: "Yo expreso mi libertad a través del sexo. Es mi vida y puedo hacer con ella lo que quiera".[4] Otras jóvenes feministas de la tercera ola revelan que cuando "se exhiben sexualmente, sienten que tienen poder mientras que los hombres pierden su poder".[5]

Debido a que el feminismo convoca a las mujeres a renunciar a las restricciones tradicionales judeocristianas y a definirse como ellas quieren, la sociedad ahora piensa que es aceptable, incluso *bueno,* que las mujeres sean "malas". Hoy las chicas son bombardeadas con la idea de que es bueno ser atrevida; que para ser una buena mujer necesita tener un poco de maldad. La línea entre lo bueno y lo malo ya casi ha desaparecido.

Aunque nuestra cultura alienta a las mujeres a transgredir los límites, la Biblia es clara con respecto al buen y el mal comportamiento. No promueve la idea de que ser mala es algo bueno.

En Proverbios 7, un padre le da a su hijo instrucciones de cómo reconocer a una "chica mala". Su moraleja nos da una imagen de la típica chica salvaje. En esta historia en particular, se la presenta como una mujer joven, casada, y religiosa; una típica mujer promedio y común y corriente que podrías encontrar en la iglesia. Pero ella podría ser cualquier mujer: joven, adulta, soltera, casada, divorciada, viuda, sin hijos; una madre, una adolecente, una abuela… o quien sea.

El punto de esta historia no es su edad o su estado civil, sino las características insensatas ("salvajes") que ella muestra. Como pronto verás, estas características las puede mostrar una mujer de cualquier edad, estado civil y etapa de su vida.

Lee Proverbios 7:5-27 sobre "la mujer ajena" en tu Biblia. Abajo anota algunos comportamientos y características de la chica salvaje que sobresalen para ti en esta historia.

_____

_____

¿Qué revelan estas cualidades sobre el corazón de la chica salvaje y su relación con el Señor?

_____

_____

La chica salvaje de Proverbios 7 obviamente trataba de mantener sus citas amorosas en secreto. Se hubiera avergonzado si los demás se enteraban de su conducta. En nuestra cultura, las cosas son muy diferentes. Anteriormente, las personas fruncían el ceño ante la idea de que una mujer tuviera un comportamiento salvaje; pero ahora apoyan su decisión de ser así; de hecho, las alientan a mostrar orgullosamente su lado atrevido.

¿Cómo se compara la descripción de la "chica mala" de Proverbios 7 con el ideal del feminismo de hoy? Marca si crees que **nuestra cultura** considera que es una cualidad **D**eseable, **A**ceptable o **I**naceptable cada descripción de la mujer.

	D	A	U
Se burla de lo que se considera "decente".			
Se viste provocativamente.			
Es astuta y manipuladora.			
Insiste en salirse con la suya.			
Es desafiante y rebelde.			
Detesta/desprecia los quehaceres del hogar.			
Quiere estar fuera de su casa, donde esté la acción.			
Es la que toma la iniciativa en la relación con un hombre.			
Es insinuante.			
Es osada sexualmente.			
Es atrevida y descarada.			
Es espiritual, pero establece sus propias normas.			
Persigue lo que quiere, aunque transgreda los límites.			
Es obsesiva por comprar cosas de marca.			
Es sensual y no tiene ningún tabú sexual.			
Se siente con derecho a gratificarse a sí misma.			
Culpa a su hombre por las faltas que comete.			
Se venga de él, si la lastima.			
No tiene en mucha estima al matrimonio.			
Ha tenido varias parejas sexuales.			
Rebaja a los hombres.			
Es una mujer seductora que puede controlar fácilmente a un hombre.			

¿Qué sacas en conclusión de la comparación del ideal bíblico de la feminidad con el ideal de hoy?

_____

_____

Cuando (Nancy) leí Proverbios 7, en mi mente puede ver a mujeres que conozco, que aunque van a la iglesia y se consideran creyentes, han tomado decisiones más congruentes con la forma de pensar del mundo, que con la Palabra de Dios.

Pienso en la mujer casada con la que hablé de su relación con un colega del ministerio cristiano donde ella trabajaba. O la madre de seis hijos que me escribió una nota en una de mis conferencias, donde me contó que pasaba de doce a dieciocho horas al día en la computadora, y que estaba considerando abandonar a su familia por un hombre que conoció por Internet.

> *"Sus pies descienden a la muerte, sus pasos conducen derecho a la tumba. Pues a ella no le interesa en absoluto el camino de la vida. Va tambaleándose por un sendero torcido y no se da cuenta".*
>
> **Proverbios 5:5-6**
> **(NTV)**

Pienso en las mujeres que han sido influenciadas por el modelo de feminidad del mundo. Les falta discernimiento y discreción; no ven nada malo con ser insinuantes, usar un lenguaje vulgar o sugerente, mantener comunicación secreta con ex novios a través de Facebook, usar ropa con transparencias que dejan entrever partes privadas de su cuerpo o con varios otros patrones "salvajes". En algunos casos, no saben qué enseña la Biblia. En otros casos, les interesa más amoldarse al mundo, que honrar y reflejar al Señor.

Algunas de ellas ya han destruido su vida y la vida de otros; otras, van rumbo a esa destrucción.

Según Proverbios 5:5-6, ¿por qué se desvió por el mal camino esta chica salvaje?

_____

_____

¿Qué clase de influencia tiene la vida de esta chica salvaje en la vida de otros (su esposo, otros hombres, otras mujeres, sus hijos)?

_____

_____

Examina las descripciones de la chica salvaje de la página anterior. Marca alguna característica que tú tengas.

→ **Si expresa el deseo de tu corazón**, pídele al Señor que te transforme en una mujer sabia en todas las áreas de tu vida.

El banquete de Judy Chicago es un icono muy famoso del arte feminista. Se exhibió por primera vez en San Francisco en 1979 y recorrió 16 exposiciones en seis países de tres continentes, con una audiencia de más de un millón de espectadores. Desde 2007 ha estado en exhibición permanente en el Centro de Arte feminista Elizabeth A. Sackler del museo de Brooklyn en la ciudad de Nueva York.

La exposición de Chicago consiste en una gran mesa de banquete en forma de un triángulo equilátero. El triángulo simboliza a la mujer. Los lados equiláteros simbolizan la igualdad. En cada lado hay trece lugares. El número hace burla a una de las cenas más famosas: la última cena que Cristo tuvo con sus doce discípulos. Chicago dijo que quería reinterpretar ese suceso solo de hombres, para que las mujeres, no los hombres, fueran las invitadas de honor.

Cada uno de los treintainueve arreglos de mesa muestran gráfica y perversamente partes íntimas del cuerpo de mujeres notables de la historia y la mitología, que van desde una diosa muy importante hasta la pintora Georgia O´Keefe. La mesa está puesta sobre un piso blanco de cerámica, donde están grabados en oro 999 nombres de otras mujeres. Según la diseñadora: "*El banquete* representa la creencia y esperanza de que alguna vez se restablecerá en la tierra el respeto por el feminismo, el balance de la existencia del ser humano y que todo volverá a ser como en el Edén".[6]

La decisión de Chicago de sentar a mujeres en una mesa es un símbolo de lo que pasa cuando las feministas se juntan con amigas para desahogarse, alimentar su amargura y planificar cambios políticos. Las cenas de mujeres eran poderosas herramientas para concientizar a otras mujeres y fomentar la causa feminista. Chicago esperaba que "*El banquete*" convenciera a las personas de aceptar la invitación a la vida real del

"La sabiduría edificó su casa, labró sus siete columnas. Mató sus víctimas, mezcló su vino, y puso su mesa. Envió sus criadas; sobre lo más alto de la ciudad clamó. Dice a cualquier simple: Ven acá. A los faltos de cordura dice: Venid, comed mi pan, y bebed del vino que yo he mezclado. Dejad las simplezas, y vivid, y andad por el camino de la inteligencia".

Proverbios 9:1-6

"El temor de Jehová es el principio de la sabiduría, y el conocimiento del Santísimo es la inteligencia".

Proverbios 9:10

feminismo. Ella esperaba que aceptarían sentarse a la mesa del feminismo y trabajar para liberar al mundo del patriarcado y entregar el poder en las manos seguras de las mujeres. Ella prometió que si lo hacían, ¡estarían ayudando a crear el paraíso!

El tema de la cena trae a mi mente a dos mujeres de la Biblia que también estaban ansiosas de que las personas asistieran a su reunión. Dos capítulos después de la historia de la chica salvaje de Proverbios 7, la Señorita Sabia, como la personificación de la sabiduría, extiende una invitación a las mujeres para que asistan a su banquete. Pero su banquete no es el único, ni el más festivo de la ciudad. La Señorita Salvaje también está haciendo una gran fiesta. Ella quiere que las mujeres acepten su invitación. La Señorita Salvaje promete que en su mesa la pasarán súper bien.

Lee Proverbios 9:1-6, 10, 13-18 en tu Biblia. Al final de cada invitación, completa el espacio donde indica si la invitación es de la Señorita Sabia o Salvaje.

Estás invitada...

La comida del banquete está lista: cordero asado, las bebidas están servidas, la mesa está puesta con vajilla de plata y flores. ¿Estás confundida en la vida? Ven a cenar conmigo. He preparado muchas cosas. ¡Deja tu pobre confusión y vive! Camina hacia una vida con significado. El temor a Dios te ayudará a vivir bien. Recibirás el verdadero entendimiento de conocer a un Dios santo.

Señorita _____

Estás invitada...

¿Estás confundida en la vida, no sabes qué está pasando? ¡Ven conmigo; te enseñaré a divertirte! No te preocupes de todas esas reglas ridículas que te "prohíben comer". ¡Solo disfruta! Tú mereces divertirte. Recuerda: "Lo que pase en la fiesta se queda en la fiesta". Nadie lo sabrá. Yo te garantizo que pasarás el mejor momento de tu vida.

Señorita _____

¿Qué fiesta parece más divertida? ¿Por qué?

_____

_____

Judy Chicago no contó a Jesús entre sus invitados. No lo quería sentado a su mesa. La Señorita Salvaje hace lo mismo. Lo primero que podemos ver en la invitación de la Señorita Salvaje en Proverbios 9:13-17 es que no hace mención del Señor; lo deja completamente fuera de la escena. Ella quiere que sus invitados prueben de todo sin Su interferencia.

La segunda cosa que podemos ver es que su invitación es bastante indefinida. La Señorita Salvaje no dice exactamente qué hay en el menú. Ella trata de provocar la imaginación de sus huéspedes al hacerles ver que su antojo "prohibido" será dulce, placentero y gratificante, como el mendigo hambriento que satisface su deseo con el pan y agua que hurta. "Agua hurtada" es una referencia encubierta al sexo ilícito. La Señorita Salvaje hace una misteriosa y sensual invitación en la cual apela a las pasiones de sus invitados, a su sentido de merecimiento y derecho a gratificarse.

El versículo 13 menciona tres características de la Señorita Salvaje.

- Es alborotadora
- Es seductora
- Es ignorante

> *"La mujer insensata es alborotadora; es simple e ignorante. Se sienta en una silla a la puerta de su casa, en los lugares altos de la ciudad, para llamar a los que pasan por el camino, que van por sus caminos derechos. Dice a cualquier simple: Ven acá. A los faltos de cordura dijo: Las aguas hurtadas son dulces, y el pan comido en oculto es sabroso. Y no saben que allí están los muertos; que sus convidados están en lo profundo del Seol".*
>
> **Proverbios 9:13-18**

"Alborotadora" significa que es revoltosa. Hace mucho ruido y llama la atención; es escandalosa, está sujeta a fuertes e intensos cambios de humor. "Seductora" significa que no tiene ningún freno ni sabe contenerse; es sensual y persuasiva. "Ignorante" significa, literalmente, que "no sabe lo que está bien y es correcto"; es obstinada y persistente en su ignorancia; ignora irreflexivamente las consecuencias de su conducta.

Con base en estas características, ¿cómo crees que la Señorita Salvaje intentará convencerte de asistir a su banquete? Marca todas las oraciones que creas correctas.

- ☐ Buscará llamar mi atención.
- ☐ Me estará insistiendo constantemente.
- ☐ Jugará con mis emociones.
- ☐ Me manipulará e intentará convencerme.
- ☐ Será extremadamente persuasiva y tentadora.
- ☐ Me hará ver el pecado como algo fascinante y agradable.
- ☐ Será sincera y directa.
- ☐ Me ocultará cosas expresamente y me engañará.

La Señorita Salvaje persuade a sus invitados a asistir a su fiesta de la misma manera en que Satanás persuadió a Eva. Satanás convenció a Eva de que la insensatez era atractiva, inofensiva y muy prometedora. "¡Nada malo va a pasar!".

Esta podría ser la mayor mentira de Satanás acerca del pecado. Dios le dijo a Adán: "del árbol no comerás; porque el día que de él comieres, ciertamente morirás" (lee Gn. 2:17). La orden era clara: "no comerás". La consecuencia de la desobediencia era igualmente clara: "morirás."

Después que Satanás cuestionó la bondad de Dios al haber dado semejante orden, y la legitimidad del derecho de Dios de controlar la vida de Eva, pasó a cuestionar también las consecuencias. Lo hizo con un ataque directo y frontal a la Palabra de Dios: "No moriréis" (Gn. 3:4).

La razón por la cual las mujeres desobedecen a Dios y se van de fiesta con la Señorita Salvaje es porque creen que pueden salir ilesas. El enemigo nos hace creer:

- "Esto no me traerá problemas".
- "Lo puedo controlar".
- "Nadie se enterará".
- "No cosecharé lo que siembre".
- "Mis decisiones no tendrán consecuencias negativas".
- "Puedo jugar con fuego y no quemarme".

Debemos seguir recordando que Satanás es un mentiroso. Él nos dice que la insensatez es divertida, deseable, placentera, gratificante, fascinante y estimulante; y, sobre todo, que no nos lastimará. Pero es una mentira.

Según Proverbios 9:18, ¿qué les pasa en realidad a quienes aceptan la invitación de la Señorita Salvaje?

La invitación de la Señorita Salvaje es convincente y atrayente. La insensatez parece ser inofensiva y muy divertida. Pero la verdad es que decir que sí, te matará lentamente por dentro. Te llevará a una muerte espiritual.

→ **Cierra la lección de hoy con una oración**. Pídele al Señor que perdone las veces que has probado lo que hay en la mesa de la Señorita Salvaje. Pídele que te dé el discernimiento y la fuerza para decir que no a futuras invitaciones y, en cambio, responder a la invitación de la Señorita Sabia.

"Las chicas listas obtienen más" es una campaña muy exitosa, que promueve la revista más vendida para mujeres, *More,* en el Reino Unido. Este mensaje se anuncia en carteleras, autobuses, comerciales de TV y radio, actividades de patrocinio y competencias. Bombardea a las mujeres británicas con la idea de que si son listas, obtendrán *más:* más hombres, más sexo, más chismes de celebridades, más belleza, más moda, más productos, más delicias y, por supuesto, más revistas que les briden toda la última y mejor información sobre estos placeres. "¡Porque las chicas listas obtienen más!".

Ayer comparamos dos invitaciones para un banquete: una de la Señorita Sabia y otra de la Señorita Salvaje. La Señorita Salvaje da toda clase de pistas seductoras acerca de lo increíble que será su fiesta salvaje. Pero aunque es persuasiva, sus palabras están vacías. Y, al final, también lo estará su mesa. La verdad es que ella no tiene comida. No tiene nada preparado. Sus invitados tendrán que hurtar agua y pan para satisfacer su hambre y su sed. La Señorita Salvaje no gastará ni un centavo para alimentarlos. No levantará un dedo para servirles.

Y no solo eso, sino que por conveniencia no les cuenta a sus invitados acerca de todos los huéspedes anteriores que pasaron por su mesa, cuyos viejos esqueletos colecciona. La Señorita Salvaje no tiene riquezas que le permitan mantener su estilo. Su cena es falsa. ¡Apesta! Hiede a muerte.

La Biblia dice que la chica que responde a la Señorita Sabia obtiene mucho más que la mujer que responde a la invitación de la Señorita Salvaje. La realidad es que "las chicas sabias obtienen más" de lo que realmente importa en esta vida y la venidera. Proverbios 9 describe todo lo que hace la Señorita Sabia para preparar el banquete para sus invitados. Ella edifica una casa espaciosa de siete columnas labradas a mano. Ofrece carne de sus campos, una selección de vinos de su bodega, pan recién salido del horno. Se esmera en poner la mesa y en decorarla. Pasa días en la cocina preparando sus recetas favoritas. Trabaja duro. Piensa en cada detalle. No repara en gastos. Quiere que sus invitados disfruten el mejor y más gratificante banquete de sus vidas.

Hoy veremos otro pasaje que nos muestra un poco más cómo es la Señorita Sabia. Lee Proverbios 8:1-21 y responde las siguientes preguntas.

¿Por qué deberías confiar en/escoger a la Señorita Sabia y no a la Señorita Salvaje (vv. 6-11)?

_____

_____

¿Cuáles son las cuatro cosas que obtendrás si te juntas con la Señorita Sabia (v. 14)?

_____

_____

Los versículos 18-21 hablan de las "riquezas" y "frutos" recibidos por aquellos que aceptan la sabiduría. Marca la clase de riquezas que puedes recibir si eliges el camino de la sabiduría.

- ☐ Un buen empleo bien remunerado, en el que te encanta trabajar.
- ☐ Inmunidad al dolor físico o graves enfermedades.
- ☐ Integridad del corazón.
- ☐ Una buena relación con Dios.
- ☐ La provisión de todo lo que quieres.
- ☐ La provisión de todo lo que necesitas.
- ☐ Una hermosa casa en un vecindario decente.
- ☐ La guía de Dios en tu vida.
- ☐ Popularidad.
- ☐ Amistades valiosas con otras personas sabias.
- ☐ Un esposo e hijos piadosos.
- ☐ Discernimiento
- ☐ Prudencia
- ☐ Un excelente seguro médico y beneficios de retiro.
- ☐ Un ministerio fructífero en la vida de otros.
- ☐ El fruto del Espíritu.
- ☐ Amistad/intimidad con Dios
- ☐ Gracia para responder a personas difíciles.
- ☐ Libertad de los problemas o las aflicciones.
- ☐ Esperanza para el futuro.
- ☐ La paz de Dios.
- ☐ Una figura de modelo.
- ☐ Libertad de la culpa.
- ☐ Libertad del miedo
- ☐ Una conciencia limpia.

Necesitas ser lista cuando escuchas mensajes. La sociedad promueve una forma de pensar absolutamente feminista acerca de la feminidad. Su solución para la batalla de los sexos es la de desmantelar el patriarcado y, en el proceso, desmantelar y desacreditar el diseño divino de Dios. ¿Cómo lo hace? Convenciendo a las mujeres de que tienen el derecho de autodefinirse. Esperamos que hayas visto que esta estrategia de Satanás es tan vieja como el tiempo.

Eva cayó en esta trampa. Fue engañada por la idea de que Dios no quería lo mejor para su vida, que ella podía crear una mejor realidad y que no había nada de malo con intentarlo. No funcionó para Eva. No funcionó para la mujer insensata de Proverbios 7. Y tampoco funcionará para ti.

"Ahora, pues, hijos, oídme, y bienaventurados los que guardan mis caminos. Atended el consejo, y sed sabios, y no lo menospreciéis. Bienaventurado el hombre que me escucha, Velando a mis puertas cada día, aguardando a los postes de mis puertas. Porque el que me halle, hallará la vida, y alcanzará el favor de Jehová".

Proverbios 8:32-35

"Mas el que peca contra mí, defrauda su alma; todos los que me aborrecen aman la muerte".

Proverbios 8:36

"Porque mejor es la sabiduría que las piedras preciosas; y todo cuanto se puede desear, no es de compararse con ella".

Proverbios 8:11

La Biblia nos lo simplifica. Nos dice que si escuchamos a Dios, seremos sabias. Pero si no lo escuchamos, seremos insensatas. Y la consecuencia de mayor insensatez es mayor sufrimiento y disfunción. Solo tienes que ver la historia del feminismo para ver cómo ocurre esto. Muchas de las feministas tenían buenas intenciones. Muy en el fondo, querían encontrar la solución al antiguo problema del pecado y el dolor de la feminidad. Pero cuando se alejaron del diseño de Dios en lugar de acercarse a él, agravaron el problema que trataban de solucionar.

En octubre del 2009, la revista *Time* dedicó una artículo entero a hablar del "estado de las mujeres norteamericanas". Un escritor comentó que, irónicamente, aunque la mujer ha adquirido más educación, más libertad económica, más poder y más libertad, se ha vuelto cada más infeliz. Según el resultado de numerosas encuestas, las mujeres son más infelices en el presente, que cuando surgió el movimiento feminista con la búsqueda de una solución al problema de la infelicidad de la mujer.[7] Evidentemente, el nuevo modelo de feminidad es aún menos satisfactorio que el antiguo.

La solución no es intentar viajar en el tiempo a los años 50, y alentar a las mujeres a regresar al estereotipo de la familia tradicional. No. La solución —la solución bíblica— es aceptar la Palabra de Dios y pedirle a Él que nos ayude a saber cómo vivir conforme a Su diseño divino en *esta* cultura. Las "chicas verdaderamente listas" saben que el lugar para obtener más conocimiento, libertad y gozo es en una relación con Cristo; el Único "en quien están escondidos todos los tesoros de la sabiduría y el conocimiento" (Col. 2:3).

Lee Proverbios 8:32-35 para completar la tabla siguiente:

Si haces esto...	Este será el resultado...

Según Proverbios 8:36, ¿cuál será el resultado si no buscas la sabiduría que se encuentra en Cristo?

_____

_____

En respuesta a Proverbios 8:11, escribe una breve oración en la que le expreses a Dios tu reconocimiento del valor de la sabiduría y tu deseo de ser llena con Su sabiduría.

_____

_____

_____

Los mercados al aire libre de Tailandia ofrecen una experiencia de compras fascinante. Son coloridos, concurridos y caóticos, con un laberinto de angostos pasillos, atestados de puestos a cada lado, que venden de todo; desde vegetales, especias y frutas, hasta curiosidades elaboradas en teca, manualidades, telas y seda, y hasta calzado económico e imitaciones de marcas de diseñador.

Nunca (Mary) olvidaré cuando visité el bazar nocturno o Kad Luang (Mercado Real), en Chian Mai. Fue ahí donde descubrí por primera vez el gusto de los tailandeses por los bichos. Los enormes bichos de agua fritos son uno de los bocados populares más vendidos en Tailandia. Los vendedores callejeros también ofrecen una variedad de otros bocadillos: langostas, escarabajos, gusanos del bambú, brochetas de larva y de escorpión. La mayoría se sirven crujientes, con una leve capa de pimiento tailandés o pasta de pescado.

> *"...como Sara obedecía a Abraham, llamándole señor; de la cual vosotras habéis venido a ser hijas, si hacéis el bien, sin temer ninguna amenaza".*
>
> **I Pedro 3:6**

En uno de los puestos, una anciana mujer arrugada, con una enorme sonrisa debajo de su sombrero de bambú, trató de convencerme de que probara alguna de esas delicias. Pude ver a un hombre tailandés, que se alejaba del puesto comiendo la cabeza y pinzas de un artrópodo del tamaño de mi mano. Otro hombre se reía y hablaba mientras contaba 20 *baht* por una bolsa de saltamontes, y enseguida empezó a comérselos. Ambos hombres obviamente estaban disfrutando esas delicias crujientes. A mí, me daba mucha impresión. El solo hecho de pensar en comer esos insectos me causaba náuseas. Simplemente no podía hacerlo.

Decidí que mi aversión por comer insectos tenía poco que ver con lo rico que en realidad saben o lo nutritivo que puedan ser. Tenía que ver más con mi trasfondo familiar y mi nacionalidad. Los gusanos que tanto les gustan a los tailandeses son una pesadilla para los canadienses. Y así sucede con muchos de los bocadillos internacionales: los chinos hacen sopa de nidos de aves, los coreanos comen pulpos vivos, en indonesia beben café hecho del excremento de la civeta gatuna, en Islandia se comen el corazón crudo del frailecillo, los japoneses comen ojos de atún, los rancheros en Colorado comen ostras de la pradera (testículos de toro fritos), los camboyanos comen huevos de pato ya fertilizados con su embrión dentro y en Texas se come filetes de pollo frito (¡¿de verdad?!).

Todos estos alimentos, aunque para mí son raros, bizarros y asquerosos, son sabrosos y deliciosos en ciertas naciones y culturas. Mi falta de afinidad tiene que ver con mi nacionalidad extranjera. Tiene que ver con mi herencia cultural y la crianza que recibí, que ha afectado mis gustos. Yo pienso que comer cucarachas es repulsivo, porque la mayoría de las personas en Canadá piensa lo mismo. La sola idea me impresiona, porque es muy extraña y nada familiar para mí.

Para muchas mujeres, la instrucción de las Escrituras sobre el género es así. De hecho, un pasaje en la Biblia habla específicamente de la necesidad de la mujer de enfrentar abiertamente sus miedos acerca de la feminidad bíblica.

Lee 1 Pedro 3:1-7 en tu Biblia. ¿Qué reflexión o emociones negativas o positivas te provoca este pasaje?

_____

_____

¿Por qué piensas que el concepto de la "feminidad bíblica" provoca un sentimiento de miedo en algunas mujeres?

_____

_____

En ocasiones, las dos hemos batallado con este pasaje mientras tratábamos de entender y aceptar la verdadera feminidad. Cuando era una joven muchacha (Nancy), este pasaje me hacía pensar en una mujer tímida con una actitud sumamente recatada; una mujer que asentía con su cabeza y rara vez expresaba su opinión o su perspectiva. De hecho, conocía a algunas mujeres que pensaba que eran piadosas y extremadamente reservadas; estas mujeres parecían ejemplificar lo que significa ser "casta y respetuosa". Pero por mucho que las respetara, me sentía frustrada porque sabía que yo no era así. Si eso era ser una mujer piadosa, parecía ser un ideal imposible; un ideal que nunca lograría alcanzar, a no ser por un "trasplante de personalidad".

Y la verdad es que (Mary) me desagradaban estos versículos; a mis veintitantos años, el solo pensamiento me ponía los pelos de punta. En ese entonces, leerlo era como poner mi cara en un plato lleno de insectos.

Pero ahora, treinta años después, las dos pensamos diferente. Hemos aprendido a amar y apreciar este pasaje. Y —para usar la analogía de la aversión de Mary (y de Nancy) por los escorpiones— creemos que hemos cambiado de perspectiva, porque otro país (uno celestial) ha reclamado nuestra lealtad. Y en consecuencia, nuestro gusto ha cambiado. Lo que alguna vez nos parecía bizarro y desagradable, ahora nos parece delicioso y apreciado.

> *"Sino el interno, el del corazón, en el incorruptible ornato de un espíritu afable y apacible, que es de grande estima delante de Dios".*
>
> **I Pedro 3:4**

Toda esta semana hemos visto que la cultura occidental ha dado forma a nuestras ideas acerca de la feminidad. El feminismo ha sido el ítem característico del menú cultural de las últimas décadas. Ha sido el alimento básico de nuestra dieta. Se ha vuelto conocido para nosotras. Estamos acostumbradas a él. Estamos acostumbradas a ver cómo lo cocinan, cómo lo presentan en la mesa, cómo lo sirven y cómo se ve en nuestro plato. Nos acostumbramos a probarlo, a sentir su textura en nuestra boca, a masticarlo, a sentir su sabor y a tragarlo. Su sabor no parece extraño o desagradable. Las ideas feministas sobre la feminidad parecen ser absolutamente normales, porque son comunes en nuestro país.

Puede que no estés tan familiarizada con la comida de la Biblia. Su enseñanza sobre el género ofrece las delicias de un reino diferente. La textura, el aroma, el color y el sabor son diferentes, y quizás sea algo que no has experimentado antes. La feminidad bíblica es extraña para nuestra cultura moderna (y para la naturaleza humana caída). Así que no te sorprendas si te asusta un poco; como alguna vez nos asustó a nosotras.

¿Qué dice el mundo que es probable que te pase si aceptas las enseñanzas de la Biblia sobre la feminidad?

_____

_____

¿Cómo te sientes con esta perspectiva?

_____

_____

Hemos escuchado toda clase de pronósticos pesimistas sobre lo que les pasará a las mujeres que abandonen la mesa de la Señorita Salvaje y en cambio aceptan la visión de Dios para la feminidad. Es probable que tú también lo hayas escuchado (o pensado).

Te convertirás en un tapete. Serás una muñeca sin cerebro. Perderás neuronas. Tú misma alentarás el abuso. Serás pasiva. Perderás tus opiniones. Perderás tu voz. Perderás tu personalidad. Terminarás con veinte hijos o más. Te convertirás en un adefesio. Te convertirás en una niña boba, en una esposa conformista. Desperdiciarás tu potencial. Los demás se aprovecharán de ti. Perderás. Te convertirás en una esclava. Serás aburrida. Siempre te quedarás con la peor parte. Siempre estarás insatisfecha. ¡Te arrepentirás! (¡Inicia la música de órgano de miedo…!).

Perdón, pero esas terribles amenazas simplemente son ridículas. La realidad es que, por muy ansiosas que estemos por lo que podría pasar si obedecemos totalmente al Señor, ¡deberíamos estar mucho más preocupadas de lo que podría pasar si no lo hacemos! Confiar en la sabiduría de nuestro Padre celestial bueno y amoroso es más seguro y mucho más atractivo que confiar en las mentiras engañosas de Satanás y enfrentarnos al mundo solas.

Según 1 Pedro 3:4, ¿qué siente el Señor con respecto a la verdadera feminidad?

_____

_____

¿Cómo debes modificar tu actitud con respecto a la feminidad de tal modo que concuerde con la de Él?

_____

_____

→ **¿Estás lista para el cambio de imagen de una mujer verdadera?**
Esperamos que la lección de esta semana te haya ayudado a ver cómo la cultura ha influenciado tus ideas sobre la feminidad. Esperamos que hayas decidido responder positivamente a la invitación de la Señorita Sabia, enfrentar tus miedos y desarrollar mayor gusto por la piedad. La próxima semana, veremos varios versículos del Nuevo Testamento acerca del diseño divino de Dios. Creemos que descubrirás que la feminidad es realmente algo precioso y hermoso.

de la teoría a la práctica…

escuchen mi grito

para asimilar:

El video de la semana seis te ayudará a asimilar las lecciones de esta semana. Encontrarás este video en inglés con subtítulos en español en http://dotsub.com/view/user/hleah101. Hay otros recursos disponibles en www.avivanuestroscorazones.com.

para reflexionar:

Piensa en las siguientes preguntas. Debátelas con tus amigas, tu familia o en un grupo pequeño:

1. ¿Puedes pensar en algunos ejemplos de amigas, maestras, programas de TV, libros u otras cosas que han impuesto en ti ideas específicas acerca del feminismo? ¿Qué parte de ese mensaje era bueno? ¿Qué parte de ese mensaje era contrario a la Palabra de Dios y sus caminos? ¿De qué manera el feminismo ha dado forma a tus pensamientos?

2. ¿Qué distorsiones leves ha introducido el feminismo a nuestra manera de ver las relaciones entre el hombre y la mujer?

3. Analiza la descripción de la mujer insensata de Proverbios 7, que se menciona en la página 163. ¿Cómo se compara el ideal de la feminidad bíblico con el ideal de hoy? ¿Qué idea te parece más deseable? ¿Por qué?

4. ¿Cuáles de las técnicas descritas en la página 168 ha usado la Señorita Salvaje para que asistas a su fiesta? ¿Por qué deberías confiar en y escoger la invitación de la Señorita Sabia por sobre la de la Señorita Salvaje?

5. ¿Por qué piensas que aunque la mujer ha adquirido más educación, más independencia económica, más poder y más libertad, cada vez es más infeliz?

6. ¿Por qué crees que el concepto de la verdadera feminidad les da miedo a algunas mujeres? ¿Cómo necesitas corregir tu actitud hacia la feminidad de tal modo que se conforme más a la manera como el Señor la ve?

para personalizar:

Utiliza la siguiente hoja en blanco para escribir tus notas sobre lo que aprendiste esta semana. Escribe tus comentarios, tu versículo favorito o un concepto o cita que haya sido particularmente útil o importante para ti. Compone una oración, una carta o un poema. Apunta notas sobre el video o la sesión de tu grupo pequeño. Expresa la respuesta de tu corazón a lo que has aprendido. Personaliza las lecciones de esta semana de la manera que más te ayude a poner en práctica lo que aprendiste.

personalízalo

de la teoría
a la práctica…

cambio de imagen total

¿No te encantan esas fotografías de "antes" y "después", ya sea de una persona o de alguna cosa, que se sometió a un cambio de imagen total? La idea de recibir un cambio de imagen es tan irresistible, que hay gran cantidad de programas de televisión que se basan en este concepto.

En uno de los programas más populares de la cadena de televisión TLC, "No te lo pongas", amigas, familiares y compañeras de trabajo nominan a una candidata a la que consideran mal vestida y que necesita un cambio de imagen. Las cámaras siguen a la candidata secretamente, y filman su vestimenta pasada de moda.

Los expertos en moda, Stacy London y Clinton Kelly, ven la grabación filmada y hacen comentarios sarcásticos mientras explican por qué el vestuario de la nominada no la favorece (como los "pantalones de la abuela"), no es vistoso (una mala combinación) o ya pasó de moda (ropa de la década de 1980). Al percatarse, la nominada se ríe, se queja y pone cara de fastidio. Después, todo el grupo prepara la emboscada para la ingenua "víctima de la moda".

Stacy y Clinton le ofrecen a la sorprendida candidata $5.000 dólares para un nuevo guardarropas, con la condición de que les permita criticar (y en la mayoría de los casos, tirar a la basura) su guardarropas actual y que se compre ropa nueva según las "reglas" que ellos le den. Si ella acepta, la llevan a la ciudad de Nueva York para una semana completa de análisis, compras y un cambio de estilo de cabello y maquillaje.

El punto culminante del show es la gran "revelación". De regreso en su casa, sus familiares y amigos esperan ansiosos. Todos prorrumpen en un fuerte aplauso y expresiones de asombro al ver a la mujer que hace su aparición. Con una sonrisa de oreja a oreja, ella da una vuelta para mostrar la belleza de su nueva imagen y nuevo estilo. Es una "mujer nueva". Cuando el programa termina, ella da testimonio de cómo ese cambio de imagen no solo ha transformado su apariencia, sino también su autoestima y su vida.

Hay otro tipo de transformaciones que siguen el mismo guión. Se transforman casas, habitaciones, jardines, restaurantes, automóviles, el cuerpo, hábitos, relaciones. En cada caso, expertos intervienen para transformar algo poco agraciado o poco atractivo y disfuncional en algo hermoso y positivo. Toman algo ordinario y desagradable y lo transforman en algo espectacular. La hábil intervención de estos expertos revela y optimiza el verdadero potencial de aquello transformado.

Una de las cosas más interesantes sobre las transformaciones en la televisión es ver la reacción del participante durante el proceso. Algunos están entusiasmados y cooperan. Otros son escépticos y se resisten. Ocasionalmente, hay alguien argumentativo y contencioso. Una vez, cuando Stacy y Clinton se encontraron con una mujer realmente inflexible y antagónica, Stacy se exasperó y dijo: "¿Quiénes son los expertos en moda aquí? ¿Realmente crees saber más que nosotros? ¿Por qué no confías en nuestros consejos? ¡Sabemos lo que estamos haciendo!".

La mujer realmente necesitaba un cambio de imagen. Eso era evidente. Pero estaba tan ciega a sus propios defectos, que Stacy y Clinton enfrentaban resistencia cuando se los marcaban. Finalmente, admitió a regañadientes que ellos sabían más de moda que ella y entonces acató su opinión. Al final, estuvo contenta de haberlo hecho. ¡La transformación fue increíble! Cuando un experto dirige un cambio de imagen, generalmente es increíble.

Durante las últimas dos semanas, hemos estado viendo cómo el pecado ha dañado y desfigurado la belleza de la feminidad. La feminidad necesita un cambio de imagen total. La cultura ha tratado de hacerlo, pero ha fallado pésimamente. Eso se debe a que no han consultado al Experto correcto, no pidieron ayuda al Único que tiene el conocimiento y el poder para poner las cosas en su lugar.

El hijo de Dios, Jesucristo, murió para cancelar el poder del pecado sobre nuestra vida. Él es el mayor artista de cambios de imagen. Él nos permite reclamar la belleza de su diseño divino para nuestra vida. Es el experto en masculinidad y feminidad. En las lecciones de esta semana vamos a ver cómo el evangelio de Cristo redime (rescata, salva y transforma) la verdadera feminidad de la fealdad del pecado.

Jesucristo quiere darle un nuevo estilo a tu feminidad y enseñarte a "vestirte" conforme a su diseño divino. Ya sea que estés entusiasmada, escéptica o incluso antagónica, sin duda, eres una candidata a un cambio de imagen total. El Señor quiere que confíes en Él, que compres tu ropa según sus "reglas". Deja que Él corte, diseñe y cambie tu "imagen". Si lo haces, Él te dará una imagen completamente nueva y transformará tu feminidad en algo hermoso. Las fotos del "antes y "después" serán increíbles; porque Jesucristo tomará lo desagradable y lo transformará en algo admirable; y la "nueva mujer" tendrá una impresionante semejanza a Él. →

ada año, cientos de empresas líderes compiten por el Premio al Buen Diseño, que anualmente otorga el Museo de Arquitectura y Diseño del Ateneo de Chicago. Como lo dice su nombre, este premio reconoce los productos comerciales que se destacan por su buen diseño. El reconocimiento internacional fue fundado en 1950 por tres arquitectos.

Pero ¿sabías que al inicio de la creación Dios entregó sus propios premios al "Buen Diseño"?

"Grandes son las obras de Jehová, buscadas de todos los que las quieren. Gloria y hermosura es su obra... Las obras de sus manos son verdad y juicio".

Salmos 111:2-7

"¡Te alabo porque soy una creación admirable! ¡Tus obras son maravillosas, y esto lo sé muy bien!".

Salmos 139:14 (NVI)

Dios creó la luz, y después reconoció que la luz era "buena" (Gn. 1:4). "Bueno" fue el premio que también le dio a la tierra recientemente creada, así como al mar, a la vegetación, al sol, a la luna, a las estrellas, a las criaturas del mar, a las aves del cielo, a las bestias del campo y a todo animal que se arrastra sobre la tierra. Todas estas cosas fueron merecedoras del premio al "Buen Diseño".

Solo en una ocasión Dios determinó que el diseño de algo "no era bueno". Eso sucedió antes de crear a la mujer. Dios dijo: *"no es bueno* que el hombre este solo" (Gn. 2:18). Algo faltaba. El diseño estaba incompleto. Sin la mujer, la historia no tenía sentido.

¿Cómo podría un hombre expresar la historia de Cristo y la Iglesia sin una novia? ¿Cómo podría el hombre reflejar esa relación? ¿Cómo podría representar esa unión? ¿Cómo podría tener fruto sin ella? No podría.

Y ¿cómo podría el hombre reflejar el amor que Cristo tendría por su novia y cómo podría reflejarse la respetuosa y amorosa sujeción de la novia a Cristo, a menos que se creara una mujer para el hombre?

La mujer era vital para poder contar la historia. Sin ella, no habría historia, ni nadie que la oyera tampoco. La creación de la mujer brindó una imagen vital de la novia de Cristo.

Después que Dios creó a la mujer, las cosas fueron de nuevo buenas. De hecho, eran incluso más que buenas. Según la propia evaluación de Dios, las cosas eran MUY BUENAS (Gn. 1:31). Su creación de la masculinidad, la feminidad y el matrimonio —y aquello que representaba— eran meritorios del máximo premio al Buen Diseño.

Lee las citas de los Salmos que se encuentran al margen de las páginas 182 y 183. ¿Qué puedes concluir acerca del diseño de Dios para la feminidad? Marca las frases que consideres válidas:

- ☐ La feminidad es obra de la mano de Dios.
- ☐ El diseño de Dios para la feminidad es grandioso.
- ☐ El diseño de Dios para la feminidad es espléndido y majestuoso.
- ☐ El diseño de Dios para la feminidad es fiel y justo.
- ☐ El diseño de Dios para la feminidad es notable.
- ☐ El diseño de Dios para la feminidad es maravilloso.
- ☐ El diseño de Dios para la feminidad es sabio.
- ☐ El diseño de Dios para la feminidad es deleitoso.
- ☐ El diseño de Dios para la feminidad es magnífico.
- ☐ El diseño de Dios para la feminidad es profundo.

¿Marcaste todos los cuadros? ¿Crees en lo profundo de tu corazón que el diseño de Dios para la feminidad son todas estas cosas? ¿Crees que es deleitoso? ¿Crees que es notable? ¿Crees que es realmente maravilloso?

Aunque siempre hemos creído que la feminidad era obra de la mano de Dios y, por lo tanto, inherentemente correcta, no siempre sentimos que el diseño era "bueno" o "maravilloso". Hubo un tiempo cuando pensábamos que vivir conforme a Su diseño era tan agradable como sentir el torno del dentista en tus dientes; tal vez era lo que debíamos hacer pero, desde luego, no era algo que nos entusiasmara. Estamos tan agradecidas de que Dios tuvo a bien corregir nuestra manera de pensar equivocada.

Resume por qué el diseño de Dios para la feminidad es hermoso y bueno:

_____

_____

_____

_____

"¡Cuán innumerables son tus obras, oh Jehová! Hiciste todas ellas con sabiduría; la tierra está llena de tus beneficios".

Salmos 104:24

"Por cuanto me has alegrado, oh Jehová, con tus obras; en las obras de tus manos me gozo. ¡Cuán grandes son tus obras, oh Jehová! Muy profundos son tus pensamientos".

Salmos 92:4-5

El hombre y la mujer son obra de la mano de Dios (Is. 64:8). Son "hechura suya". La palabra griega utilizada aquí es *poiema*; es la palabra de la que proviene nuestra palabra "poema". Su significado es "trabajo o creación" y está asociada específicamente con la actividad de Dios. *Poiema* se usa solo dos veces en el Nuevo Testamento: en Romanos 1:20 y Efesios 2:10.

La primera vez que se usa este término señala la obra de la mano de Dios en la creación del universo, incluidos el hombre y la mujer; mientras que la segunda vez se refiere a su maravillosa obra de redimir a la humanidad del pecado.

Haz un círculo alrededor de la palabra *"poiema"* en los pasajes que se encuentran al margen.

Toda la creación (incluidos el hombre y la mujer) fue diseñada para mostrar el poder eterno y la naturaleza divina de Dios (Ro. 1:19-20). Tristemente, Su hermoso diseño para el hombre y la mujer (como el resto de las cosas de este mundo) fue dañado por el pecado. Pero se convirtió en su obra maestra cuando lo recreó a través de Cristo Jesús (Ef. 2:10). A través de la cruz, Cristo venció el poder de Satanás y del pecado, para que la masculinidad y la feminidad pudieran volver a mostrar la magnífica belleza de Su diseño.

Pablo dice: *"Pero gracias a Dios, que aunque erais esclavos del pecado, habéis obedecido de corazón a aquella forma de doctrina a la cual fuisteis entregados"* (Ro. 6:17).

¿Qué norma de enseñanza con respecto al género crees que Dios quiere que obedezcas?

- ☐ La norma establecida en la creación de Dios y revelada en Su Palabra.
- ☐ La norma reflejada en el diseño tergiversado del pecado.
- ☐ La norma de nuestra cultura que sostiene el diseño de neutralidad de género.

La enseñanza del Nuevo Testamento acerca del género refuerza los roles establecidos en la creación. La nueva vida en Cristo nos da la libertad y el poder para vivir conforme a este diseño divino. A través del poder del Espíritu Santo, podemos deleitarnos en las diferencias entre el hombre y la mujer, vivir de acuerdo a las normas de la Escritura y permitir que la masculinidad y la feminidad reciten el magnífico poema de Dios.

la restauración de la obra maestra

Una de las obras maestras más importante de la Italia del Renacimiento es *La Madonna del Cardellino*, pintada por Rafael en 1505 para la boda de su amigo, un adinerado comerciante florentino. Lamentablemente, casi 40 años después de la creación de la obra, la casa en que se exhibía fue destruida por un terremoto y el panel de madera pintado al óleo se partió en diecisiete pedazos.

Otro artista usó largos clavos de hierro y bloques de madera para unir los fragmentos de la obra, y después pintó sobre esta para encubrir las fisuras. Con los años, se agregaron tantas capas de pintura para cubrir el daño, que los colores originales quedaron totalmente opacados.

En 1998, expertos comenzaron lo que se convirtió en un extenso proyecto de restauración de diez años, con el objetivo de devolver a la pintura su resplandor original. La laboriosa tarea requirió el esfuerzo de un equipo multidisciplinario, compuesto por alrededor de cincuenta personas, entre las que se incluían especialistas en madera y técnicos en fotografía. Se requirió una meticulosa labor a fin de restaurar las partes dañadas, remover las capas de pintura y polvo, y recuperar los magníficos matices de los colores.

El resultado fue asombroso. Las grietas desaparecieron. Siglos de capas de polvo y tizne desaparecieron. Las capas sin brillo y los parches desaparecieron. El producto final brilló con sus intensos tonos rojos, azules y dorados de la obra original. La restauración también reveló detalles intrínsecos de la pintura, que hace mucho habían sido cubiertos, como algunas plantas.

> *"…porque lo que de Dios se conoce les es manifiesto… Porque las cosas invisibles de él, su eterno poder y deidad, se hacen claramente visibles desde la creación del mundo, siendo entendidas por medio de las cosas hechas [poiema]".*
>
> **Romanos 1:19-20**
>
> *"Porque somos hechura suya [poiema], creados en Cristo Jesús…".*
>
> **Efesios 2:10**

Dada la gravedad del daño, la restauración de la pintura de Rafael es, posiblemente, incluso más asombrosa que la misma obra original. La obra original era espléndida. Pero el milagro de la restauración realzó su belleza. Conociendo el drama de toda esta historia, solo se puede contemplar en admiración. La creación fue grandiosa; pero la recreación lo es mucho más.

Los paralelos espirituales son obvios y profundos. No importa cuán grande haya sido el daño del pecado en tu vida… no importa cuántas horribles capas de pintura y colores sin brillo hayas aplicado en un intento fallido por cubrir las grietas… no importa si los colores han perdido su brillo o si la pintura se ha opacado tanto, que apenas se deja ver el original. Dios es especialista en restauraciones. Él es un gran Dios redentor que hace todas las cosas nuevas a través de la obra de Cristo por nosotros. Su poder y amor divinos pueden recrear y restaurar tu vida a su diseño original; ¡esa hermosa obra de arte diseñada para mostrar el amor de Cristo!

¿Estás decidida a recibir un cambio de imagen total? ¿Estás dispuesta a obedecer "de corazón"? ¿Le permitirás recrearte de acuerdo a su diseño divino?

En el siguiente espacio, escribe una oración al Señor y pídele que haga una hermosa y completa obra de restauración en tu vida.

_____

_____

_____

A principios del siglo pasado, una joven mujer llamada Amy Carmichael rescató a una pequeña niña india de ser vendida para la prostitución. Durante los años siguientes, rescató muchas niñas más que estaban destinadas a la misma suerte horrible. Esto la llevó a fundar la Dohnavur Fellowship, una organización dedicada a rescatar, cuidar, alimentar y educar a cientos de niños.

El ministerio creció rápidamente. Desesperada por ayuda, Amy envió una carta a los pastores de la región, en la cual les preguntaba si conocían a alguna mujer *"totalmente fiel al Señor y separada en espíritu del mundo"*, que estuviera libre para hacer esta obra. Los pastores le respondieron, básicamente, de la siguiente manera:

> *No solo no tenemos mujeres así, sino que tampoco conocemos a ninguna mujer de la clase que tú buscas.[1]*

Entre todas las iglesias de la región, los pastores no pudieron identificar ni una mujer que estuviera consagrada con fidelidad y devoción al Señor.

Lee los pasajes bíblicos que se encuentran al margen ¿Qué clase de actitud desea el Señor que tenga su novia? (Pista: la palabra aparece en ambos pasajes).

"Así dice Jehová: Me he acordado de ti, de la fidelidad de tu juventud, del amor de tu desposorio, cuando andabas en pos de mí en el desierto, en tierra no sembrada".

Jeremías 2:2

"Porque os celo con celo de Dios; pues os he desposado con un solo esposo, para presentaros como una virgen pura a Cristo. Pero temo que como la serpiente con su astucia engañó a Eva, vuestros sentidos sean de alguna manera extraviados de la sincera fidelidad a Cristo".

2 Corintios 11:2-3

_____

_____

De acuerdo a 2 Corintios 11:2-3, ¿qué intenta hacer Satanás con este engaño astuto?

_____

_____

La palabra "fidelidad" de Jeremías 2:2 se traduce de la palabra hebrea *chesed*. *Chesed* es una palabra poderosa que incluye las ideas de amor, benignidad, bondad, misericordia y fidelidad de pacto. A menudo, en el Antiguo Testamento, se traduce como "amor inagotable".

El diccionario dice que fidelidad significa una profunda e inquebrantable dedicación y lealtad. De modo que la palabra "fidelidad" expresa bastante bien la idea. Pero no capta del todo el concepto de fidelidad que tiene lugar en el contexto del "pacto", que es un acuerdo formal (legal) que afianza una relación.

De acuerdo a 2 Corintios 11:2-3, ¿qué tipo de fidelidad debemos mostrar hacia Cristo?

☐ La fidelidad de una amiga con otra amiga.
☐ La fidelidad de una hermana con su hermano.
☐ La fidelidad de una novia con su novio.
☐ La fidelidad de un niño con sus padres.
☐ La fidelidad de una prometida con su prometido.

Entre los judíos, el desposorio era la primera etapa del matrimonio, de alguna manera, similar al concepto moderno del compromiso matrimonial. Pero a diferencia del compromiso, el desposorio judío era inquebrantable. Este comprendía un pacto formal de matrimonio, en el cual la pareja legalmente se convertía en marido y mujer. El desposorio solo podía cancelarse por la muerte de uno o los dos comprometidos.

Aunque estuvieran legalmente casados, la pareja desposada no podía vivir junta. Tampoco tenían relaciones sexuales durante el período de desposorio, que normalmente duraba alrededor de un año. Al finalizar ese tiempo, se realizaba una ceremonia matrimonial. El matrimonio recibía la bendición de la familia y los amigos, y celebraban con un gran banquete. La pareja, entonces, consumaba físicamente el matrimonio y los esposos comenzaban a vivir juntos.

Según Pablo, la Iglesia está desposada con Jesucristo. Debido al nuevo pacto en su sangre, nos hemos convertido legalmente en Su novia; pero aun esperamos nuestra "presentación formal" a Él, que tendrá lugar en las "bodas del Cordero" (Ap. 19:7-9).

Como un "padre espiritual de la novia" (ver 1 Co. 4:15), Pablo estaba preocupado por cuidar y proteger la pureza de su "hija" en Corinto. Él quería asegurarse de que su amor, adoración y compromiso con su Esposo no disminuyera durante el período de desposorio. Él intentaba acompañarla a la boda con un vestido maravillosamente bello y sin mancha, y presentarla orgullosamente a su fuerte, compasivo y amoroso Novio.

¿De qué manera debe la novia mostrar fidelidad hacia su novio?

_____

_____

fidelidad palpable

¿Qué pensarías si conocieras a alguna mujer comprometida que ignoraba a su prometido y no quería pasar tiempo con Él? ¿Qué tal si ella le fuera infiel y lo engañara? ¿Qué tal si ella se olvidara de prepararse para el día de la boda? Seguramente, llegarías a la conclusión de que ella no estaba realmente comprometida con el matrimonio. Porque se supone que una mujer comprometida no debe comportarse así.

En una relación sana, una mujer comprometida es fiel a su prometido. Está embelesada con él. Piensa todo el tiempo en él y busca complacerlo. Se enfoca en tener todo listo para su boda y su futuro juntos. ¡Y ni se le ocurre salir con otros hombres! La verdadera feminidad implica tener este mismo tipo de fidelidad a Cristo, nuestro desposado, como Su prometida.

¿De qué manera debe una mujer demostrar una fidelidad sincera y pura por Cristo?

_____

_____

¿Qué tan fiel eres tú como novia? Completa la siguiente libreta de calificaciones de la fidelidad. En la columna de la derecha de cada oración, califica tu fidelidad a Cristo con una nota de la **A** a la **D**.

Nota: (A) Totalmente fiel. (B) Bastante fiel. (C) Poco fiel. (D) No muy fiel.	Calificación	
Tu fidelidad es sincera (de corazón) y pura. Y no está contaminada por otros afectos (2 Co. 11:2-3).		
Demuestras tu fidelidad al prepararte para tu Novio. (Ap. 19:7-9).		
Demuestras tu fidelidad al arrepentirte de tus pecados y vestirte de acciones justas (Ap. 19:7-9).		
Demuestras tu fidelidad al cultivar un carácter piadoso: al ser pura, virtuosa, dócil, buena, alegre, así como al tener dominio propio, etc. (Ef. 5:25-27).		

continúa en la página siguiente…

… continúa de la página anterior

Demuestras tu fidelidad al seguir el liderazgo de tu Novio, aunque te cueste (Jer. 2:2).		
Eres tan amorosa y fiel como lo eras al principio de la relación (Jer. 2:2; Ap. 2:4).		

El fuerte compromiso eterno de Cristo con nosotras es la base y la fuente de nuestra fidelidad a Él. Su amor y su gracia compensan todas nuestras deficiencias. Aunque tu libreta de calificaciones esté llena de D —o tal vez, una que otra F—, la fidelidad de Jesús contigo nunca cambia.

Así como una mujer comprometida se prepara ansiosa y tiernamente para su boda, con el deseo de ser la novia más bella para su novio, del mismo modo, el pensamiento de estar casada eternamente con nuestro Novio santo debería motivarnos a pasar nuestra vida aquí en la tierra en total fidelidad a Él.

Antes de finalizar la lección, si estás casada, queremos que hagas un ejercicio más. Regresa a la libreta de calificaciones y completa la columna sombreada. Califícate según qué tan fiel eres con tu esposo. Cuando hayas terminado, regresa y termina de leer…

¿Cómo te fue? Este es el principio que queremos que veas: Dios creó a la mujer para mostrar la parte de la "novia" en la historia de la redención de Cristo. Esto significa que una esposa debe relacionarse con su esposo de la misma manera que la Iglesia debe relacionarse con Cristo. Desde luego que la correlación no es exacta, porque Cristo no tiene pecado y los esposos sí. Pero no obstante, hay un patrón. Ser fiel a tu esposo es una de las maneras más palpables de demostrar tu fidelidad a Cristo.

→ **Termina la lección de hoy en oración**. Pídele al Señor que te ayude a tener una fidelidad más profunda a Cristo y, si estás casada, también a tu marido.

Una ocasión trascendente es cuando la novia escoge su vestido de novia. Yo (Mary) tuve la dicha y el privilegio de acompañar a la futura esposa de mi hijo, Jacqueline, junto con sus padres, en la elección de su vestido de novia mientras se preparaba para el gran día. Con la ayuda de una planificadora de bodas, no pasó mucho tiempo hasta que encontró "el vestido". ¡Se veía deslumbrante! Le quedaba perfecto. Radiante de la emoción de saber qué tan bella se vería para su novio, ansiosamente le dijo sí a ese vestido.

Meses de preparación y planificación culminaron en ese momento en que las puertas de la iglesia se abrieron y ella apareció con su vestido de novia del brazo de su padre, lista para presentarse delante de su novio. Toda novia es hermosa, pero si me permites ser un poco parcial, pienso que Jacqueline fue la novia más hermosa que jamás haya visto. Impecable, vestida de blanco y más que radiante, caminó elegantemente hacia el altar.

En ese momento, me di vuelta para mirar a mi hijo Clark, que observaba a su novia mientras se acercaba. Yo quería ver "esa mirada"… esa mirada grabada en mi memoria hacía casi 30 años, cuando yo era la novia de blanco que caminaba para encontrarme con mi novio.

No puedo describir cabalmente esa mirada. Su ternura, gozo, orgullo, propósito, anhelo y satisfacción, todo mezclado en un momento trascendente. Es una mirada que solo puede verse en los ojos de un novio… y solo cuando está viendo que se acerca el cumplimiento del deseo de su corazón. No sé por qué —quizás sea porque escuche los susurros del llamado de la eternidad—, pero ese momento emocionante de una boda siempre me hace llorar.

Así como un novio terrenal espera ansioso el momento de ver a su novia caminar hacia el altar para encontrarse con él, bellamente ataviada con un impecable vestido blanco; del mismo modo el Señor espera ansioso el día en el que nosotras, su Iglesia, aparezca-

> *"A fin de presentársela a sí mismo, una iglesia gloriosa, que no tuviese mancha ni arruga ni cosa semejante, sino que fuese santa y sin mancha".*

Efesios 5:27

> *"Gocémonos y alegrémonos y démosle gloria; porque han llegado las bodas del Cordero, y su esposa se ha preparado. Y a ella se le ha concedido que se vista de lino fino, limpio y resplandeciente; porque el lino fino es las acciones justas de los santos".*

Apocalipsis 19:7-8

191

mos frente a Él, sin ninguna deshonra, vestidas en su justicia para ser su novia santa por la eternidad.

Lee los versículos que se encuentran al margen de la página 191. ¿Qué representa el espléndido atuendo de bodas de la Iglesia?

_____

_____

Cuando la Biblia habla de las características de la novia, lo que describe es lo que el Señor quiere de todos nosotros. Estas directivas incluyen a los hombres, ya que ellos también son parte del cuerpo de Cristo. Pero es particularmente importante que nosotras, como mujeres, prestemos oído y atención a estos pasajes; porque la "novia" es la parte de la historia del evangelio, que las mujeres fuimos diseñadas especialmente para contar. El vestido de novia sin mancha refleja el tipo de carácter que Dios desea para las mujeres. Una mujer verdadera se viste con la belleza de la santidad.

> "Que los ancianos sean sobrios, serios, prudentes, sanos en la fe, en el amor, en la paciencia. Las ancianas asimismo sean reverentes en su porte; no calumniadoras, no esclavas del vino, maestras del bien; que enseñen a las mujeres jóvenes a amar a sus maridos y a sus hijos, a ser prudentes, castas, cuidadosas de su casa, buenas, sujetas a sus maridos, para que la palabra de Dios no sea blasfemada. Exhorta asimismo a los jóvenes a que sean prudentes".
>
> **Tito 2:2-6**

sí al vestido

La palabra *santidad* y el adjetivo *santo* aparecen más de novecientas veces en la Biblia. La palabra principal del Antiguo Testamento para santidad significa "cortar" o "separar". Significa "ser apartados, distintos, diferentes". Santidad es apartarse o separarse de lo que es impuro, y consagrarse o apartarse para aquello que es puro.

Santidad implica apartarnos de nuestra inmundicia, de nuestro vestido sucio y decirle sí al vestido de justicia que Cristo ha provisto para su novia (Ap. 19:8). Esto significa también vestirnos de un carácter piadoso. La santidad no es un concepto abstracto. Se expresa prácticamente en la actitud y el comportamiento diarios.

Lee Colosenses 3:12-14. En el siguiente espacio enumera algunos aspectos del carácter piadoso con los que el Señor quiere que su novia se "vista" diariamente:

Mientras que todos estos rasgos de un carácter piadoso deben ser nuestra vestimenta, tanto para hombres como para mujeres, la Escritura enfatiza particularmente ciertos rasgos de carácter según la edad y el género de una persona.

Toma como referencia Tito 2:2-6 para completar el siguiente cuadro:

Rasgos de carácter que Pablo enfatiza para los hombres:	Rasgos de carácter que Pablo enfatiza para las mujeres

Pablo invita a los hombres mayores a asegurarse de que sean *sobrios, serios, prudentes, sanos en la fe, en el amor y en la paciencia*. Los más jóvenes necesitan trabajar especialmente para desarrollar *dominio propio*.

A las mujeres mayores se las exhorta a ser *reverentes* (respetuosas), no ser *calumniadoras* (controlar lo que hablan) y *no ser esclavas del vino* (no tener hábitos adictivos y desenfrenados). Se les pide que enseñen a las mujeres jóvenes a *amar a sus maridos y a sus hijos* (cariño/devoción a su familia), que sean *prudentes* (sensatas) y castas (leales/no adúlteras/virtuosas), *cuidadosas de su casa* (administradoras de su hogar/predispuestas a favorecer y cultivar relaciones), *buenas* (afables) y que *se sujeten a su marido* (dóciles/sumisas).

¿De qué manera la instrucción de Pablo a los hombres contrarresta la inclinación a los pecados específicos del sexo masculino y los conduce a su diseño divino?

¿De qué manera la instrucción de Pablo a las mujeres contrarresta la inclinación a los pecados específicos del sexo femenino y las conduce a su diseño divino?

Si Pablo te fuera a escribir una carta personal, ¿cuál de estos rasgos de carácter importantes para las mujeres podría alentarte a cultivar más en tu vida?

En el siglo XIX, el filósofo alemán Heinrich Heine dijo: "Muéstrame tu vida redimida y podré inclinarme a creer en tu Redentor".[2] Esta es precisamente la idea que Pablo quiere transmitir en Tito 2 y en la mayor parte de toda la epístola.

Las mujeres (y hombres), cuyo carácter y comportamiento cumplen con la enseñanza de la Biblia (la "sana doctrina") conduce a las personas a Cristo y hace al evangelio visible y creíble tanto a creyentes como a no creyentes.

Cuando nos vestimos de un carácter piadoso, producido en nosotras por el poder del Espíritu Santo, nos estamos preparando para "el gran día" cuando nos gocemos, nos alegremos y le demos gloria a Cristo en "las bodas del Cordero" (Ap. 19:7-8). Tan solo imaginar el regocijo en Sus ojos, cuando vea en su novia, por la cual dio Su vida, el reflejo puro de Sí mismo, nos debería motivar a prepararnos toda nuestra vida —por Su gracia y el poder del Espíritu Santo— para esa unión eterna con nuestro Novio Celestial.

*L*a revolución femenina suponía dar mayor satisfacción y libertad a la mujer. Pero como mujeres que hemos llegado a conocer y amar el plan original de Dios, no podemos evitar sentir tristeza por lo que se ha perdido en medio del levantamiento: la belleza, la maravilla y el tesoro que nos hace distinguir como mujeres. Dios creó a la mujer para tener una actitud suave, bella y femenina, pero debido a las distorsiones del pecado y el ideal de feminidad defectuoso que sostiene nuestra cultura de hoy, la mayoría ha perdido de vista el diseño divino según el cual la mujer fue creada.

Lee 1 Pedro 3:4-6 en tu Biblia. Describe características que Pedro asocia con la feminidad piadosa.

_____

_____

¿Recuerdas la metáfora de la magnolia de acero? La imagen fusiona la belleza con la perseverancia, la suavidad con el carácter, delicadeza con la durabilidad, la dulzura con la resistencia y la mansedumbre con las agallas.

De acuerdo con 1 Pedro 3, una mujer verdaderamente bella es *afable, apacible y dócil* (es decir, agradable, sumisa y respetuosa de la autoridad). Esa es la parte suave y delicada.

Al mismo tiempo, una Mujer Verdadera está determinada a hacer lo que es bueno y correcto y a no caer en el temor. No se deja llevar por la opinión popular ni le intimida lo que otros puedan decir o hacer. Esa es la parte del carácter de acero. La suave sensibilidad de una mujer piadosa está acompañada de una firme determinación a responder adecuadamente; o sea, decir "sí" a las cosas que están bien y decir "no" a las cosas que están mal.

Nuestra cultura nos ha hecho creer que adoptar una conducta femeninamente suave es repulsivo y significa no tener carácter, que perderemos nuestra personalidad e identidad personal, y nos volveremos débiles y

> *"Pero los mansos heredarán la tierra, y se recrearán con abundancia de paz".*
>
> **Salmos 37:11**
>
> *"Entonces los humildes crecerán en alegría en Jehová…".*
>
> **Isaías 29:19**
>
> *"Bienaventurados los mansos, porque ellos recibirán la tierra por heredad".*
>
> **Mateo 5:5**

cobardes. Pero un cuidadoso análisis del significado de afabilidad, apacibilidad y docilidad demuestra que de ninguna manera es así. Y cuando comenzamos a entender y a vivir con esta actitud, el poder y la belleza de esta conducta femenina se hacen cada vez más evidentes.

una disposición mansa

Tener una disposición mansa es tener una actitud dulce, amigable y considerada. Es la fortaleza que compensa la debilidad de otra persona. En 1 Tesalonicenses 2:7, se identifica a la ternura con la actitud una madre que cría a su fastidioso bebé. Aunque el bebé esté fastidioso, grite y llore, ella responde con ternura.

> *"Pero los Impíos son como el mar en tempestad, que no puede estarse quieto, y sus aguas arrojan cieno y lodo. No hay paz, dijo mi Dios, para los impíos".*
>
> **Isaías 57:20-21**

> *"Jehová está en medio de ti, poderoso, él salvará; se gozará sobre ti con alegría, callará de amor, se regocijará sobre ti con cánticos".*
>
> **Sofonías 3:17**

La mansedumbre es lo opuesto a insistir en nuestros propios derechos, a ser arisca o porfiada o exigir las cosas a nuestra manera. Es exactamente lo contrario a tener una conducta "alborotadora" como la de la Chica Salvaje de Proverbios 7. La mansedumbre significa confiar totalmente en Dios y no en nuestras propias fuerzas para defendernos de la dificultad y la injusticia. Surge de la confianza en la bondad de Dios y su control sobre la situación. La mansedumbre no implica la propia humillación. Es la marca de la mujer sabia, que permanece en calma aún frente a las faltas de otras personas.

La lengua apacible es "árbol de vida" (Pr. 15:4). David reconoció que la benignidad de Dios lo había "engrandecido" (2 S. 22:36-37).

Lee los versículos al margen de la página 195. Enumera algunos otros beneficios de un espíritu manso. ¿De qué manera difieren estos beneficios de lo que la cultura popular dice acerca de la mujer mansa?

_____

_____

Cuándo encuentras una situación difícil o retadora, ¿respondes "apaciblemente" o "escandalosamente"? ¿Qué reflejan tus respuestas acerca de tu corazón?

_____

_____

El segundo aspecto de una conducta bellamente femenina es la "apacibilidad". Esta cualidad también contrasta con la cualidad "alborotadora" que caracteriza a la mujer impía (Pr. 7:11).

Cuando pensamos en la palabra "apacible", lo primero que generalmente se nos viene a la cabeza es bajar el volumen o no hacer ruido. A menudo relacionamos la "apacibilidad" con "no hablar". Entonces, ¿espera Dios que mantengamos nuestra boca cerrada y que nunca digamos nada? ¿No se nos permite expresar nuestra opinión? ¿O debatir, deliberar o discrepar? ¿Acaso una feminidad piadosa implica pegarnos una cinta adhesiva en forma de cruz sobre la boca? ¿Implica que movamos la cabeza para arriba y para abajo como muñecas cabezonas?

Cuando la Biblia habla de "apacibilidad", no necesariamente se refiere a dejar de hablar. Aunque existe alguna relación, la apacibilidad tiene que ver más con un estado de nuestro corazón, que con el volumen de nuestras palabras. Hasta las mujeres extrovertidas, expresivas y sociables pueden mostrar un espíritu "apacible".

La apacibilidad describe una actitud de calma, serenidad y tranquilidad. Es estar sosegada, reposada y en paz. Una actitud apacible es como un estanque de agua quieta y serena, lo contrario a un remolino turbulento y agitado. Un espíritu apacible es lo opuesto al espíritu ansioso, preocupado, alborotado y bullicioso.

La apacibilidad va de la mano con la confianza. "En descanso y en reposo seréis salvos; en quietud y en confianza será vuestra fortaleza" (Is. 30:15). Ambas características son resultado de la justicia: "Y el efecto de la justicia será paz; y la labor de la justicia, reposo y seguridad para siempre" (32:17).

> *"Porque así también se ataviaban en otro tiempo aquellas santas mujeres que esperaban en Dios, estando sujetas a sus maridos; como Sara obedecía a Abraham, llamándole señor; de la cual vosotras habéis venido a ser hijas, si hacéis el bien, sin temer ninguna amenaza".*
>
> **I Pedro 3:5-6**

Lee Isaías 57:20-21 al margen de la página 196. ¿Qué ejemplos de "cieno y lodo" pueden predominar en una relación en la cual la mujer no tiene un espíritu apacible?

_____

_____

Explica cómo el estado del espíritu de una mujer se relaciona con la cantidad y calidad de sus palabras:

_____

_____

una disposición dócil

El tercer aspecto de una conducta bellamente femenina es su disposición a sujetarse. Nosotras creemos que el Señor creó a la mujer con una disposición —inclinación— a responder positivamente a ser lideradas. Nosotras somos quienes respondemos y relatamos, creadas con la "tendencia" a ser dóciles.

Como ya hemos visto, una mujer dócil dice "sí, **amén**" a las sugerencias. Responde positivamente a la guía y dirección. La recibe bien.

Una mujer piadosa es una mujer que "se deja liderar". Esto mantiene un contraste significativo con la manera en la que una mujer impía responde al liderazgo. Proverbios 7 describe a la mujer insensata como "rencillosa". La palabra hebrea para rencillosa significa "necia y rebelde". Esto refleja una disposición desafiante, porfiada, obstinada como de "nadie me va a decir qué hacer".

La docilidad es la disposición o tendencia a ceder. Es la actitud de respetar a otros y reconocer la posición de autoridad que Dios les dio a otros. Una mujer respetuosa renuncia de buena gana a sus deseos y preferencias personales en honor a la autoridad ordenada por Dios. La docilidad se puede ver en la disposición de una mujer casada a seguir y sujetarse al liderazgo de su esposo. Es la disposición que debe haber hecho que Eva irradiara de contentamiento y gozo cuando Adán ejerció su autoridad y liderazgo al ponerle nombre.

Ya sea casada o soltera, una mujer dócil afirma y fomenta buenas cualidades e iniciativas en los hombres al ser sensible y no resistente en su interacción con ellos. Por supuesto que no estamos hablando de ser dóciles o sensibles al pecado. Pero podemos decirle no al pecado, y aun así tener un espíritu sensible, complaciente y respetuoso.

Ser dócil es la actitud del corazón que hizo que María respondiera a la asombrosa noticia del ángel acerca de su embarazo y dijera: "He aquí la sierva del Señor; hágase conmigo conforme a tu palabra". Y esta es la bella conducta que Dios desea que cada una de Sus hijas cultive.

¿Qué aspectos de la conducta femenina te resulta más difícil: ser afable, apacible o dócil y por qué?

_____

_____

¿Cómo puedes crecer en las características que identificaste? (Pista: los pasajes de la Biblia que se encuentran en los márgenes de esta lección te ayudarán a saber cómo).

_____

_____

Hoy día, las mujeres buscan ser bellas a cualquier costo. Esta es la conclusión del informe de la YWCA [Asociación de Jóvenes Cristianas] sobre las consecuencias de la obsesión de las mujeres y las niñas por la belleza.[3] El informe menciona que las mujeres norteamericanas ahora gastan alrededor de $7 billones al año, o un promedio de $100 por mujer por mes, en cosméticos y productos de belleza. Más de cinco años completos de lo que se recauda por matrículas y cuotas en una universidad pública.

Si una mujer redujera a la mitad la cantidad que gasta en productos de belleza y los invirtiera en su cuenta de retiro durante 10 años, podría ahorrar hasta $10.000 dólares. Esta cantidad de dinero gastado en cosméticos por año, no contempla los procedimientos quirúrgicos cosméticos, de los cuales hay más de 10 millones por año. La economía de la búsqueda interminable de la belleza está tambaleando.

¿Qué deberíamos hacer con este compulsivo deseo de la mujer por ser bellas? ¿Es malo buscar la belleza? Contestaremos a esto de una manera que podría sorprenderte. En primer lugar, veremos que buscar la belleza es bueno y correcto, como parte integral de nuestro diseño como mujeres. Dios crea y aprecia la belleza y nos ha creado para que anhelemos la belleza y la apreciemos también. Esto es especialmente cierto en el contexto del matrimonio. El Cantar de los Cantares demuestra que es totalmente correcto que un esposo disfrute y exalte a su esposa por su belleza.

En segundo lugar, sugeriríamos que el problema no es que valoramos mucho la belleza, sino que no la valoramos lo suficiente. Cuando consideramos la sorprendente belleza que se nos describe y se nos ofrece a lo largo de las Escrituras, parecería que nuestro deseo por ser bellas no es demasiado fuerte, sino demasiado débil.

> "Vuestro atavío no sea el externo de peinados ostentosos, de adornos de oro o de vestidos lujosos, sino el interno, el del corazón, en el incorruptible ornato de un espíritu afable y apacible, que es de grande estima delante de Dios. Porque así también se ataviaban en otro tiempo aquellas santas mujeres que esperaban en Dios...".
>
> **I Pedro 3:3-5**

> "Asimismo que las mujeres se atavíen de ropa decorosa, con pudor y modestia; no con peinado ostentoso, ni oro, ni perlas, ni vestidos costosos, sino con buenas obras, como corresponde a mujeres que profesan piedad".
>
> **I Timoteo 2:9-10**

Nosotras tratamos de "emperifollarnos" con lo terrenal, superficial y temporal, mientras que se nos ofrece hacerlo con lo sobrenatural y eterno. Una de las analogías favoritas de C. S. Lewis dice: "Como un niño ignorante que quiere seguir haciendo pasteles de barro en un lodazal, porque no puede imaginar lo que significa pasar un día de vacaciones en la playa. Nos contentamos muy fácilmente".[4]

Es como la historia que Jesús contó acerca de la perla de gran precio. Cuando un hombre descubrió una en un campo, vendió todo lo que tenía para comprar ese terreno. Cuando la perla de gran precio atrajo su mirada, todos sus demás tesoros le parecieron sin valor en comparación. Gozosamente se deshizo de ellos para obtener el tesoro, cuya belleza y valor sobrepasaba todo lo que él tenía.

Sin embargo, este es el concepto aquí. Si él no hubiera tenido una vislumbre de la incomparable belleza de la perla, no hubiera estado dispuesto a desprenderse de sus míseras posesiones. No podría haber renunciado a algo inferior hasta no haber visto algo superior. La razón por la cual las mujeres están tan obsesionadas por los cosméticos, las cremas, las dietas y las cirugías estéticas de liposucción, es porque no saben realmente de qué se trata la verdadera belleza, y su corazón no ha sido cautivado por una visión irresistiblemente más bella.

Lee los pasajes bíblicos de 1 Pedro 3:3-5 y 1 Timoteo 2:9-11 que se encuentran en la página anterior.

La palabra adorno/atavío (del griego *kosmeo*) puede también traducirse como "decorar" o "embellecer". Significa "poner en orden, arreglar o alistar". Una mujer de Dios se adorna/atavía. Se esfuerza por embellecerse.

Escribe un resumen de cómo se embellecen las mujeres piadosas.

_____

_____

_____

_____

_____

Una mujer piadosa ha sido cautivada por una visión de la belleza más sorprendente que la de la mujer que no conoce a Dios. El evangelio ha revolucionado su entendimiento de la verdadera belleza. Ella ha logrado tener una vislumbre de Cristo que la deja sin aliento. Mostrar *esa* belleza se ha vuelto más importante y deseable para ella que perseguir la belleza pasajera del mundo. Y aun su deseo por la belleza externa surge de un corazón que quiere mostrar la belleza *de Cristo*.

No es que no le preste atención a su vestimenta, su cabello o su maquillaje. Esas cosas *no carecen* de importancia para ella. Solo que no son *tan* importantes. En lo que a belleza se refiere, ella está más enfocada en tener el tipo de belleza que perdura. Le interesa saber qué dice Dios sobre lo que significa ser una mujer hermosa y le permite a Él conformar su vida según Su diseño.

Desde que era (Nancy) niña, siempre soñé con ser una "señora mayor piadosa". (¡Y me he dado cuenta de que la parte de "señora mayor" llega más fácilmente que la de "piadosa"!). ¿Alguna vez has visto a este tipo de mujer? ¿Has notado que encantadora es? Su piel podría ser delgada y arrugada, pero se ve radiante. Podría tener problemas de visión, pero tiene un brillo en los ojos. Su cuerpo podría estar encorvado, pero su espíritu sigue vigoroso. ¡Tan llena de vida, tan llena de sabiduría, tan llena de amor, tan bella!

Por supuesto que no despiertas una mañana, y de repente descubres que te has convertido en una "mujer mayor piadosa". (¡Eso desearía!). No hay crema milagrosa en el mercado que produzca esa clase de belleza, como tampoco ningún medio instantáneo para alcanzar la belleza física. Cultivar la belleza de espíritu requiere de un esfuerzo constante, la inspiración del Espíritu, nuestra confianza en Cristo y Su gracia.

> *"Y deseará el rey tu hermosura; e inclínate a él, porque él es tu señor".*
>
> **Salmos 45:11**
>
> *"Oye, hija, y mira, e inclina tu oído; olvida tu pueblo, y la casa de tu padre; y deseará el rey tu hermosura; e inclínate a él, porque él es tu señor. Y las hijas de Tiro vendrán con presentes; implorarán tu favor los ricos del pueblo. Toda gloriosa es la hija del rey en su morada; de brocado de oro es su vestido. Con vestidos bordados será llevada al rey; vírgenes irán en pos de ella, compañeras suyas serán traídas a ti. Serán traídas con alegría y gozo; entrarán en el palacio del rey".*
>
> **Salmos 45: 10-15**

Y toma tiempo. La belleza que vemos en una mujer mayor piadosa es el fruto de años de fidelidad a un régimen de belleza espiritual: pasar tiempo con el Señor, someterse a Su diseño para su vida, permitir a Su Espíritu que desarrolle el carácter de Cristo en su vida. Su belleza fluye de su interior.

¿Qué tipo de belleza es más importante para ti? Sé sincera. Por cada par de declaraciones, coloca una marca a las que sean más importantes para ti:

☐ Obtener un buen corte de cabello ☐ Obtener un espíritu afable y apacible	☐ Embellecer mi cara ☐ Embellecer mi corazón
☐ Vestirme con ropa bonita ☐ Vestirme en santidad	☐ Escoger los accesorios correctos ☐ Escoger el respeto y la obediencia
☐ Mostrar mi belleza ☐ Mostrar la belleza de Cristo	☐ Querer verme bien ☐ Querer ser y hacer el bien
☐ Estudiar las revistas de belleza ☐ Estudiar el libro de la moda de Dios	☐ Desear un maquillaje artístico que me haga lucir mejor ☐ Desear que el Espíritu Santo me haga lucir mejor

Tengo (Nancy) que admitir que la primera vez que leí las declaraciones anteriores (escritas por Mary), pensé: *"¡Ay!"*. Estaba convencida de que a menudo consideraba más importante y prioritaria la belleza externa, que cultivar la belleza interna del corazón.

En definitiva, una mujer dura, alborotadora, escandalosa, demandante, insolente, obstinada, imprudente, controladora, no es ni bella ni femenina, no importa cuán atractiva sea su apariencia externa. Pero una mujer cuya belleza fluye de su interior, una mujer que se viste de santidad y acepta el diseño divino de Dios para la feminidad... ¡Qué increíble! Aunque no tenga una cara o un cuerpo de modelo, será sumamente bella y preciosa a los ojos de Dios.

La verdadera feminidad —la feminidad de la que habla la Palabra de Dios— es espectacularmente bella; más bella que cualquier modelo de revista de moda perfectamente peinada y maquillada. ¿Cómo puede ser? Porque la Mujer Verdadera representa a la novia de Cristo y refleja la gloria de Dios y el evangelio de Jesucristo, y no hay nada más bello que eso. El Rey del universo es cautivado por ese tipo de belleza (Sal. 45:11) y los ángeles anhelan mirar asombrados la manifestación del evangelio (1 P. 1:12).

El Salmo 45 es el cántico de celebración del matrimonio del rey hebreo con una princesa extranjera. Muchos comentaristas creen que también es una profecía mesiánica, que anuncia una relación aún mejor: la de Cristo, el Rey, con su novia, la Iglesia.

Lee la cita de Salmos 45:10-15 que se encuentra al margen de la página 202. ¿Qué sugiere el Salmo 45:11 acerca de por qué deberíamos buscar la belleza y cómo deberíamos buscarla?

_____

_____

_____

La novia en este cántico de una boda real se describe como "toda gloriosa". Una novia que se esfuerza en embellecerse para su novio. La Escritura utiliza este simbolismo para ilustrar cómo tenemos que embellecernos para nuestro Rey. Nuestro Señor quiere que nos vistamos de lino fino, limpio y resplandeciente, que son las acciones justas de los santos (Ap. 19:7-8). También quiere que sus hijas cultiven una conducta femenina. A diferencia de la belleza física que disminuye a medida que envejecemos (¡aunque tratemos de conservarla!), según 1 Pedro 3:4, esta belleza interna es "imperecedera" ("incorruptible" NVI). Esta conducta es "muy preciada" y atractiva a Sus ojos.

Es asombroso considerar que Dios creó la masculinidad, la feminidad y el matrimonio como el ejemplo perfecto para revelar Su carácter y Su plan redentor. Él escribió esta parábola directamente sobre carne humana. Escribió esta divina ilustración directamente sobre ti y sobre cada uno de los millones y billones de mujeres y hombres de la tierra.

Nuestro deseo es que esta maravillosa visión cautive tu corazón. Oramos para que te atraiga y la aprecies tanto, que dediques tu vida a buscar a cualquier costo la belleza espiritual, por sobre cualquier otro tipo de belleza.

de la teoría
a la práctica...

cambio de imagen total

para asimilar:

El video de la semana siete te ayudará a asimilar las lecciones de esta semana. Encontrarás este video en inglés con subtítulos en español en http://dotsub.com/view/user/hleah101. Hay otros recursos disponibles en www.avivanuestroscorazones.com.

para reflexionar:

Piensa en las siguientes preguntas. Debátelas con tus amigas, tu familia o en un grupo pequeño:

1. ¿Pensaste alguna vez que la verdadera feminidad es como sentir el torno del dentista en tus dientes, que es lo correcto, pero no es agradable? ¿De qué manera lo contrarresta la idea de que la feminidad es un "poema" de Dios?

2. ¿Qué comportamiento podría indicar que una mujer está consagrada a un hombre en particular? ¿Qué comportamiento podría indicar que está consagrada a Cristo?

3. ¿Cuáles son los rasgos de carácter específicos que Pablo enfatiza para las mujeres? (ver Tit. 2: 2-6). ¿De qué manera contrarrestan estos rasgos de carácter las tendencias pecaminosas específicas del sexo femenino y nos conducen nuevamente a nuestro diseño divino?

4. ¿Cuáles son los rasgos de carácter específicos que Pablo enfatiza para los hombres? ¿De qué manera contrarrestan estos rasgos de carácter las tendencias pecaminosas específicas del sexo masculino y los conducen nuevamente a Su diseño divino?

5. ¿Cuáles son las malinterpretaciones comunes o las distorsiones sobre lo que significa ser afable, apacible y dócil? ¿Crees que la verdadera feminidad requiere que algunas mujeres violen su personalidad?

6. Al pensar en los diversos aspectos de la verdadera belleza que hemos estudiado esta semana, ¿crees que hay un aspecto específico de tu feminidad que necesitas que el Señor transforme totalmente?

para personalizar:

Utiliza la siguiente hoja en blanco para escribir tus notas sobre lo que aprendiste esta semana. Escribe tus comentarios, tu versículo favorito o un concepto o cita que haya sido particularmente útil o importante para ti. Compone una oración, una carta o un poema. Apunta notas sobre el video o la sesión de tu grupo pequeño. Expresa la respuesta de tu corazón a lo que has aprendido. Personaliza las lecciones de esta semana de la manera que más te ayude a poner en práctica lo que aprendiste.

personalízalo

de la teoría
a la práctica…

la hermandad es poderosa

Corría el año 1966. Betty Friedan invitó a unas veinte mujeres a su cuarto de hotel para planificar estrategias sobre cómo iniciar un movimiento feminista. Los incansables esfuerzos de esas pocas mujeres derivaron en una rápida movilización de muchas mujeres. Solo cuatro años más tarde, veinte mil mujeres marcharon orgullosamente a lo largo de la Quinta Avenida de Nueva York, identificándose cómo parte del movimiento de la liberación femenina. Fue entonces que Friedan declaró valientemente que ningún hombre o niño ni ninguna mujer escaparían de la naturaleza de esa revolución. Y tenía razón. Hoy, cincuenta años después, el feminismo se ha convertido en la mentalidad que predomina entre las masas.

¿Cómo sucedió esto? ¿Cómo obtuvieron aceptación y se expandieron las ideas de unas pocas mujeres? Las feministas te dirán que es porque la "hermandad es poderosa". Las mujeres tienen la tremenda capacidad de influenciar. Cuando trabajan juntas, pueden convertirse en una fuerza de cambio indomable.

Cómo unas pocas mujeres decididas causaron tan profundo cambio, fue uno de los temas de conversación cuando (Nancy) invité a Mary y a otras dos amigas a mi casa después de grabar algunos programas de radio para *Aviva Nuestros Corazones* en el otoño de 2002. El libro de Mary *The Feminist Gospel* [El evangelio feminista] me había ayudado a entender cómo había penetrado y se había impregnado el movimiento feminista, no solo en nuestra cultura sino incluso en nuestras iglesias. Así que yo quería que ella me ayudara a explicar a nuestros oyentes cómo habíamos llegado a estar como estamos.

Las cuatro nos sentamos en la sala esa tarde; tal vez sea más exacto decir que ellas tres se sentaron. Yo tenía un fuerte resfrío y me recosté en el sofá, envuelta en una frazada, con una caja de pañuelitos desechables, bajo los efectos de un fuerte antigripal.

Y ahí es donde yo (Mary) retomo la historia… Holly Elliff, Kim Wagner y yo estábamos sentadas en la sala de Nancy aquella noche, mientras manteníamos una conversación avivada acerca de la filosofía feminista, el movimiento feminista, la masacre que la ideología feminista había causado en la vida de las mujeres y varios otros temas relacionados. Una de nosotras estaba maravillada de cómo un grupo tan pequeño de personas radicales había encabezado el cambio, cuando se oyó una voz desde el bulto arropado en el sofá:

Si unas pocas mujeres enojadas y determinadas hicieron tan impresionante cambio para mal. Piensen qué cambio para bien podría hacer un grupo de mujeres piadosas y determinadas. Creo que es tiempo de una contrarrevolución.

El comentario de Nancy detuvo nuestra conversación así como un oficial de tránsito detiene el paso del tráfico en un cruce escolar a la hora pico. Era cierto; pero ya era tarde y ninguna de nosotras estaba realmente determinada. Ni mencionar que la persona que había hecho el llamado de guerra necesitaba irse a la cama y no estaba en condiciones de conducir o movilizar una revolución. Yo tenía que tomar un vuelo y las demás tenían una larga lista de cosas para hacer al día siguiente.

Hoy nos reímos de eso; pero al mirar atrás vemos que el Señor usó esa conversación para regar semillas que Él había plantado en mi corazón y en el de Nancy durante muchos años. En los últimos años, esas semillas han seguido echando raíces y han dado mucho fruto, como las múltiples conferencias nacionales de "Mujer Verdadera", el Manifiesto de la Mujer Verdadera y mucho de lo que Dios está haciendo a través del movimiento de Mujer Verdadera en el presente.

Las palabras de Nancy demostraron ser proféticas. Es tiempo de una contrarrevolución. Pero no de una revolución política estridente; sino de una contrarrevolución silenciosa de hombres y mujeres piadosos, que se atrevan a tomar una postura firme con la Palabra a Dios contra la corriente popular, y deleitarse en el diseño divino para la masculinidad y la feminidad. Y con el Señor podríamos "perseguir uno a mil, y dos hacer huir a diez mil" (Dt. 32:30); pocos pueden influir a muchos.

Esta revolución no incluirá protestas, huelga de brazos cruzados, marchas o espectáculos masivos. No será respaldada por fondos del gobierno. No necesitará el respaldo de celebridades, mercadotecnia comercial ostentosa ni ninguna teoría sofisticada. Ni reclamará aceptación en lugares públicos.

Será un movimiento de mujeres comunes y corrientes, que aman a Jesús y que tienen el propósito de dar fruto, ser hospitalarias, ser una ayuda, dejar un legado y ejercer una influencia positiva. La hermandad es poderosa. Pocas mujeres influirán a muchas, cuando una mujer tras otra diga "Sí, Señor", acepte Su hermoso diseño y una sus brazos y su corazón con otras mujeres que piensan de la misma manera. →

con el propósito de dar fruto

uestra sociedad alienta a las mujeres a perseguir una carrera, el éxito, el poder, el sexo, la realización personal como su principal objetivo. Como resultado de la revolución femenina, el matrimonio y la maternidad han sido seriamente devaluados. El feminismo manifiesta que estas instituciones mantienen a la mujer en estado de servidumbre y les impide desarrollar su propio potencial. Los hijos se consideran una carga o una limitación para la felicidad de la mujer y su capacidad de dejar una huella en el mundo.

"Porque somos hechura suya, creados en Cristo Jesús para buenas obras, las cuales Dios preparó de antemano para que anduviésemos en ellas".

Efesios 2:10

"…que tenga testimonio de buenas obras; si ha criado hijos…".

I Timoteo 5:10

Un antiguo mantra del movimiento femenino fue que la biología —los ovarios, la matriz y la capacidad de tener hijos— no debe determinar el destino de la mujer. Pero de acuerdo a las Escrituras, la maternidad piadosa e intencional es parte integral de la feminidad. La capacidad física de una mujer de dar a luz nos señala nuestro propósito y llamado espiritual. Dios nos ha diseñado para dar a luz y criar hijos.

Toda mujer normal está capacitada para ser madre. Desde luego, no todas las mujeres del mundo están destinadas a hacer uso de su capacidad biológica. Pero la maternidad, en un sentido más profundo, es la esencia de la feminidad. El nombre de la primera mujer afirma y celebra esta verdad: Eva significa "dadora de vida". El propósito de Dios es que toda mujer, casada o soltera, fértil o infértil, sea dadora de vida. Sin importar su estado civil, ocupación o edad, el propósito principal de una mujer debe ser glorificar a Dios y extender su reino al reproducirse y dar fruto espiritual.

Lee los versículos al margen. De acuerdo con 1 Timoteo 5:10, ¿cuál es una de las principales buenas obras que Dios preparó para la mujer?

_____

_____

Desde el principio, la intensión de Dios fue que Su pueblo fuera "fructífero y se multiplicara y poblara la tierra" (Gn. 1:28, 9:1, 17:6, 35:11). Pero no quería que las mujeres solo dieran a luz por el simple hecho de incrementar la población humana; no quería que fueran una máquina automática y continua de hacer bebés, No, Él tenía algo mucho más importante en mente. Las mujeres eran una parte esencial de su plan estratégico. Él quería que fuéramos fructíferas con el propósito de continuar y expandir la familia de Dios (Gá. 3:7). La esencia de la maternidad es dar a luz y criar a los hijos en la fe. Dios bendice a una mujer con hijos para que se pueda extender Su reino.

el fruto para el reino

En este contexto necesitamos entender que la maternidad es una parte crucial del plan redentor de Dios. Es crucial preservar y transmitir la verdad a la siguiente generación. Y debido a su importancia, siempre ha existido el intento de Satanás de obstaculizarlo. Hoy día, existe una intensa batalla en esta esfera. Por una parte, la sociedad desdeña y menosprecia la maternidad como parte importante de la feminidad. Es evidente que este pensamiento no coincide con la Palabra de Dios. Por otra parte, hay algunos que promueven la idea de que dar a luz hijos biológicos es el único fin y propósito de la feminidad. Esta forma de pensar es errónea y debe corregirse.

En primer lugar, la Biblia le da mucho valor al hecho de tener y criar hijos. Uno de los grandes propósitos del matrimonio es dar a luz y criar hijos para la gloria de Dios. Ser esposa y madre es un llamado grande e importante, y debemos volver a animar a las mujeres a aceptar la misión del matrimonio y la maternidad como el medio para glorificar a Dios y extender Su reino. A través de la Escritura, vemos que los niños son una bendición. ¡Dios los ama! Si tú tienes una actitud negativa hacia los niños, tu corazón no refleja el corazón de Dios.

En segundo lugar, aunque el matrimonio normalmente resulta en dar a luz hijos biológicos,

"Regocíjate, oh estéril, la que no daba a luz; levanta canción y da voces de júbilo, la que nunca estuvo de parto; porque más son los hijos de la desamparada que los de la casada, ha dicho Jehová".

Isaías 54:1

"Él hace habitar en familia a la estéril, que se goza en ser madre de hijos. Aleluya".

Salmos 113:9

"No me elegisteis vosotros a mí, sino que yo os elegí a vosotros, y os he puesto para que vayáis y llevéis fruto, y vuestro fruto permanezca".

Juan 15:16

"El fruto del justo es árbol de vida; y el que gana almas es sabio".

Proverbios 11:30

no siempre es así y no es ese el principal objetivo. El principal objetivo de la mujer es ser fructífera espiritualmente, dar a luz y criar hijos espirituales. Para las no casadas, Pablo afirma que la soltería es un don de Dios y que "cada uno tiene su propio don de Dios, uno a la verdad de un modo, y otro de otro" (1 Co. 7:7).

Dios nos da diferentes dones y llamados. El don del matrimonio no es dado a toda mujer, ni el don de criar hijos es dado a todas las mujeres. Tampoco toda mujer está destinada a casarse, ni toda mujer casada está destinada a criar hijos ni toda mujer debe criar tantos hijos biológicos como le sea posible. Lo que sí se les ha dado a todas las mujeres es el llamado a ser fructíferas espiritualmente. El Señor quiere que todas las mujeres —aun las mujeres solteras, sin hijos y que han pasado la edad de tener hijos— "habiten en familia" y se "[gocen] en ser madre de hijos".

Lee los versículos al margen. Subraya la palabra "familia" y la frase "se goza en ser madre" en el Salmo 113:9. ¿Cómo debería reflejarse esta manera de pensar en nuestra perspectiva de los hijos? Explica cómo una mujer sin hijos podría habitar en "familia" y gozarse en "ser madre de hijos".

¿Recuerdas a Débora en el libro de Jueces? Sabemos que ella era casada. La Escritura no nos dice qué edad tenía o si tenía hijos biológicos. Pero nos dice que Débora se consideraba como "una madre en Israel" (Jue. 5:7). No se describía como una gobernante, una jueza, una profeta o una líder… sino como una *madre en Israel*. Ella tenía un instinto protector y maternal dado por Dios, que le daba valentía y compasión. No se dejó llevar por las cosas que hoy día gobiernan a muchas mujeres modernas —poder, control, posición o reconocimiento—sino por el corazón de una madre. Ella usaba su posición e influencia para cumplir su llamado de ser madre.

El apóstol Pablo ilustra este concepto en Romanos 16:13 (NVI). Pablo saluda a su amigo Rufo y luego extiende el saludo a la madre de Rufo, "que ha sido también como una madre para mí". No sabemos nada más acerca de esta mujer. No sabemos si aún estaba casada o había enviudado; si comerciaba mercancías, como la mujer de Proverbios 31, o si sostenía financieramente el ministerio de Pablo como Juana y Susana sostenían el de Cristo (Lc. 8:1-3), o si había instruido a Pablo en la fe y la doctrina, como lo hicieron Loida y Eunice con Timoteo (2 Ti. 1:5 y 3:14). Todo lo que sabemos es que fue una madre biológica y espiritual de Rufo y que, en algún sentido, también fue madre espiritual de Pablo.

Pienso (Mary) en mi propia madre. Ella tuvo seis hijos biológicos (cinco hermanos y yo). Pero tuvo docenas y docenas de hijos espirituales. Ya tiene más de 80 años de edad y aún sigue dando frutos como madre. Pienso en mi amiga Joy Fagan, una mujer soltera que ha estado enseñando en una universidad cristiana por casi veinte años. Ella es mucho más que una profesora para sus estudiantes; es una "madre" para ellos. Además, está abriendo un albergue para mujeres que salen en libertad de la prisión local y para aquellas que escapan de la prostitución. De esta manera intenta ser una "madre" para ellas también y convertirse en una "abuela" al enseñar a sus alumnas a ser mamás espirituales.

> *"Para que andéis como es digno del Señor, agradándole en todo, llevando fruto en toda buena obra, y creciendo en el conocimiento de Dios".*
>
> **Colosenses 1:10**
>
> *"…para que seáis de otro, del que resució de los muertos, a fin de que llevemos fruto para Dios".*
>
> **Romanos 7:4**

Pienso en Ana, la estudiante universitaria que trabaja como voluntaria en el Centro para Crisis del Embarazo de su localidad ; y Jen, la contadora, que ayuda a las madres solteras en apuros a recuperar sus impuestos; y Megan, que dirige un grupo de estudio bíblico para adolescentes; y Janice, la dentista que realiza viajes misioneros para brindar servicio dental gratuito a los necesitados; y Wilma, una mujer soltera que sirve como directora del ministerio de niños y mujeres de mi iglesia; y Carrie, la mamá que dirige un grupo de madres de niños de edad preescolar en la escuela local; y Grace, que se queda en la casa y les da educación escolar a sus hijos. Todas estas mujeres —algunas con hijos biológicos y otras no— están cumpliendo su misión y su llamado de ser madres piadosas.

Aunque (Nancy) nunca me casé ni tuve el privilegio de dar a luz hijos físicos, Dios me ha dado incontables oportunidades de dedicar mi vida a otros y ser una madre espiritual; ya sea para los hijos de mis amigas, para mujeres más jóvenes que Dios ha puesto en mi camino o para las jóvenes parejas de casados que han vivido en mi casa a lo largo de los años. ¡Qué gozo recibir notas como esta, de una mamá de treinta y tantos años que me llama "mamá Nancy"!:

*No podía dejar que pase este día sin decirte "¡Feliz día de la madre!".
Tú has sido como una madre para mí de muchas maneras y estoy muy agradecida. Sé que no estaría donde estoy hoy sin tu amorosa "labor",
las incontables horas de estudio de Su Palabra y el tiempo precioso que me dedicaste para enseñarme lo que Él te mostraba. ¡Gracias por decirle siempre que sí a Dios! ¡Gracias por ser mi mayor motivadora!*

Lee los pasajes bíblicos al margen de la página anterior. ¿Cuál es el objetivo principal de la maternidad biológica y la maternidad espiritual?

_____

_____

¿Qué oportunidades te ha dado Dios en tu situación actual de gozarte "en ser madre"?

_____

_____

→ **Dios nos ha diseñado y dotado como mujeres para ser "madres",** para dar buen fruto para su gloria y para la extensión de Su reino. ¡No hay llamado más sublime ni responsabilidad más importante!

con el propósito de ser hospitalaria

*A*viva *Nuestros Corazones* tiene páginas web, blogs y páginas de Facebook, todas diseñadas para ayudar a las mujeres a experimentar más libertad, plenitud y utilidad en Cristo.* Leer los comentarios que las lectoras escriben en estos sitios nos ayudan a saber cómo piensan las mujeres cristianas. Muchos de los comentarios que las adolescentes envían —mujeres de la siguiente generación— son particularmente reveladores de la lucha que enfrentan cuando se comprometen a responder al llamado de la feminidad bíblica y a manifestarla según su diseño. Una muchacha dijo:

> *Realmente no estoy de acuerdo con todo esto, no soy una ayuda…créeme. La verdad es que no me gusta ayudar, a pesar de que debería hacerlo más. NO PUEDO cocinar. Detesto limpiar. Soy muy obstinada y me cuesta trabajo sujetarme… No soy una chica muy femenina, ¡preferiría jugar un buen juego de paintball, que hornear un pastel! Y nunca en mi vida he cambiado un pañal. ¡Soy realmente mala con los bebés! ¡Créeme!*
>
> *Me encanta la escuela, así que por eso iré a la universidad el próximo año cuando me gradúe, y después buscaré trabajo. Para ser sincera, ni siquiera creo que quiera tener hijos… Simplemente no soy del tipo de mujer que sirve, se somete, cocina, limpia, atiende bebés; ¡no encajo en este modelo de feminidad! Y entonces, ¿cómo se supone que seré taaaan femenina cuando me case? ¿Tengo que cambiar mi manera de ser?… ¡porque ni pienso!*

> "Quiero, pues, que las viudas jóvenes se casen, críen hijos, gobiernen su casa; que no den al adversario ninguna ocasión de maledicencia".
>
> **I Timoteo 5:14**
>
> "Que enseñen a las mujeres jóvenes a amar a sus maridos y a sus hijos, a ser prudentes, castas, cuidadosas de su casa…".
>
> **Tito 2:4-5**

* Tenemos tres blogs diferentes en inglés: El blog de *True Woman*, el blog de *Revive Our Hearts* y el blog de Lies Young Women Believe, que está enfocado en las adolescentes. Mary también tiene un blog llamado *Girls Gone Wise*. Te animamos a visitar estos sitios de Internet, donde puedes interactuar con otras mujeres más jóvenes y más mayores, que desean ser Mujeres Verdaderas de Dios.

Otra dijo:

¿Por qué el matrimonio no puede incluir a una mujer con una carrera que la satisfaga y a un hombre que se quede en la casa y esté satisfecho de ser el "amo de casa", en vez de limitarse a los roles tradicionales del hombre y la mujer? No creo que esto signifique que no estás aceptando tu feminidad, sino que estás aceptando aquello que te hace feliz.

Este tipo de declaraciones generan diversas preocupaciones en nuestra mente:

- Estas jóvenes comparan la feminidad bíblica con una lista estereotipada de quién hace qué en la casa.
- Se refieren al cuidado de los niños y a las actividades domésticas con desdén.
- Han aceptado el ideal de la neutralidad de género de nuestra cultura y no entienden las diferencias innatas entre el hombre y la mujer.
- Creen que la satisfacción de una mujer depende más de su carrera que de sus relaciones.
- Piensan que no es posible cumplir con la feminidad bíblica; sospechan que podría violar la personalidad y el potencial de una mujer.
- Piensan que saben más que Dios en cuanto a qué las hace más felices.

En la lección de hoy, veremos algunos de estos falsos conceptos sin rodeos. Uno de los hermosos propósitos de Dios para la mujer es que ella cuide de su hogar y sea hospitalaria. Como pronto verás, Él no nos da una lista puntual de quehaceres que debemos cumplir, ni aclara que los quehaceres son exclusivos de la mujer; como tampoco espera que cuidar de la casa sea la única tarea de la mujer (Proverbios 31, la mujer también tiene negocios) ni que idealice obsesivamente el hogar y su valor por sobre lo que este representa.

A pesar de estas falsas ideas y distorsiones comunes acerca de lo que esto supone, la Escritura deja claro que Dios creó a la mujer con una "tendencia" y responsabilidad únicas hacia el hogar. Casadas o solteras, las mujeres pueden glorificar a Dios al crear un ambiente cálido y acogedor que pueda recibir y dar vida.

Lee las citas bíblicas que se encuentran al margen de las páginas 215 y 217. ¿Por qué crees que Dios le asignó a la mujer (y no al hombre) la responsabilidad principal de manejar y cuidar de su hogar?

¿Consideras que esta asignación es degradante para la mujer? Explica por qué.

De acuerdo con 1 Timoteo 5:14 y Tito 2:5, la responsabilidad de cuidar su casa recae principalmente sobre la mujer (aunque no es exclusiva de ella). La palabra griega traducida como *"cuidadosa de su casa"*, que aparece en Tito 2:5, significa estar ocupada en casa, activa con los deberes del hogar; es decir, con una inclinación doméstica. Domesticidad es una palabra anticuada que ya no escuchamos mucho. Y si la escuchamos, no es de una manera positiva. ¿Sabes lo que significa la palabra "doméstico"? La idea central de la domesticidad es la devoción por la vida del hogar. Es amar el hogar.

"Considera los caminos de su casa, y no come el pan de balde".

Proverbios 31:27

"Que tenga testimonio de buenas obras; si ha criado hijos; si ha practicado la hospitalidad".

1 Timoteo 5:10

En el espacio siguiente, enumera los beneficios físicos, emocionales y espirituales que un hogar acogedor brinda a aquellos que viven allí.

un anticipo del cielo

¿Sabes que Jesús es doméstico? ¿Te suena extraño? ¿Por qué decimos esto? Observa estos versículos de Juan 14. Jesús dijo: "No se turbe vuestro corazón…En la casa de mi Padre muchas moradas hay…voy, pues [¿a hacer qué?] a preparar lugar para vosotros" (vv. 1-2). ¿Qué está haciendo Jesús en este momento? Está preparando un hogar de paz y gozo para nosotros en la casa de su Padre; un lugar donde nuestro corazón nunca más se turbe. Así que como mujeres, cuando creamos una casa acogedora donde Cristo es honrado, estamos creando aquí en la tierra un reflejo visible y físico de una realidad invisible y eterna. Estamos brindando a los demás un anticipo del cielo.

Recordemos que nuestra feminidad manifiesta y señala algo mucho más grande que nosotras mismas.

Este mundo es un lugar desordenado y caótico. Pero nosotras tenemos el privilegio de crear un ambiente hogareño que haga que la gente anhele el cielo. Ya sea que seamos casadas o solteras, nuestro objetivo como mujeres es crear un lugar que física y espiritualmente atraiga y reciba a los demás en "casa". Un lugar que ministre a sus necesidades, donde puedan encontrar comodidad, sanidad, descanso, amor y un sentido de la pertenencia. Un lugar pacífico y acogedor, donde puedan retirarse para renovar su corazón y estar tranquilos. Un lugar que les dé una idea de qué tan maravilloso será nuestro hogar eterno.

Tanto en el lugar físico como en el clima espiritual de nuestro hogar, el Señor quiere que preparemos un ambiente en el que nuestra familia desee estar. Y no solo nuestra familia biológica. Podemos reflejar el corazón hospitalario de Dios, al abrir nuestro corazón y nuestro hogar a aquellos que no forman parte de nuestra familia, incluso a extraños. Al practicar la hospitalidad, demostramos de una manera visible y tangible que Su hogar celestial está abierto a todos aquellos que entren por la fe.

¿De qué manera el significado y el valor que la Biblia le da a la domesticidad femenina, difiere del significado y el valor que nuestra cultura le otorga?

_____

_____

¿De qué manera una perspectiva bíblica del hogar puede ayudar a las mujeres a evitar la trampa de la comparación o la idolatría de una casa costosa e impecable como las que aparecen en las revistas de decoración del hogar para mujeres?

_____

_____

¿Acaso debes hacer algún ajuste en tu corazón y/o en tus hábitos para conformarte al diseño de Dios para la mujer de hacer del hogar un lugar acogedor? Explícalo.

_____

_____

con el propósito de ser una ayuda

*E*l comentario que vimos ayer, enviado por una joven al blog de *Lies Young Women Believe* [Mentiras que las jóvenes creen] expresa un sentimiento común. El feminismo ha convencido a la mayoría de las mujeres que "servir, someterte, cocinar, limpiar, cuidar a los bebés y ayudar" es denigrante y atrapa a la mujer en un rol de servilismo y de segundo sexo. Las mujeres modernas no aspiran estas cosas:

> *"No soy una ayuda… de veras. **Nunca** me ha gustado ayudar, aunque debería hacerlo más… No soy de las que sirven, se sujetan, cocinan, limpian, cuidan bebés o ayudan".*

Tristemente, lo que esta joven está reconociendo es que ella no valora lo que Dios valora. Las cosas que son preciosas para Él, ella las menosprecia. ¡Porque Cristo es definitivamente de los que sirven, se sujetan y ayudan! Y Él no considera que eso sea un rol degradante (Fil. 2:6-8). Podrías incluso argumentar de que Cristo sea también de los que cocinan, limpian y cuidan hijos. Pero es su obediencia sujeta al Padre lo que cocina los ingredientes para la redención, nos limpia y produce hijos espirituales para la familia de Dios.

Cuando pensamos en la palabra *ayuda,* normalmente pensamos que se trata de un rol secundario a otro rol más importante. Está el plomero, y el *ayudante* de plomero. El plomero es el importante, el que tiene el conocimiento y la experiencia. El ayudante puede ser prescindible, es bueno tenerlo cerca, pero no es esencial para poder realizar el trabajo. El ayudante es el que recibe las órdenes del plomero; el ayudante hace lo que el plomero no quiere hacer. El plomero arregla las cañerías, se hace el día y recibe un buen cheque. Pero el ayudante no recibe gloria ni reconocimiento. El ayudante solo está para hacer más fácil la vida del plomero y limpiar lo que él ensucia.

> *"Y dijo Jehová Dios: No es bueno que el hombre esté solo; le haré ayuda idónea para él".*
>
> **Génesis 2:18**

Aunque esta sea una perspectiva común con respecto al valor y el rol del ayudante, no se ajusta totalmente al significado bíblico de esta palabra.

El concepto de ser una "ayuda" se utiliza para las tres personas de la Trinidad. El Padre es el que nos ayuda (Sal. 54:4); Cristo ayuda a Su pueblo (He. 2:16

NTV); el Espíritu Santo es nuestra ayuda [o consolador] (Jn. 14:16). En otras partes, se utiliza para referirse a nombres militares o políticos (1 Cr. 12:18, Jer. 47:4; Nah. 3:9). Así que la idea de una posición o prestigio inferior está totalmente ausente en la definición bíblica de la palabra.

Esta palabra no implica que el que brinda la ayuda es más fuerte que el receptor de la ayuda; aunque Dios es claramente más fuerte que nosotras. La palabra simplemente indica que aquellos que tienen necesidad de una "ayuda" no tienen fuerza suficiente para hacer el trabajo por sí mismos. Sus recursos son insuficientes para la tarea. Una persona que "ayuda" aporta algo que la persona en necesidad de ayuda no posee.

Lee Génesis 2:18 al margen de la página 219. Con base en el significado bíblico de la palabra "ayuda", explica cómo la mujer es una ayuda idónea para el hombre.

Anteriormente, en este estudio, vimos que Dios creó a la mujer para ser una *ayuda idónea* para el hombre. La expresión "ayuda idónea" significa adecuada, comparable, respectiva o que combina. Podría literalmente interpretarse como "la antítesis". La mujer fue creada para el hombre. Lo que ella trae a la mesa complementa perfectamente lo que él trae a la mesa. Ambos contribuyen en algo esencial para el trabajo en común. La palabra *idónea* remarca que, a diferencia de los animales, la mujer es la contraparte del hombre y que realmente puede ser uno con el hombre (Gn. 2:24) en su búsqueda de glorificar a Dios. Ella disfruta de una comunión y sociedad plena en la tarea que Dios le dio a la humanidad de gobernar y dominar la tierra (Gn. 1:27-28).

¿Cómo explicarías a alguien que el diseño de la mujer como ayuda idónea del hombre es un llamado sublime y noble, y no un rol inferior y degradante?

Una "ayuda" es lo opuesto a un "estorbo". Es fascinante hacer un estudio de las Escrituras para comprender mejor la idea de ayuda.

La siguiente tabla enumera algunas características de una persona que ayuda. Completa la tabla identificando las características opuestas o las de una persona que estorba. La primera ya está hecha.

UNA AYUDA	UN ESTORBO
Está cerca (Sal. 22:11)	Distante, antagónico
Ve y se preocupa (Sal. 10:14, 40:17)	
Acude inmediatamente a ayudar (Sal. 22:19)	
Consuela (Sal. 86:17)	
Sana (Sal. 30:2)	
Nunca te deja ni te desampara (Sal. 27:9)	
Esfuerza, ayuda y sostiene (Is. 41:10, Sal. 20:2)	
Te impide caer (Sal. 118:13)	
Aconseja, da a conocer plenitud de inteligencia (Job 26:2-4)	
Inspira confianza (Sal. 118:7)	
Combate el temor (He. 13:6)	
Promueve el orden y la seguridad (2 S. 23:5)	
Pelea nuestras batallas (2 Cr. 32:8)	
Alienta y alegra (Sal. 33:20-21)	

Ser una "ayuda" es un aspecto fundamental en nuestro diseño como mujeres. Este llamado ciertamente se aplica a la relación de la mujer con su marido, pero creemos que va más allá de la relación del matrimonio. Hay muchas maneras de poder ayudar, como mujeres, a los hombres que nos rodean en vez de estorbar. Podemos ayudarlos de la siguiente manera:

- Al glorificar a Dios (Is. 43:7; Ro. 15:5; 1 Co. 10:31)
- Al ejercer dominio propio y mayordomía sobre la tierra (Gn. 1:28; Sal. 8:6)

- Al ser espiritualmente fructíferas y multiplicarnos (Gn. 1:28; Ro. 9:8) y hacer buenas obras para el Reino de Dios (Ef. 2:10)
- Al honrar a Dios con nuestro testimonio de pureza sexual (1 Ts. 4:5-9)
- Al personificar y testificar acerca de la enorme gracia de nuestro grandioso Dios (Ro. 1:17-23; Ef. 2:8; Jn. 1:16)

Las mujeres fueron diseñadas para ayudar al hombre a servir para el propósito redentor de Dios en este mundo. Eso no significa que todos los hombres necesiten una esposa o que toda mujer necesite un esposo. Significa que, a fin de cuentas, ambos sexos son necesarios para llevar a cabo lo que Dios diseñó para el ser humano. Los hombres no lo pueden llevar a cabo solos. La perspectiva bíblica del rol de ayuda idónea deja fuera la feminidad del rol presentado en las novelas románticas y le da dignidad, significado y propósito infinitos. Y esto nos ayuda a entender el valor de las tareas, que nuestra cultura considera triviales e insignificantes.

Habrá ocasiones en la vida de la mujer cuando ayudar implique una lista interminable de tareas como cocinar, limpiar y cuidar bebés en una etapa y a padres ancianos en otra; pero nunca seremos más como Jesús, que cuando ayudemos y sirvamos a otros. Y si la ayuda de una mujer deriva en el cumplimiento del propósito principal de Dios, su trabajo es vital, no importa qué tan "pequeña" sea esa tarea.

Repasa la tabla de la página 221. ¿Eres una ayuda o un estorbo? ¿Acaso estás impidiendo de alguna forma que los hombres que te rodean se conviertan en los hombres que Dios dispuso que sean?

_____

_____

con el propósito de dejar un legado

"Algo está muy mal con la manera de vivir de las mujeres norteamericanas de hoy", reflexionó Betty Friedan en 1963.[2] Ella propuso que la mujer no estaría contenta —y que el problema no se resolvería— hasta que las mujeres dejaran de atender las necesidades de su familia, reclamaran el poder de autodefinirse, actualizarse en la fuerza laboral y neutralizar el significado del género. La visión de Friedan acerca de la feminidad se convirtió en un legado que las mujeres de su generación pasaron a las mujeres de esta generación.

Al mirar atrás, es obvio ver que el modelo de feminidad de la familia tradicional —compuesta por un esposo, una furgoneta llena de niños, una casa en los suburbios y la mayor cantidad de electrodomésticos modernos— no le daba a la mujer la felicidad que deseaba. En medio del primer movimiento feminista de principios de la década de 1970, la revista *Time* publicó un artículo que lamentaba:

> *Por todos sus derechos, actualmente, la mujer norteamericana debería ser más feliz que en toda la historia. Es más floreciente, más culta, más próspera, está mejor vestida, más desahogada, más solicitada por los anunciantes y más consentida por la industria electrodoméstica, de lo que jamás ha estado. Pero hay un gusano en la manzana. No está contenta con su rol tradicional en la familia; simplemente, ya no está conforme con su rol de ama de casa, esposa y madre en el que la sociedad la ha estereotipado.[3]*

Como vimos anteriormente, estudios realizados en los últimos años muestran que la mujer es menos feliz hoy de lo que era en los primeros años de la revolución femenina.[4] Evidentemente, todas las "ganancias" del movimiento femenino no han dado los resultados prometidos en lo que a satisfacción y contento se refiere.

¿Significa esto que debemos rebobinar y tratar de hacer encajar a cada mujer en el molde de la década de 1950 o quizás del siglo XIX o antes? No, la historia demuestra que la felicidad no se encuentra en la búsqueda de ningún ideal cultural. No podemos tener una idea correcta de la feminidad hasta que entendamos cuál es el principal objetivo al que esta apunta. El tiempo, la cultura y las circunstancias cambian, pero la Biblia provee un modelo duradero para la feminidad que va más allá de la lista de comportamientos calcados y estereotipados.

Lamentablemente, en su mayor parte, ese modelo ha sido ignorado y rechazado en nuestros días. Y tanto nosotras como nuestras hijas estamos pagando el precio. Susan Hunt nos llama a ser determinantes con respecto a recuperar y pasar el legado de una feminidad cimentada en la Biblia y centrada en Cristo:

> *"No las encubriremos a sus hijos, contando a la generación venidera... Para que lo sepa la generación venidera, y los hijos que nacerán; y los que se levantarán lo cuenten a sus hijos, a fin de que pongan en Dios su confianza, y no se olviden de las obras de Dios; que guarden sus mandamientos".*
>
> **Salmos 78:4-7**

Debemos recuperar el legado de la feminidad bíblica y estar determinadas a pasarlo con cuidado a la siguiente generación. Si una generación es negligente, la siguiente generación sufrirá. Relegar el diseño de Dios para la feminidad ha tenido devastadores efectos en nuestros hogares, nuestras iglesias y nuestra cultura.

Esta batalla por la feminidad bíblica no es nada nueva; es simplemente el reclamo de lo que siempre ha sido y siempre será. Pero debemos reclamarla para la gloria de nuestro Rey soberano y el avance de Su reino.[5]

Ella está en lo correcto. Creemos que vale la pena el esfuerzo de preservar y promover el patrón de Dios para nuestra feminidad y pasarlo a aquellas que vienen detrás de nosotras. Si no lo hacemos, las futuras generaciones sufrirán.

En este estudio, estamos tratando de ofrecerte una visión de la feminidad que trascienda el tiempo y la cultura. No te hemos dado una lista de comportamientos ni hemos enfatizado detalles específicos de una verdadera feminidad en tu vida. Si logras entender el significado infinito de la feminidad y los principios que deberían guiar las decisiones de la mujer, tienes una pequeña esperanza de tomar las mejores decisiones.

Si la visión de feminidad que pasas a tus hijas consiste en una lista de comportamientos recomendados —formulados para un tiempo en particular o para un contexto cultural en particular—, tu hija no estará preparada para descubrir cómo ser una mujer piadosa en su cultura. Y el legado de la verdadera feminidad bíblica se perderá una vez más.

Lee Salmos 78:1-8 en tu Biblia. Resume por qué es importante dejar el legado de una feminidad verdadera para las hijas de la siguiente generación:

¿Cuáles son los posibles efectos de ignorar o rechazar el diseño de Dios para la feminidad en las mujeres, el hogar, la iglesia y la cultura?

La belleza y la influencia duradera de la mujer que acepta el diseño divino es una maravilla que debemos contemplar. Una de mis (Nancy) mejores amigas partió con el Señor en el año 2005, a la edad de noventa y dos años. Yo conocía a Joyce Johnson como "Mamá J" por haber vivido con ella y con "Papá J" durante los dos últimos años de la universidad. Aunque ella no era una figura pública, fue una de las heroínas que dejó una marca indeleble en mi vida. Tuvo una vida transformada por la Palabra de Dios y conducida en Sus principios sin conformarse a este mundo.

Mamá J. amó y apoyó fielmente a su esposo durante sesenta y dos años de matrimonio, hasta que él falleció quince años antes que ella. Amaba servir a los demás y dedicó su vida a la vida de sus cinco hijos, siete nietos y un bisnieto.

Ella tenía un corazón de sierva. No se pueden calcular cuántos huéspedes tuvo en su casa, cuántas comidas sirvió, cuántos canastos de ropa lavó para su esposo, sus hijos y otros. Su mayor anhelo fue que cada uno de sus hijos y nietos tuviera una relación personal y vital con Cristo, y oró ferviente y persistentemente hasta el final.

> *"Las ancianas asimismo sean reverentes en su porte; no calumniadoras, no esclavas del vino, maestras del bien; que enseñen a las mujeres jóvenes a amar a sus maridos y a sus hijos, a ser prudentes, castas, cuidadosas de su casa, buenas, sujetas a sus maridos, para que la palabra de Dios no sea blasfemada".*
>
> **Tito 2:3-5**

La última vez que nos vimos, semanas antes de que partiera a su hogar celestial, me dijo entusiasmada: "¡Aún sigo ofreciendo guía y consejos a una joven!". *¡A los noventa y dos años!* Muchos años antes de su muerte, cuando en su iglesia preguntaron si alguna mujer mayor deseaba dedicar tiempo a la vida de las mujeres más jóvenes, Mamá J. se ofreció como voluntaria y se le asignó una jovencita de veinte años. Tuve el gozo de conocer a esa jovencita en el servicio conmemorativo de Mamá J. ¡Solo el Señor sabe cuán duradero y hasta dónde llegará el efecto dominó y el legado de esa sola vida consagrada!

La Biblia presenta el modelo de cómo debería pasarse el legado de la verdadera feminidad de una generación a la otra. De acuerdo con Tito 2:3-5, ¿cómo aprenden las mujeres jóvenes lo que es la verdadera feminidad?

_____

_____

Si las mujeres no toman la determinación de ser un modelo de piedad y de dejar un buen legado, "la palabra de Dios [podría ser] blasfemada". ¿Cómo sería blasfemada?

_____

_____

> "Aun en la vejez y las canas, oh Dios, no me desampares, hasta que anuncie tu poder a la posteridad, y tu potencia a todos los que han de venir".
>
> **Salmos 71:18**

El patrón bíblico de la feminidad implica pasar el bastón de la fe a la siguiente generación. Esto requiere que primero *ejemplifiquemos* para las mujeres qué significa ser llenas del Espíritu y vivir de acuerdo con la sana doctrina (Tit. 2:1). También requiere que *enseñemos* con dinamismo a la generación venidera de qué se trata la verdadera feminidad y cómo vivir una vida que refleje el evangelio de Cristo.

La imagen que nos presenta Tito 2 es la de una mujer mayor, que es madre espiritual de otra más joven. Susan Hunt explica que la maternidad espiritual es simplemente: "Cuando una mujer de fe y madurez espiritual entabla una relación maternal con una mujer más joven, con el fin de alentarla y prepararla para vivir para la gloria de Dios".[6] De acuerdo con este pasaje, la maternidad espiritual no es una "buena idea" o una opción, sino un mandato —un privilegio santo y supremo— para *toda* mujer cristiana.

→ **¿Qué tan bien estás cumpliendo con la misión de "pasar el bastón" a la siguiente generación?** Detente y pregúntale a Dios si quiere que dediques tu vida a la vida de alguna mujer joven de alguna otra manera. Escribe todo aquello que Dios ponga en tu corazón.

_____

_____

con el propósito de hacer la diferencia

*E*l pastor británico John Angell James escribió un libro profundo y claro en 1853, titulado *Female Piety* [La piedad femenina], en el cual señalaba la enorme influencia que ejercen las mujeres para la moral y el bienestar de una comunidad. Él cita a Adolphe Monod, un importante predicador francés del siglo XIX, cuando dice: "*La gran influencia sobre la tierra, ya sea para bien o para mal, la poseen las mujeres…*".[7]

James creía que la verdadera feminidad era tan importante, que la fuerza y el éxito de una nación depende de esta. Sin la influencia de mujeres piadosas, la estructura moral se debilitaría, las familias fracasarían y, ciertamente, se hundirían en la degradación y la ruina. Él reconocía la influencia —para bien o para mal— que toda mujer ejerce:

> *Toda mujer, ya sea rica o pobre, casada o soltera, tiene un círculo de influencia dentro del cual, de acuerdo a su carácter, ejerce cierto poder para bien o para mal. Cada mujer, ya sea por su virtud o su inmoralidad, por su insensatez o su sabiduría, por su liviandad o su dignidad, añade algo para nuestro encumbramiento o degradación como nación… No se puede derrumbar una comunidad donde las mujeres cumplan su misión, pues por el poder de su noble corazón sobre el corazón de los demás, ella levantará a esa comunidad de sus ruinas y la restaurará a la prosperidad y el gozo.[8]*

Es verdad que, como mujeres, tenemos una esfera de influencia en la que "ejercemos cierto poder para bien o para mal". La hermandad es realmente poderosa. Nuestra cultura ha sido testigo directo de la influencia que ejerció el movimiento feminista del siglo pasado.

Nosotras creemos que es tiempo para un movimiento femenino diferente: una revolución contracultural silenciosa, que vaya contra la corriente cultural y se atreva a deleitarse en el diseño de Dios. Nuestra oración es que, en el poder del Espíritu Santo, las mujeres piadosas detengan la destrucción del género, la sexualidad, la relación entre el hombre y la mujer, la moralidad, el matrimonio y la familia, y que usen su influencia para provocar un efecto positivo en sus comunidades en pro de la piedad. Solo Dios sabe cuán grande será el efecto dominó de esa influencia en las generaciones venideras.

Queremos finalizar esta semana con el reto de dar el paso y ejercer influencia. Es nuestra esperanza que no solo termines el estudio y te quedes con eso. Oramos para que lleves las cosas un paso adelante y tomes la determinación de ayudar y participar de esta contrarrevolución silenciosa.

haz de esto un movimiento

En los años 70, hubo una campaña publicitaria, cuyos comerciales estaban protagonizados por una joven mujer que alegremente cantaba que *"le comentó a dos amigas acerca del champú tal y tal, quienes le comentaron a dos amigas más, quienes le comentaron a otras dos amigas y así sucesivamente"*, mientras su imagen se iba multiplicando cada vez más en la pantalla.

El potencial de expandir exponencialmente un mensaje de boca en boca es sorprendente. Hicimos las matemáticas: ¡y si tú les comentas algo a dos amigas cada semana, y ellas le comentan a otras dos más cada semana, el mensaje se propagará a medio millón de personas en tres meses!

Si cada mujer que realiza este estudio invita a otras dos mujeres y ellas invitan a sus amigas y todas comenzamos a vivir el llamado de la verdadera feminidad, por la gracia de Dios, podríamos ser usadas para cambiar las cosas y ejercer una gran influencia en la vida de la siguiente generación.

El objetivo del movimiento de Mujer Verdadera es ayudar a las mujeres a:

- *Descubrir y aceptar* el diseño de Dios y la misión para sus vidas.
- *Reflejar la belleza* y el corazón de Jesucristo al mundo.
- *Tomar la determinación de pasar* el bastón de la Verdad a la siguiente generación.
- *Orar fervientemente* para que se derrame el Espíritu de Dios en su familia, iglesia, nación y el mundo.

Si te parece que podrías tomar parte —o si solo tienes curiosidad de aprender un poco más—, te alentamos a dar el siguiente paso y pensar de qué manera puedes participar.

Esperamos que pases más tiempo escuchando el latido del corazón del movimiento de Mujer Verdadera al visitarnos en línea a www. avivanuestroscorazones.com. También puedes visitar nuestro sitio web en inglés www. TrueWoman101.com/Getinvolved. Encontrarás enlaces con recursos de gran ayuda, entre ellos:

- Puedes descargar los **videos** que acompañan el libro de *Mujer Verdadera 101*, así como otros videos relacionados.

- Puedes seguir el blog en inglés de **True Woman** (una buena manera de interactuar diariamente con otras mujeres).

- Puedes aceptar el reto del cambio de imagen de Mujer Verdadera en 30 días, disponible en inglés **30-Day True Woman Makeover** (miles y miles de mujeres fueron transformadas con este ejercicio).

- Síguenos en **Facebook** y en **Twitter** (mantente conectada).

Aquí hay otras diez maneras de participar y ejercer influencia:

1. **Firma el Manifiesto de la Mujer Verdadera.** Estamos tratando de reunir el apoyo de cien mil mujeres, que de manera personal o corporativa, declaren que creen en lo que la Biblia enseña acerca de la feminidad. Encontrarás una copia de este Manifiesto al final de este estudio en la página 239. Si expresa lo que tienes en tu corazón, te animamos a visitar la página web y firmarlo. En la página web encontrarás un video que explica por qué hicimos este manifiesto y por qué pensamos que es importante que las mujeres lo firmen.

2. **Comparte el manifiesto con tus amigas.** Hay un formulario electrónico que puedes completar para que tus amigas sepan que tú has firmado el Manifiesto de la Mujer Verdadera y para animarlas a convertirse en parte de este movimiento y a firmarlo también. Recuerda que si cada mujer le comenta a dos amigas más, y ellas le comentan a otras dos amigas, el mensaje se propagará de manera exponencial.

3. **Dirige un estudio bíblico de Mujer Verdadera 101.** Ahora que has realizado el estudio bíblico, puedes hacerlo de nuevo con alguna de tus hermanas, hijas, compañeras de trabajo, vecinas, familiares y amigas. Hay mucha ayuda disponible en inglés para que lo hagas. Puedes descargar la guía del líder, ideas para grupos pequeños, videos,

cuestionarios y otros recursos en www.TW101.com. También hay recursos disponibles en español en www.avivanuestroscorazones.com.

4. **Realiza tu propia Noche de Chicas o un evento de Mujer Verdadera.** Todo lo que necesitas para realizar un buen evento de Mujer Verdadera está en la página web (solo en inglés). Encontrarás horarios, recursos para eventos, paquetes de mercadotecnia, descargas de videos, enlaces de videos, una guía para preparar el corazón, una ceremonia para la firma del manifiesto y muchas otras cosas más que te ayudarán a hacer que tus amigas participen en el movimiento de Mujer Verdadera.

5. **Recomienda Mujer Verdadera a tus amigas de Facebook.** *"Y ella le comentó a dos amigas, y ellas a otras dos amigas, y así sucesivamente…".* Tú tienes más de dos amigas en Facebook. ¿O no? Entonces, ¿qué esperas? Recomienda la página de Mujer Verdadera a tus amigas.

6. **Twittea y Retwittea acerca de Mujer Verdadera.** Nuestro *hashtag* es #TrueWoman. Tú puedes hacer que el perfil del movimiento de Mujer Verdadera crezca twitteando que terminaste este estudio, que estás leyendo el libro de Mujer Verdadera. Retwittea los comentarios del blog de True Woman, o solo di en twitter qué influencia ha tenido en tu vida el estudio de Mujer Verdadera. ¡Twittea, twittea, participa!

7. **Regala el libro de Mujer Verdadera a una amiga.** Tenemos muchos recursos recomendables, que están disponibles en la tienda en línea. Compra un libro y regálaselo a una amiga, para que le ayude a aprender más acerca de la verdadera feminidad.

8. **Haz una donación.** Todo dólar cuenta. Tu donativo ayuda a mantener el blog y la página web y a continuar con las conferencias de Mujer Verdadera.

9. **Asiste a una conferencia de Mujer Verdadera.** Revisa las fechas disponibles para las siguientes conferencias. Planea asistir y anima a tus amigas a asistir. Podrías planear ir de voluntaria.

10. **Realiza otro estudio bíblico o un estudio de algún otro libro acerca de la verdadera feminidad.** Podrías estudiar:

- *Mentiras que las mujeres creen* de Nancy Leigh DeMoss

- *Las mentiras que las jóvenes creen* de Nancy Leigh DeMoss y Dannah Gresh

- *Atrévete a ser una mujer conforme al plan de Dios* de Nancy Leigh DeMoss (editora general)

- *Girls Gone Wise—in a World Gone Wild* de Mary Kassian (solo en inglés)
- *Radical Womanhood* de Carolyn McCulley (solo en inglés)

Esperamos desarrollar estudios bíblicos adicionales para la serie de Mujer Verdadera. Espera el lanzamiento de Mujer Verdadera 201 y 301.

¿Viste algo en la lista que pudieras hacer para participar en el movimiento de Mujer Verdadera? Pídele al Señor que dirija tus pasos y te muestre maneras específicas de poder involucrarte en este periodo de tu vida.

conviértete en una mujer verdadera de Dios

Esperamos que este estudio haya impresionado tu vida. Te retamos a seguir tu camino hacia la verdadera feminidad. Pero más que eso, te retamos a conocer a Aquel a quien señala la verdadera feminidad: a nuestro Salvador y Amigo, Jesucristo. Al decirle que sí, Él transformará tu feminidad conforme al diseño divino de Dios.

de la teoría a la práctica...

la hermandad es poderosa

para asimilar:

El video de la semana ocho te ayudará a asimilar las lecciones de esta semana. Encontrarás este video en inglés con subtítulos en español en http://dotsub.com/view/user/hleah101. Hay otros recursos disponibles en www.avivanuestroscorazones.com.

para reflexionar:

Piensa en las siguientes preguntas. Debátelas con tus amigas, tu familia o en un grupo pequeño:

1. ¿Qué sostiene la cultura como el propósito principal de la feminidad? ¿De qué manera devalúa esto el matrimonio y la maternidad?

2- ¿En qué sentido es la maternidad el corazón de la feminidad? ¿Cuáles son algunas de las implicaciones de decir que "la mano que mece la cuna maneja al mundo"?

3. Explica cómo una mujer sin hijos puede "habitar en familia" y gozarse "en ser madre de hijos"? (Sal. 113:9).

4. ¿Cuál crees que sea la razón por la cual Dios asignó a la mujer la responsabilidad principal de crear y cuidar su hogar? ¿Cómo te sientes respecto a esta asignación?

5. ¿De qué manera difiere el significado y valor que la Biblia le da a la domesticidad femenina del significado y valor que nuestra cultura le da?

6. ¿Cuáles son algunos de los errores comunes acerca del rol de "ayuda idónea"? En tu relación con los hombres, ¿te calificarías como ayudadora o como estorbadora?

7. ¿Por qué es importante dejar el legado de una verdadera feminidad para las hijas de la siguiente generación?

8. ¿Qué te propones hacer para apoyar la visión de la "contrarrevolución" silenciosa que hemos mencionado?

para personalizar:

Utiliza la siguiente hoja en blanco para escribir tus notas sobre lo que aprendiste esta semana. Escribe tus comentarios, tu versículo favorito o un concepto o cita que haya sido particularmente útil o importante para ti. Compone una oración, una carta o un poema. Apunta notas sobre el video o la sesión de tu grupo pequeño. Expresa la respuesta de tu corazón a lo que has aprendido. Personaliza las lecciones de esta semana de la manera que más te ayude a poner en práctica lo que aprendiste.

 personalízalo

 de la teoría
a la práctica…

diferentes por diseño

Esperamos que este estudio te haya ayudado a entender más acerca de tu misión y llamado como mujer. Como lo mencionamos al principio, nuestra intención ha sido presentar los principios bíblicos atemporales, que se pueden aplicar a mujeres de todas las culturas, personalidades, edades y etapas de la vida. Dios creó a la mujer con un diseño divino diferente al del hombre, pero Él también nos creó diferentes una de las otras. Somos diferentes por diseño.

sin estereotipos

La Biblia no nos da un conjunto de reglas simplista y prescrito sobre cómo se debe ver la feminidad. No nos dice, por ejemplo, cuan larga o corta debe ser nuestra falda, o si debemos o no perseguir una educación avanzada, o que las mujeres deban ser las que limpien los baños y cocinen todas las comidas, o que nunca debemos trabajar fuera de casa, o que todas las mujeres deben casarse, o que debemos educar a nuestros hijos de cierta manera. La Biblia no contiene listas de este tipo.

Las mujeres no son iguales. La feminidad se verá diferente de una mujer a la otra. Se ve diferente en Mary, que como se ve en Nancy. Podría verse diferente en tu amiga, que como se ve en ti. Podría verse diferente en Nigeria, que como se ve en Canadá… en una mujer casada, que en una soltera… o en una mujer de veinte años, que en una de sesenta… en una mujer sociable, que en una mujer callada o reservada… en una atleta, que en una artista… en una mujer aficionada al aire libre, que a la que le gusta estar en la casa… ¡Tú entiendes!

No estamos diciendo que nuestras decisiones no importan. En Su Palabra, Dios nos da principios atemporales acerca de la feminidad, que trascienden la cultura. Es importante que luchemos por implementar estos principios.

Necesitamos descansar en la guía del Espíritu Santo para que nos ayude a saber cómo aplicarlos en nuestra situación particular; pero debemos evitar la mentalidad del estereotipo. Todas somos únicas, las circunstancias de cada mujer son distintas. Cada una necesitamos discernir cuidadosamente cómo aplicar los principios de Dios en nuestra propia vida, y podemos alentar a otras en este proceso, pero no está en nosotras determinar cómo deben aplicarse estos principios en la vida de otras mujeres.

deléitate en las diferencias

Te animamos a deleitarte en la diversidad y evitar la tentación de compararte como las demás. Mantente firme a las convicciones bíblicas centrales. No te aferres tanto a las formas de implementación y preferencias. En ambas cosas, ten gracia y humildad. Permítele a Dios expresar su gracia maravillosa a través de los diversos dones y las diversas sensibilidades que Él les ha dado a diferentes mujeres que lo aman y desean honrarlo. Es importante recordar que la verdadera feminidad es un proceso. Ciertamente, lo ha sido para nosotras dos. El Señor nos ha retado y ha cambiado nuestro pensamiento y comportamiento a través del tiempo. Estamos en otra posición en cuanto a nuestra comprensión y aplicación de la verdadera feminidad ahora, que hace veinte o treinta años.

Más allá de eso, es importante saber que aunque nuestro objetivo es llegar al ideal, vivimos en un mundo mucho menos que ideal. Debido a la realidad del pecado, experimentar y expresar el ideal bíblico de la feminidad será excepcionalmente difícil en algunas circunstancias. Somos todas pecadoras. Los hombres son pecadores. La gracia de Dios puede ayudarnos a caminar con Él y a agradarlo en cada situación; pero necesitamos más sabiduría para discernir cómo reflejar el corazón y los caminos de Dios en un mundo perdido.

La Mujer Verdadera no es engreída, petulante o condenatoria. Alienta en vez de criticar. Sabe que no tiene remedio ni esperanza sin la gracia de Dios. Es generosa y extiende gracia a otras personas. Extiende gracia a aquellas que no tienen las mismas convicciones sobre lo que la Biblia enseña sobre la feminidad. Extiende gracia a aquellas que toman decisiones alternativas sobre cómo implementar los principios bíblicos. Extienden gracia a aquellas que están en diferentes etapas de su proceso. Extienden gracia a aquellas que están lidiando con circunstancias trágicas y terribles. Extiende a otras personas la misma gracia que recibió de Dios.

La feminidad es un tema que nos toca a cada una a nivel personal. A veces, esto hace que sea un tema difícil de hablar y debatir. Existen muchos estereotipos, distorsiones y falsos conceptos al respecto. Algunas personas usan la Biblia para defender perspectivas y prácticas, que son cualquier cosa, menos bíblicas. Una mujer que ha sido sometida a una instrucción, ejemplos y experiencias equivocadas, tiene una respuesta más resistente y defensiva con respecto al tema, que otras mujeres.

Hemos encontrado que el ataque al modelo bíblico del género viene de ambos lados. Por la izquierda, viene de aquellos que eliminan toda distinción entre hombres y mujeres, ridiculizan el patrón establecido por Dios y buscan el igualitarismo, un tipo de existencia neutral de género. Pero también viene por la derecha, de aquellos que se refieren a la mujer como a alguien inferior, que la desprecian, la degradan y la agreden, o de los que insisten en una implementación estricta, legalista y opresiva de los roles por género. Por ello es necesario comprometernos con la batalla en ambos frentes y luchar por una perspectiva bíblica que evite ambos extremos.

En este estudio nos hemos enfocado en la diferencia de los roles. Creemos que, en esta cultura, es importante entender y celebrar las diferencias entre el hombre y la mujer. Sin embargo, es también importante que no perdamos de vista todo lo que el hombre y la mujer tenemos en común. Como cristianos necesitamos defender el valor, la dignidad y el honor de las mujeres. Las mujeres son coherederas de la imagen de Dios, somos herederas junto con los hombres, se nos ha dado el co-dominio sobre la tierra. Nuestras diferencias deben resaltar y no apocar la interdependencia entre los sexos. Deben aumentar nuestro aprecio y respeto de uno por el otro y contribuir a la unidad y el compañerismo.

maravíllate del significado

Para terminar, queremos recordarte que aunque el género es importante, no lo es tanto como qué nos muestra. La feminidad verdadera no es la finalidad en sí misma. La masculinidad, la feminidad, el matrimonio y el sexo existen para contar la historia de Jesucristo. Su propósito es llamar la atención hacia la belleza y maravilla del evangelio.

No hay nada tan inspirador como un verdadero buen romance, ¿no es así? Todas estamos familiarizadas con la historia. El vigoroso héroe pelea para rescatar del mal a la encantadora princesa. Ella cae a sus pies enamorada. Él le declara su amor. Juntos cabalgan hacia la puesta de sol y viven felices para siempre.

¿Alguna vez te has preguntado por qué tantas historias siguen este argumento básico o por qué vivirlo en la vida real es un sueño para muchas mujeres? No es porque Hollywood creó tan fantástico argumento o porque las estrellas de cine hacen ver el romance más atractivo. No, es porque Dios quería que la gente conociera y viviera la mejor historia de amor de todos los tiempos: el asombroso y perseverante amor de Cristo por pecadores que no lo merecen.

Las grandes historias románticas son solo una sombra de la relación de amor entre Jesucristo y su novia. Los romances terrenales son ante el Amor Infinito, como destellos de luz reflejados sobre el agua, en comparación con la luz del sol. No son esa luz resplandeciente, sino tan solo efímeros y tenues reflejos de esa luz.[1]

Nuestro Padre Dios creó al hombre y a la mujer, el sexo y el matrimonio, para darnos una figura física de la relación espiritual con Jesús. Jesucristo, el hijo de Dios sin pecado, vino al mundo a rescatar a su novia (la Iglesia) de la terrible consecuencia del pecado: separación de Dios, muerte física y espiritual. Cristo amó tanto a su novia, que murió en la cruz para recibir el castigo del pecado, en lugar de ella. Él la rescató del mal e hizo un pacto de compromiso con ella. En respuesta a su iniciativa, ella no puede más que amarlo y corresponder a su invitación.

Espiritualmente, ella se compromete en matrimonio con Él. Ella se guarda para Él y se prepara para el día en que se unan para siempre. Es una historia de amor como ninguna otra. Es la historia del evangelio. La historia de Cristo es la historia que el romance terrenal debe contar; para ello fue creado.

Confiamos que, por la gracia de Dios, te hayas convertido en parte de esa gran historia. La realidad es que es imposible ser una Mujer Verdadera sin tener una relación personal con Cristo y la presencia de Su Espíritu dentro de ti. Lejos de Él podrás luchar y esforzarte para alcanzar o recibir Su favor, podrás conformarte a algún estándar externo o impresionar a otros con lo "buena" que eres; pero nunca obtendrás la gracia y el poder que necesitas para ser la mujer que Él diseño que fueras en lo profundo de tu ser.

> "El Movimiento de Mujer Verdadera está ayudando a las mujeres a entender que su valor, su propósito, su definición y su futuro están ligados a la persona de Jesucristo".
>
> **Janet Parshall**

Esperamos que hayas respondido al llamado de Jesús, que te hayas arrepentido de gobernar tu propia vida y seguir tu propio camino, y que hayas aceptado el regalo del perdón y la salvación de Dios. Si no lo has hecho, puedes hacerlo en este momento, al orar y decirle al Señor que reconoces Su derecho de gobernar tu vida, que estás acudiendo a Él para entregarle tu pecado y tu rebelión contra Él, que recibes por fe la salvación por Su muerte en la cruz y que quieres tener una relación eterna con Él.

Finalmente, la verdadera feminidad es decirle sí a Jesús. Esperamos que este estudio te haya inspirado a maravillarte, aceptar y deleitarte en el espectacular plan de Dios, y que hayas comenzado a descubrir la belleza, el gozo y la satisfacción de ser exactamente quien Él diseñó que fueras. ¡Él quiere que seas una Mujer Verdadera!: una mujer que le diga "¡Sí, Señor!"; una mujer que por la gracia de Dios conforme su vida a Su *diseño divino*.

El manifiesto de la Mujer Verdadera

*Una declaración personal y corporativa de nuestra creencia,
consagración y propósito piadoso;
con el fin de que Jesucristo sea exaltado
y que la gloria y el poder redentor del amor de Dios
puedan ser manifestados hasta el último rincón de la tierra.*

SCHAUMBURG, IL
11 DE OCTUBRE DE 2008

Creemos que Dios es el soberano Señor del universo y Creador de la vida, y que toda cosa creada existe para Su deleite y para darle gloria.[1]

Creemos que la creación de la humanidad—con el hombre y la mujer como máximos representantes—fue una decisión intencionada y maravillosa del plan sabio de Dios, y que ambos fueron creados para reflejar la imagen de Dios en forma complementaria, pero distinta a la vez.[2]

Creemos que el pecado es lo que separa a los seres humanos de Dios y nos hace incapaces de reflejar Su imagen tal y como fue la intención original de la creación. Nuestra única esperanza de restauración y salvación la encontramos mediante el arrepentimiento de nuestros pecados y nuestra confianza en Cristo, quien vivió una vida perfecta y sin pecado, quien murió por nosotros y resucitó de los muertos.[3]

Reconocemos que vivimos en una cultura que no reconoce la autoridad de Dios de gobernar nuestras vidas, que no acepta las Sagradas Escrituras como una norma de vida y que está sufriendo las consecuencias causadas por el abandono del plan de Dios para el hombre y la mujer.[4]

Creemos que Jesucristo está redimiendo este mundo pecaminoso y está haciendo todas las cosas nuevas; y que Sus seguidores están siendo llamados a ser parte de Sus propósitos redentores mediante el poder que Él otorga para transformar aquellos aspectos de la vida que han sido desfigurados y alterados por el pecado.[5]

Como mujeres cristianas, *deseamos honrar a Dios* con una vida diametralmente opuesta a la cultura mundana actual, que refleje al mundo la belleza de Jesucristo y Su evangelio.

Para tal propósito, declaramos que...

Las Escrituras son el medio autorizado de Dios para instruirnos y revelarnos el propósito sacrosanto de nuestra feminidad, nuestro carácter, nuestras prioridades, nuestros roles, nuestras responsabilidades y relaciones.[6]

Glorificamos a Dios y gozamos de Sus bendiciones cuando aceptamos y adoptamos gozosamente sus designios, su función y ley para nuestras vidas.[7]

Como pecadoras redimidas, no podemos vivir la belleza de nuestra feminidad bíblica, sin la obra santificadora del evangelio y el poder del Espíritu Santo que mora en nosotras.[8]

Tanto el hombre como la mujer fueron creados a semejanza de Dios y son iguales en valor y dignidad, pero sus deberes y funciones son distintos en el hogar y en la iglesia.[9]

Estamos llamadas, como mujeres, a afirmar y alentar a los hombres en su búsqueda de expresar una masculinidad piadosa, y a honrarlos y apoyarlos en el liderazgo cristiano dentro del hogar y la Iglesia.[10]

El matrimonio, tal y como fue decretado por Dios, es la relación sagrada, vinculante y duradera entre un hombre y una mujer.[11]

Cuando respondemos en forma humilde al liderazgo masculino, tanto en el hogar como en la Iglesia, estamos demostrando una noble sumisión a la autoridad, que refleja la subordinación de Jesucristo a la autoridad del Dios Padre.[12]

La insistencia egoísta de hacer prevalecer nuestros derechos personales es contraria al espíritu de Jesucristo, que se humilló y sirvió sin esperar nada a cambio y ofrendó Su vida para salvarnos.[13]

La vida humana es preciosa para Dios y debe ser apreciada y protegida desde el momento de la concepción hasta su culminación.[14]

Los niños son una bendición de Dios; y las mujeres fueron diseñadas especialmente para dar a luz y criar hijos; ya sean hijos biológicos o adoptados, u otros niños que estén dentro de su esfera de influencia.[15]

El plan de Dios para el género es más amplio que el matrimonio. Todas las mujeres, ya sean casadas o solteras, deben ser modelos de feminidad en sus diversas interrelaciones y hacer gala de especial modestia, sensibilidad y afabilidad.[16]

El sufrimiento es una realidad inevitable en un mundo caído; en ocasiones seremos llamadas a sufrir por hacer lo que es bueno—con nuestros ojos puestos en la recompensa celestial más que en la indulgencia terrenal—, todo por el bien del evangelio y el avance del reino de Cristo.[17]

Las mujeres cristianas maduras tienen la responsabilidad de dejar un legado de fe al instruir a las más jóvenes en la Palabra y los caminos de Dios y ser ejemplo a las futuras generaciones de una vida femenina fructífera.[18]

Creyendo en lo anterior, declaramos nuestra intención y deseo de convertirnos en "Mujeres Verdaderas" de Dios. *Nos consagramos* a fin de cumplir Su llamado y propósito para nuestra vida. *Por medio de Su gracia y en humilde dependencia en Su poder:*

1. Buscamos amar a Dios, nuestro Señor, con todo nuestro corazón, con toda nuestra alma, con toda nuestra mente y con todas nuestras fuerzas.[19]

2. Con alegría le cedemos el control de nuestra vida a Jesucristo nuestro Señor; decimos "Sí, Señor" a la Palabra y a la voluntad de Dios.[20]

3. Seremos mujeres de la Palabra, buscaremos constantemente crecer en nuestro conocimiento de las Sagradas Escrituras y vivir de acuerdo a la sana doctrina en todos los aspectos de nuestra vida.[21]

4. Cultivaremos nuestra relación y comunión con Dios a través de la oración: en alabanza, acción de gracias, confesión de pecados, intercesión y súplica.[22]

5. Aceptaremos y expresaremos nuestro diseño y llamado exclusivo como mujeres con humildad, fe y gozo.[23]

6. Buscaremos glorificar a Dios al cultivar virtudes como la modestia, la abnegación, la mansedumbre y el amor.[24]

7. Mostraremos respeto a hombres y mujeres en general—creados a la imagen de Dios— al considerar a otros como mejores que nosotras mismas y trataremos de edificarlos y dejar de lado las amarguras, los odios y las malas expresiones.[25]

8. Mostraremos un compromiso fiel con nuestra iglesia, al sujetarnos a nuestros líderes espirituales en el contexto de la comunidad de fe, al usar las dotes que Dios nos ha dado para servir a otros, al edificar el Cuerpo de Cristo y al cumplir con Sus propósitos redentores en el mundo.[26]

9. Buscaremos establecer hogares cristianos que manifiesten el amor, la gracia, la belleza y el orden de Dios; que provean un clima favorable a la existencia, y que brinden hospitalidad cristiana a aquellos que lo necesitan.[27]

10. Honraremos la santidad, la pureza y la estabilidad del compromiso matrimonial, ya sea el nuestro o el de otros.[28]

11. Recibiremos el regalo de los hijos como una bendición de Dios y los instruiremos en el amor y los caminos de Dios, y les enseñaremos a consagrar sus vidas a la propagación del evangelio y la extensión del reino de Dios.[29]

12. Viviremos el precepto bíblico de Tito 2; como mujeres maduras, que son ejemplo de santidad y que instruyen a las más jóvenes para que agraden a Dios en todos los aspectos de la vida; y como mujeres jóvenes, que reciben la instrucción cristiana con mansedumbre y humildad, y que aspiran a ser mujeres maduras para Dios, que a su vez instruirán a las siguientes generaciones.[30]

13. Buscaremos oportunidades de predicar el evangelio de Jesucristo a los incrédulos.[31]

14. Reflejaremos el amor de Cristo a los pobres, enfermos, oprimidos, huérfanos, presos y a las viudas, por medio del ministerio de la Palabra de Jesucristo y la provisión de las necesidades prácticas y espirituales.[32]

15. Oraremos por la reforma y el avivamiento del pueblo de Dios, que redunde en la propagación del evangelio y la extensión del Reino de Jesucristo a todas las naciones del mundo.[33]

¿Y quién sabe si para esta hora has llegado al reino?

Ester 4:14

Pasajes bíblicos de apoyo:

1. 1 Co. 8:6; Col. 1:16; Ap. 4:11

2. Gn. 1:26-27; 2:18; 1 Co. 11:8

3. Gn. 3:1-7, 15-16; Mc. 1:15; 1 Co. 15:1-4

4. Pr. 14:12; Jer. 17:9; Ro. 3:18; 8:6-7; 2 Ti. 3:16

5. Ef. 4:22-24; Col. 3:12-14; Ti. 2:14

6. Jos. 1:8; 2 Ti. 3:16; 2 P. 1:20-21; 3:15-16

7. 1 Ti. 2:9; Ti. 2:3-5; 1 P. 3:3-6

8. Jn. 15:1-5; 1 Co. 15:10; Ef. 2:8-10; Fil. 2:12-13

9. Gn. 1:26-28; 2:18; Gá. 3:26-28; Ef. 5:22-33

10. Mr. 9:35; 10:42-45; Gn. 2:18; 1 P. 5:1-4; 1 Co. 14:34; 1 Ti. 2:12-3:7

11. Gn. 2:24; Mr. 10:7-9

12. Ef. 5:22-33; 1 Co. 11:3

13. Lc. 13:30; Jn. 15:13; Ef. 4:32; Fil. 2:5-8

14. Sal. 139:13-16

15. Gn. 1:28; 9:1; Sal. 127; Tit. 2:4-5

16. 1 Co. 11:2-16; 1 Ti. 2:9-13

17. Mt. 5:10-12; 2 Co. 4:17; Stg. 1:12; 1 P. 2:21-23; 3:14-17; 4:14

18. Tit. 2:3-5

19. Dt. 6:4-5; Mr. 12:29-30

20. Sal. 25:4-5; Ro. 6:11-13, 16-18; Ef. 5:15-17

21. Hch. 17:11; 1 P. 1:15; 2 P. 3:17-18; Tit. 2:1, 3-5, 7

22. Sal. 5:2; Fil. 4:6; 1 Ti. 2:1-2

23. Pr. 31:10-31; Col. 3:18; Ef. 5:22-24, 33b

24. Ro. 12:9-21; 1 P. 3:1-6; 1 Ti. 2:9-14

25. Ef. 4:29-32; Fil. 2:1-4; Stg. 3:7-10; 4:11

26. Ro. 12:6-8; 14:19; Ef. 4:15, 29; He. 13:17

27. Pr. 31:10-31; 1 Ti. 5:10; 1 Jn. 3:17-18

28. Mt. 5:27-28; Mr. 10:5-9; 1 Co. 6:15-20; He. 13:4

29. Sal. 127:3; Pr. 4:1-23; 22:6

30. Tit. 2:3-5

31. Mt. 28:19-20; Col. 4:3-6

32. Mt. 25:36; Lc. 10:25-37; Stg. 1:27; 1 Ti. 6:17-19

33. 2 Cr. 7:14; Sal. 51:1-10; 85:6; 2 P. 3:9

¡Hoy es el momento!

Deseo ser parte de la revolución espiritual contracultural entre las mujeres cristianas de hoy.

He leído y afirmo en forma personal el Manifiesto de la Mujer Verdadera, y por la presente expreso mi deseo de unirme a otras mujeres para vivir y reproducir este mensaje, con la finalidad de que Cristo sea exaltado y que la gloria y amor redentor de Dios sea manifestado en toda la tierra.

_____   _____

NOMBRE   FECHA

Ve a www.TrueWoman.com/Manifiesto para añadir
tu firma al Manifiesto de la Mujer Verdadera

NOTAS

Introducción: Feminidad de diseñador

1. Susan Hunt, *By Design: God's Distinctive Calling for Women* [*Por Diseño: El llamado distintivo de Dios para la mujer*], (Franklin, TN: Legacy Communications,1994), p. 17. Publicado en español por Unilit.

2. Una de las principales influencias que el Señor usó para que surgiera esta carga por una revolución contracultural en mi corazón (Nancy) fue el libro de Mary titulado originalmente *The Feminist Gospel*, reeditado como *The Feminist Mistake*, (Crossway 2005). Este libro me abrió los ojos desde la primera vez que lo leí en 1997, y me ayudó a entender cómo el movimiento feminista había penetrado no solo en nuestra cultura, sino incluso en nuestras iglesias. Este libro plantó las semillas de mucho de lo que Dios está haciendo a través del movimiento de Mujer Verdadera actualmente.

3. Elizabeth Elliot, *Let me Be a Woman* [*Dejádme ser mujer*], (Carol Steam, IL: Tyndale House, 1976), p. 52. Publicado en español por Editorial Clie.

Semana uno: El género es importante

1. Wayne Grudem, *Biblical Foundations for Manhood and Womanhood*, (Foundations for the Family Series), (Wheaton, IL: Crossway Books, 2002), p. 20.

Semana dos: Recortes y caracoles

1. www.people.com/people/videos/0,,20396440,00.html.

2. John Piper, *What's the Difference? Manhood and Womanhood Defined according to the Bible*, (Wheaton, IL: Crossway Books, 1990), p. 16.

3. Ibíd., pp. 16-17

4. Ibíd., p. 23.

Semana tres: Azúcar y flores

1. Elizabeth Elliot, *Let me be a woman* [*Dejádme ser mujer*], (Carol Steam, IL: Tyndale House, 1976), p. 61. Publicado en español por Editorial Clie.

2. Para mayor información acerca de las diferencias físicas y hormonales entre el hombre y la mujer:

   www.steadyhealth.com/articles/Difference_between_male_and_female_structures_mental_and_physical_a613.html

   http://blisstree.com/feel/5-physical-differences-between-women-and-men/

   http://library.enlisted.info/field-manuals/series-2/FM21_20/APPA.PDF

   www.medicaleducationonline.org/index.php?option=com_content&task=view&id=46&Itemid=69

   www.narth.com/docs/york.html

   www.enotes.com/male-female-article

   www.sciencedaily.com/releases/2009/03/090302115755.htm

   www.bloomingbellys.com/bb-blog/pain-in-labour-your-hormones-are-your-helpers/

   http://healthguide.howstuffworks.com/estrogen-and-testosterone-hormones-dictionary.htm

3. Francis Brown, Samuel Rolles Driver, Charles Augustus Briggs, *Enhanced Brown-Driver-Briggs Hebrew and English Lexicon*, ed. electrónica, Oak Harbor, WA: Logos Research Systems, 2000, S. 61.

También R. Laird Harris, Gleason L. Archer, Bruce K. Waltke: *Theological Wordbook of the Old Testament*, ed. electrónica. Chicago: Moody, 1999, c 1980, S. 059.

También el sermón de John McArthur: http://www.biblebb.com/files/mac/90-228.htm.

4. Ver las referencias en la nota 2 del capítulo 3.

5. John Piper, *What's the Difference? Manhood and Womanhood Defined according to the Bible* (Wheaton, IL: Crossway Books,1990), pp. 49-50.

Semana cinco: La batalla de los sexos

1. Raymond C. Ortlund Jr., *Recovering Biblical Manhood & Womanhood: A Response to Evangelical Feminism* (Wheaton, IL: Crossway, 1999), p. 95.

2. www.telegraph.co.uk/news/worldnews/europe/austria/1922110/Austria-The-horror-of-being-Frau-Fritzl.html;also,marriage.about.com/od/od/Infamous/a/fritzljosef.htm; también, telegrap.co.uk/news/newstopics/joseffritzl/4991077/Josef-Fritzl-trial-profile -of-a-monster.html.

3. Mary Kassian, *The Feminist Mistake*, (Wheaton: Crossway, 2005), p. 72.

4. Betty Friedan, *"It Changed My Life": Writings on the Women's Movement—with a new introduction*, originalmente publicado por (Nueva York, Random House, 1976), edición en rústica de First Harvard University Press, 1998, p. xvi.

5. http://womenshistory.about.com/od/quotes/a/de_Beauvoir:2htm.

6. Mary Daly, *Beyond God the Father: Toward a Philosophy of Women's Liberation* (Boston: Beacon Press, 1973), p. 8

7. Germaine Greer, *The Female Eunuch* [*La mujer eunuco*] (Londres: Paladin Grafton Book, 1970), p. 115. Publicado en español por Kairós.

8. El pasaje no especifica qué clase de animal sacrificó el Señor, pero basados en el sistema sacrificial del Antiguo Testamento y la simbología de Jesús como el "Cordero de Dios", es muy probable que el animal fuera una oveja.

Semana seis: Escuchen mi grito

1. Marcia Cohen, *The Sisterhood: The Inside Story of the Women's Movement and the Leaders Who Made it Happen* (Nueva York: Ballantine Books, una división de Random House, 1988), p. 286.

2. www.prnewswire.com/news-releases/newsweek-cover-the-girls-gone-wild-effect-54272887.html.

3. www.englightennext.org/magazine/j37/pornutopia.asp

4. Ibíd.

5. Jennifer Baumgardner y Amy Richards, *Manifesta: Young Women, Feminism, and the Future*, edición del décimo aniversario (Nueva York: Farrar, Straus and Giroux, 2010), p. 103.

6. www.maurrenmullarkey.com/essays/dinnerparty.html. Ver también www.brooklyn museum.org/eascfa/.

7. Nancy Gibbs, "What Women Want Now", *Time*, 14 de octubre de 2009, www.time.com/ time/specials/packages/article/0,28804,1930277_1930145_1930309,00.html.

8. Ver también Betsey Stevenson y Justin Wolfers,"The Paradox of Declining Female Happi-ness", http//bpp.wharton.upenn.edu/betseys/papers/paradox%20of%20declining%20 female%20happiness.pdf.

Semana siete: Cambio de imagen total

1. Amy Carmichael, *Gold Cord: The Story of a Fellowship*, (Fort Washington, PA: Christian Literature Crusade, 1999), p. 57.

2. John MacArthur, New Testament Commentary, *Titus*, [*Comentario MacArthur del Nuevo Testamento: Tito*] (Chicago: Moody, 1996), p. 88. Publicado en español por Portavoz.

3. www.ywca.org/atf/cf%7B3B450FA5-108B-4D2E-B3D0-C31487243E6A%7D/Beauty%20Any%20Cost.pdf.

4. C. S. Lewis, *The Weight of Glory* (1941), cap. 1, párrafo 1, pp. 3-4. Citado en: *The Quotable Lewis: An encyclopedic selection of quotes from the complete published Works of C. S. Lewis*, eds. Wayne Martindale y Jerry Root (Wheaton, IL: Tyndale, 1989), p. 352.

Semana ocho: La hermandad es poderosa

1. G. J. Wenham (2002) *Vol. 1: Word Biblical Commentary: Genesis 1-15*. Word Biblical Commentary (68). Dallas: Word, Incorporated. Comentario sobre Génesis 2:18. Edición electrónica.

2. Betty Friedan, *The Femenine Mystique*, edición del vigésimo aniversario (Nueva York: Dell Publishing, 1983), p. 11.

3. "Where She Is and Where She's Going", *Time*, 20 de marzo de 1972. www.time.com/time/magazine/article/0,9171,942510,00.html.

4. Ver David Leonhardt, "Why are men happier than women?", *New York Times*, 25 de septiembre de 2007, http://www.nytimes.com/2007/09/25/business/worldbusiness/25iht-leonhardt.7636350.html;

   También, Maureen Dowd, *"Blue Is the New Black"*, *New York Times*, 19 de septiembre de 2009, www.nytimes.com/2009/09/20/opinion/20dowd.html; también video de CNN: www.momversation.com/articles/women-less-happy-men.

5. Susan Hunt y Barbara Thompson, *The Legacy of Biblical Womanhood* (Wheaton IL: Crossway Books, 2003), p. 12

6. Susan Hunt, *Spiritual Mothering: The Titus 2 Model for Women Mentoring Women* (Wheaton IL: Crossway Books, 1992), p. 12.

7. John Angell James, *Female Piety: The Young Woman's Friend and Guide through Life to Immortality* (Morgan, PA: Soli Deo Gloria, 1995), p. 72.

8. Ibíd., pp. 72-73.

Epílogo: Diferentes por diseño

1. Analogía tomada de *Girls Wone Wise*, de Mary Kassian (Chicago: Moody, 2010), p. 185.

*A*mbas somos muy bendecidas de estar rodeadas y respaldadas por muchos amigos y colegas que tienen nuestras mismas ideas y un corazón de siervos, sin cuya motivación, ayuda y oraciones nunca hubiéramos podido llevar a cabo este emprendimiento.

De las diferentes personas que formaron parte del nacimiento de *True Woman 101 (Mujer Verdadera 101)*, agradecemos especialmente a:

Greg Thornton y Holly Kisly, junto al resto de amigos de Moody Publishers, cuya colaboración es más profunda y amplia de lo que cualquiera podría imaginar.

Mike Neises, que supervisa los esfuerzos editoriales de *Revive Our Hearts*, y que en este proyecto pudo dirigir con éxito y gracia, no a una, sino a dos autoras (que viven en países diferentes).

Martin Jones, Sandy Bixel y Jessie Stoltzfus, el equipo administrativo, que de muchas maneras, grandes y pequeñas, en su mayoría, inadvertidas y no reconocidas, me (Nancy) ayuda a seguir adelante, cuando estoy en medio de un proyecto importante.

Brent Kassian, que es mi (Mary) persona de confianza. Él me ayuda a procesar las ideas, clarificar los conceptos, estar enfocada en lo importante y mantener un sentido de humor sobre todas estas cosas.

Dawn Wilson por brindarme su ayuda investigativa, y porque, junto a Paula Hendricks, me ha dado valiosas opiniones desde el punto de vista del lector en las primeras etapas del manuscrito.

Dr. Bruce Ware, profesor de Teología Cristiana en el Seminario Teológico Bautista del Sur, por sus opiniones sobre las preguntas y dudas teológicas que han surgido y por la revisión de decena de pasajes bíblicos del libro. ¡Agradecemos nuevamente su ayuda!

Dr. Peter Gentry y Dr. Robert Plummer, también del Seminario Teológico Bautista del Sur, por su revisión de las referencias de los términos y conceptos hebreos y griegos (facilitados por nuestra mutua amiga, Jennifer Lyell).

Nuestras queridas *amigas de oración* —Dios conoce sus nombres—, que fielmente nos han levantado al trono de la gracia a lo largo de este proceso de varios meces. Las oraciones que han sembrado por nosotras recibirán una gran cosecha de justicia para las futuras generaciones.

EDITORIAL
PORTAVOZ

NUESTRA VISIÓN

Maximizar el efecto de recursos cristianos de calidad que transforman vidas.

NUESTRA MISIÓN

Desarrollar y distribuir productos de calidad —con integridad y excelencia—, desde una perspectiva bíblica y confiable, que animen a las personas a conocer y servir a Jesucristo.

NUESTROS VALORES

Nuestros valores se encuentran fundamentados en la Biblia, fuente de toda verdad para hoy y para siempre. Nosotros ponemos en práctica estas verdades bíblicas como fundamento para las decisiones, normas y productos de nuestra compañía.

Valoramos la excelencia y la calidad
Valoramos la integridad y la confianza
Valoramos el mérito y la dignidad de los individuos
y las relaciones
Valoramos el servicio
Valoramos la administración de los recursos

Para más información acerca de nuestra editorial y los productos que publicamos visite nuestra página en la red: www.portavoz.com